部门化

蒋勇　梁小清

——

著

基于组织发展的架构设计逻辑

电子工业出版社.

Publishing House of Electronics Industry

北京 · BEIJING

内 容 简 介

本书聚焦部门化设计领域，详细讨论了部门化设计的六种基本模式：职能制、团队制、事业部制、模拟事业部制、网络制和矩阵制。本书创造性地设计出苹果树组织结构评价模型，以"果实、枝干、根系"来类比组织结构的"成果质量、运转水平、基础特性"，从而系统性地识别出六种基本部门化模式的特点，帮助管理者更好地选择、应用各种部门化模式，设计出最适合自己企业或机构的部门化策略。

本书适合承担组织设计责任的高层管理者阅读，也适合组织中层管理者及对组织结构有兴趣的咨询人员、研究者和学生参考。

图书在版编目（CIP）数据

部门化：基于组织发展的架构设计逻辑 / 蒋勇，梁小清著 . —北京：电子工业出版社，2023.6
ISBN 978-7-121-45592-6

Ⅰ . ①部… Ⅱ . ①蒋… ②梁… Ⅲ . ①组织管理学 Ⅳ . ① C936

中国国家版本馆 CIP 数据核字（2023）第 084610 号

责任编辑：黄益聪
印　　刷：三河市鑫金马印装有限公司
装　　订：三河市鑫金马印装有限公司
出版发行：电子工业出版社
　　　　　北京市海淀区万寿路 173 信箱　邮编：100036
开　　本：720×1000　1/16　印张：15.5　字数：275.5 千字
版　　次：2023 年 6 月第 1 版
印　　次：2023 年 6 月第 1 次印刷
定　　价：69.90 元

凡所购买电子工业出版社图书有缺损问题，请向购买书店调换。若书店售缺，请与本社发行部联系，联系及邮购电话：（010）88254888，88258888。

质量投诉请发邮件至 zlts@phei.com.cn，盗版侵权举报请发邮件至 dbqq@phei.com.cn。

本书咨询联系方式：（010）57565890，meidipub@phei.com.cn。

自第二次世界大战之后，美国企业强大的产出能力给世界留下了深刻印象，大家发现这主要得益于美国企业领先的管理水平。发达国家和地区都认识到管理的价值，管理热潮很快就在全球蔓延开来，这股热潮持续了20多年，到20世纪70年代逐渐降温。降温最主要的原因是很多企业发现，管理带来的改善不及预期。其实，并不是管理不起作用，而是要想让管理起作用不是一件容易的事情，它要求管理者学习掌握一定的专业知识，并能将这些知识应用到管理实践中。

本书所述就属于这样的专业知识，其核心是组织结构设计过程中如何开展部门设计。在组织结构设计过程中进行部门化设计，这几乎是所有企业都要完成的任务，但是部门化设计工作的专业性很高，做好它并不容易。这种主题的专业书籍并不多见，本书将讨论且只讨论部门化的问题。

本书的两位作者，一位是从业20多年的企业管理顾问，一位是执教20年的管理学教师，我们试图在"部门化"这个具体的点上，尽量实现管理研究和实践的融合，帮助管理者在部门化的实践过程中利用好与部门化相关的管理专业知识。

本书面向实践，旨在帮助企业完成组织结构的高阶设计——部门化。我们希望本书能够为承担组织结构设计责任的中高层管理者提供些许支撑，成为他们在组织建设工作中的踏板。

邵　钧

创合汇创始人

上海交通大学智慧能源创新学院智创中心执行主任

亚布力中国企业家论坛创业导师

不太陌生也不太了解的部门化

和战略、组织、激励等热门管理词汇相比，部门化是一个比较生僻的管理词汇，互联网上相关主题的研讨，稍显混乱且存在着不同程度的错误，好像部门化是一个只有少数人才需要了解的内容。事实上，部门化不当在企业界所造成的困难和伤害，与它的不被广泛理解一样的严重。可以说，恰当的部门化策略，是企业成长壮大的必要条件，企业不可能在错误的部门化方案下实现良好运转。

部门化就是在组织中建立部门，它是组织结构设计的第一步。所有的组织都会建立自己的部门，这就像吃饭喝水一样必要。但是我们也知道，吃饭喝水的科学道理并不是那么容易就能弄明白的，给现代人带来健康隐患的最重要因素就包含了不恰当地吃饭与喝水，困扰我们的糖尿病、高血压、高血脂等疾病，都与此有着紧密关系。部门化也是如此，大家对它虽不陌生但也并不完全了解，部门化是所有企业都会遇到的事情，大多数企业并没有完全弄明白部门化到底是什么，导致部门设计不当，严重影响企业的经营发展。

部门设计会对经营绩效和竞争优势产生重大影响，但同时它又容易被忽略。当企业梳理清楚自己的战略之后，就必须思考用怎样的部门才能有效承接战略发展责任。离开恰当的部门化设计，就很难清晰定义部门要承担的责任，容易出现企业不清楚各个部门联合起来是不是足以达成整体绩效，部门不清楚各个岗位设计是不是合理，人员配备是不是恰当，应该如何考核和激励部门成员等问题。

部门化是战略承接与落地的关键。

部门化是对绩效承载主体的设计。

部门化是组织规模化授权的前提。

部门化是体系化队伍建设的依托。

部门化是系统性考核激励的基础。

部门化设计是组织结构设计的第一阶段，如果将组织结构设计比喻成房屋建设，那么部门化设计就是框架建设，是组织结构的高阶设计，之后还有组织结构的详细设计，就像毛坯房盖好后还需要进行精装修一样。我们知道，房屋精装修不能改变房屋的基本结构，只能在固定的框架结构下进行，部门化方案设计也是这样的，方案一旦确定，会对组织结构产生相对固定的影响，因此，部门化设计是组织结构设计中非常重要的部分。

可以说，设计恰当的部门是企业在战略决策之后最重要的任务，而设计部门又是一项非常专业的工作，理解和掌握部门化的相关知识，是做好部门化设计的基本前提。

本书的目的就是希望帮助大家梳理部门化设计的基本逻辑，了解各种可能的部门化策略，识别不同的部门化模式的优缺点，最终能够设计出支撑企业绩效目标的部门。

第1章 部门化是组织结构的高阶设计

第2章 部门化的六种基本模式

第3章 苹果树组织结构评价模型

第4章 职能制

第5章 团队制

第6章 事业部制

第 7 章 模拟事业部制

第 8 章 网络制

第 9 章 矩阵制

第 10 章　矩阵制组织配套机制建设

第 11 章　为组织结构开发部门化方案

参考文献

第 1 章
部门化是组织结构的高阶设计

1.1　抄袭式组织结构设计

为什么很多企业的组织结构那么像?

随意走进一家公司,问一句"你们公司有人力资源部吗"? 大概率我们会得到一个肯定的回答。如果我们继续问"为什么你们公司需要有人力资源部"? 估计对方就会感到十分迷惑:"这算什么问题啊? 不是每个公司都应该有一个人力资源部吗? 大家都这样啊!"

"大家都这样啊"——这是大多数企业在进行组织结构设计时的基本出发点。经常能看到同一个行业的不同企业,有着惊人相似的组织结构。甚至,很多管理者在设计自身组织结构的时候,首先想到的是参考一下其他公司是怎么设计的!

在高层管理者的办公室里,组织结构设计常见的场景就出现了:首先画一个框框,写上董事长,然后往下画一个总经理/CEO,再往下画几个平行的框框,写上副总经理,每个副总经理下面再画上总监、部门经理的框框。组织结构图就顺利地完成了,如果说有什么主动性设计在里面的话,就是把这些框框前后左右地挪动一下,以便能把现有的人安排进去。

在很多企业看来,这种设计方法没什么不好的,大家都这样啊! 如果要追问,为什么大家都这样的组织结构设计就是恰当的呢? 对很多人来说,这就是一个难以回答的问题了。

不明就里借鉴来的组织结构,使得企业在对自己最重要的组织设计工作上做出了过于草率的决定。之所以借鉴同行,并不是出于深思熟虑,仅仅是因为对组织结构的设计方法不够熟悉。如果说这样得出的组织结构不是一个最差的设计方案,最起码这样得不出一个好的方案,最多只是一个勉强能用的组织结构设计方案。一旦组织结构设计出现了错误,再希望后期通过配套机制和人的努力来纠正,其代价之大、效果之差,就令人十分头疼了!

1.2　根据战略设计组织与部门

1.2.1　组织结构不能抄作业

美国著名的企业史学家、战略管理领域奠基者之一的艾尔弗雷德·D.钱德勒(Alfred D.Chandler,Jr.1918—2007),1962 年在其经典之作《战略与结构:美国工商企业成长的若干篇章》中探寻了杜邦、通用、标准石油和西尔斯四家公司的发展史，通过研究企业的组织结构如何进行调整以适应自身的发展，得出了著名的钱德勒命题——结构跟随战略。

研究结果表明，组织结构本身是无所谓对错与好坏的，有利于实现企业战略的就是好的组织结构，反之就是不良的组织结构。世界上没有两个相同的企业，也没有两个相同的战略，当然就不应该有两个相同的组织结构。

良好的组织结构，必须是基于企业自身的状况与发展战略进行的个性化设计！

观察那些非常成功的企业，不管是不是同一个行业，他们表现出来的组织结构往往都有非常大的差异。组织结构抄作业的企业，大多数只能是跟随者，领先者必定是根据自己的战略进行个性化的组织结构设计。

1.2.2　成功的企业为什么常有奇怪的部门

从组织结构的角度来看，成功的企业往往都有一些特别的组织结构设计。

华为公司在其发展的每个不同阶段都有一些独特的组织结构设计。比如，最高管理层的"轮值 EMT""轮值 CEO""轮值董事长"，公司一级部门里面的"战略与 MARKETING""总干部部""产品与解决方案部""2012 实验室"等，如果不专门研究华为公司的情况，我们很难明白这些具有独创特性的组织结构单元到底是干什么的。

阿里巴巴公司提出了"前台、中台、后台"组织模块，有称为"达摩院"的研发部门、称为"平头哥"的芯片部门，还设有"政委"这样的组织体系，这些令人眩晕的奇怪部门，也是不按套路设计组织的表现。

再如百度设立的"职业道德部"，看名字倒是能懂大概的意思，但就是不明白为什么别的企业不设这样的部门，百度偏要设一个？

1.2.3　组织结构必须独立设立

当我们深入了解每个优秀企业之后，就能体会到它是一个逻辑自洽的集成系统，都会根据自己的需要设计组织结构和部门。世界上不可能有两个相同的企业，既使同一个企业，在不同时期的差异也会很大，企业面对的经营场景必然是个性化的、独特的，它用来实现发展意图的组织和部门当然要符合内外部环境的要求，必然要根据当下的实际情况进行针对性设计。

1.3　部门化设计是组织结构设计的第一步

1.3.1　组织结构设计从部门化开始

如果说主动设计组织结构是管理者不可回避的基本责任，那么应该怎样进行组织结构设计呢？组织结构应该是从上往下开始设计，先画出董事长，再一级级往下？还是应该从下往上开始设计，先画出一线岗位，再一级级往上呢？

很多时候，企业的管理者并不是认识不到组织结构抄袭的危害，之所以存在这样的问题，是因为不懂得如何进行组织结构设计，究其根源，这是一个技术性的难题，管理者可以通过主题学习和训练解决这个难题。

组织结构设计的第一步，应该就是部门化设计。在这之前可能需要做一些准备工作，包括内外部环境分析、战略和目标的确定、基本技术路径和关键业务领域规划等。有了这些准备之后，才可以进入组织结构设计的领域。组织结构设计，既不是从上往下设计，也不是从下往上设计，而是从组织的主体框架——核心部门开始设计，这个过程可以称为部门化设计。

什么是部门化？所谓部门化，就是把公司划分成多个部门的过程。这个过程从公司总体角度来看是分解，是将一个整体分解为多个单元；从具体工作的角度来看是聚合，是将多种工作聚合为一个部门。部门化是设计组织结构的基础模块，它确定了组织的基本协作方式。

部门本身就是人类在协作过程中的一项重大发明，是工业化社会得以运转的关键创新。在现代企业中，部门化是无法回避的，它是员工协同工作的基础，无论是主动的还是被动的，无论是有意识的还是无意识的，只要不是一个人单干，部门化就已经存在了，不主动进行部门化设计就意味着被动选择了团队制的部门化策略，而且是低水平的团队制。

部门化设计是组织结构设计的第一步，是组织结构设计工作中的高阶设计，完成部门化设计之后才能在此基础上进一步进行详细设计，输出相关的部门或岗位说明书。作为组织结构的高阶设计，部门化设计就像是一栋大楼的框架设计，那些被设计出来的部门就好比是大楼框架的柱子，它们作为承重单元支撑起整个组织，在这个基础上进一步做详细设计，细化各种配套机制，就像在建筑框架上进一步细化其他设计一样。

1.3.2　部门设计不当是组织结构的硬伤

企业在进行组织设计的时候，首先要考虑的是设计怎样的部门化策略来实现企业下一阶段的战略诉求。如果部门化设计质量不够高，企业只会得到质量不高的部门，今后想再通过部门内部成员的努力来弥补部门设计的缺陷，就会劳神费力、事倍功半。

2011 年，"天才"乔布斯因病辞世，给世界留下一大批跨时代的创新，令诸多不可思议的科幻般的场景进入我们的日常生活。然而，同样不可思议的是，乔布斯离开之后的苹果公司，尽管拥有世界上优秀的技术专家和强大的资金实力，但是几乎再没有什么真正值得大家称道的创新出现，甚至在很多领域开始落后于其他公司。我们不禁想问，这是为什么？如果说是因为 2012 年之后的苹果公司没有乔布斯的缘故，那么其他公司也没有乔布斯啊！

有人说，乔布斯是"上帝送给人类的礼物"，是罕见的天才。2011 年之前的苹果公司以乔布斯为核心设计公司组织结构，用一个庞大的职能系统来支撑乔布斯跨时代的产品（含服务）设计，取得了巨大成功。乔布斯离开之后，苹果公司仍旧保持原有的组织结构，整体的部门化模式还是以职能制为主体，这使得原本是优势的组织结构反倒成了硬伤。阅读完本书后，您将能分析出后乔布斯时代苹果公司创新乏力在组织维度上的重要原因。

苹果公司有乔布斯留下的 iOS 产业生态护城河，就算存在组织结构不当的问题，很长一段时间还会保有竞争优势。而大量的一般性企业就没这么幸运了，不当的组织结构，特别是不当的部门化设计导致的后果根本没有机会被人们看见！

1.3.3　部门化设计的巨大影响

仰仗建筑科学的发展，人类社会有能力建设起摩天大楼，同样仰仗管理学的发展，人类社会有能力建立起大型企业。历史发展到 21 世纪 20 年代，人类社会有记录的文明长达几千年，而摩天大楼的历史不超过 200 年，大型企业的历史也不超过 200 年。

部门化的知识与技术是管理学重要的组成部分，也是大型企业得以建成的基础知识体系。在竞争激烈的现代社会，错误的部门化设计不仅无法搭建起一个大型企业，甚至一个小规模企业也会因此错误而导致效率不足，最终惨遭市场淘汰。

作为企业的经营管理者，部门化设计是绕不开的难题，不仅必须解答，成绩还不能太差。在激烈竞争的产业环境下，只有做好组织结构的部门化设计，才有可能继续在市场上"与狼共舞"，做不好就会慢慢被边缘化，最终憾然离场。

1.4 掌握部门化设计的基本方法

1.4.1 掌握设计的基本方法

如果任务是建设一幢摩天大楼，我们会毫不犹豫地要求设计师必须掌握建筑设计的基本方法；建立一个成功的组织，当然也必须掌握部门化设计的基本方法。

管理学之父彼得·德鲁克先生 1946 年出版了他的第一本管理学专著《公司的概念》，其中就开始讨论组织结构的问题，并在管理学历史上首次描述了他所观察到的通用汽车总裁艾尔弗雷德·斯隆先生发明的事业部制（联邦分权制）部门化模式；1954 年出版的德鲁克所著《管理的实践》，则更加系统地讨论了组织结构。之后，组织结构的相关理论、方法在企业实践中不断完善、发展，对经营管理的指导价值也越来越强，成为管理者工具箱中常规而重要的工具。

1.4.2 部门化决策不能授权

部门化设计是组织结构设计中的高阶设计，这个设计工作输出的是组织结构的框架与基本部门设置，它们的作用是承载企业的战略重任，是战略能够实现的基本保障。事实上，部门化的思考过程，和战略与目标的思考过程是紧密关联、无法分割的。

战略是企业最高管理层的基本责任，必须自己完成，可以寻求不同人的意见与建议，然而战略决策却既不能授权，也不能委托给他人，部门化设计也是如此，是没法通过授权或委托产出相关决策的。

部门化决策事关成败，既不能授权又不能委托，管理者就有必要系统掌握相关的设计逻辑与方法，做出高质量的部门化设计。

1.5 本书的重点与章节分布

尽管部门化设计是如此的重要，但是专门讨论部门化技术的书籍却非常少，企业管理者在寻求相关知识的时候，不得不面对这个专题信息非常零散的现实困难。笔者尽己所能收集了部门化设计理论与实践方面的成果，将它们系统整理在本书中，以便管理者在学习、吸收相关知识的时候，不必再费神费力去做大量的主题信息收集、整理工作。

本书最基础的逻辑框架来源于德鲁克的学说，书中的基本部门化模式也是以德鲁克的部门分类方案为基础的。时代在迅猛发展，在德鲁克时期，矩阵制组织还没有像今天这样显示出其极大的适用性来，因此德鲁克的组织学说中几乎不讨论矩阵制的话题，本书根据后来的组织发展将之补充进来。

如果说本书有什么创新的话，主要是提出了"苹果树组织结构评价模型"。这个模型借鉴苹果树的果实、树干和树根结构，将组织结构的评价系统分为三个层面九个维度，从而使得大量零散的组织结构评价知识更容易被理解和使用。事实上，除了这种结构化的框架设计外，本书内容大多都不具备理论原创性。

当然，这也不是一本抄袭的书，是笔者在吸收部门化方面的已有成果之后，结合自己从事管理教学与企业顾问服务方面的实践经验形成的，旨在帮助企业界的朋友们应用部门化的相关成果。因为笔者能力和水平的限制，本书尚存在诸多不足，恳请读者朋友批评指正。

本书后面章节的主题内容设计如下：

第 2 章：讨论部门化的六种基本模式

第 3 章：讨论苹果树组织结构评价模型

第 4 章：对职能制进行系统分析

第 5 章：对团队制进行系统分析

第 6 章：对事业部制进行系统分析

第 7 章：对模拟事业部制进行系统分析

第 8 章：对网络制进行系统分析

第 9 章：对矩阵制进行系统分析

第 10 章：专项讨论矩阵制所需要的配套机制建设

第 11 章：阐述组织如何基于结构设计开发部门化方案

第 2 章

部门化的六种基本模式

众人协作是工业化的基本要求

技术进步带来的工业革命让社会发生了巨大的变化，其中一个特别明显的变化就是人们在社会财富创造的过程中，越来越依赖大规模的协作。个人或家庭式的小规模生产往往无法竞争过众多人的协同工作，众人协作成为大规模生产最基本的要求。

从社会的角度来看，企业作为财富创造的主要力量，其依赖的众人协作既有企业间的协作也有企业内部的协作。企业间的协作通常通过市场和交易的模式来实现，企业内部的协作则通过企业组织的运转来实现。

部门是企业内部协作的责任主体

在企业组织当中，我们看到了协作产生的结果：完成某项任务，依靠的是组织中的部门，而不再是个人。例如，销售部门承担销售任务，生产部门承担生产任务，某地域的部门负责当地市场的拓展等，这些企业中的部门作为绩效责任单元，超越了企业中的个人。对于运转良好的部门来说，一个明确的要求就是摆脱对具体某个人的依赖，部门成员可以不断更换，部门绩效仍旧可以达成。如果某个人的离开会导致部门运转不畅，这将被视为严重的组织问题。

部门设计是管理者的职责与日常工作

部门作为组织结构中的责任载体，是典型的社会化的产物，是管理者的设计结果。尽管不同企业的管理者，有可能处于不同的市场领域，服务于不同的客户，而当他们面对内部组织管理的时候，都不能回避组织结构与部门的设计责任。

基于外部与内部环境的不断变化，企业在经营过程中也必须及时进行调整，这当然也包括对企业的结构与部门进行及时调整。因为外部和内部环境变化具有随机性，而管理者相应地进行组织调整又有较强的时效性要求，如果企业的经营管理者不具备相关的知识与能力，必然会出现企业组织结构不当的问题，进而削弱企业的竞争力。

【案例：华为公司 2018—2021 年组织结构图的变化】

华为投资控股有限公司（简称：华为公司）官网公布了历年的华为公司年度报告，报告中包含了当年的公司组织结构图。我们摘取 2018—2021 年四年的组织结构图进行对比观察（如图 2-1、图 2-2、图 2-3、图 2-4 所示），能够看到华为公司的组织结构在整体保持相对稳定的前提下，每一年都在进行微调，部门不断地设立、调整，这种迭代式的组织结构进化体现了华为公司的业务变化与经营意图。

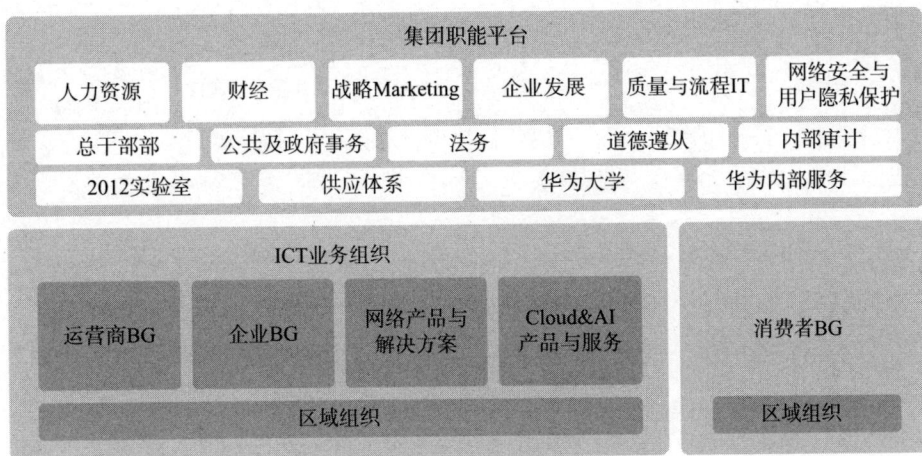

引自《华为公司2018年年度报告》第108页

图 2-1　华为公司 2018 年组织结构图

注：① ICT：全称为 Information and Communication Technology，信息与通信技术。
　　② BG：全称为 Business Group，业务集团。

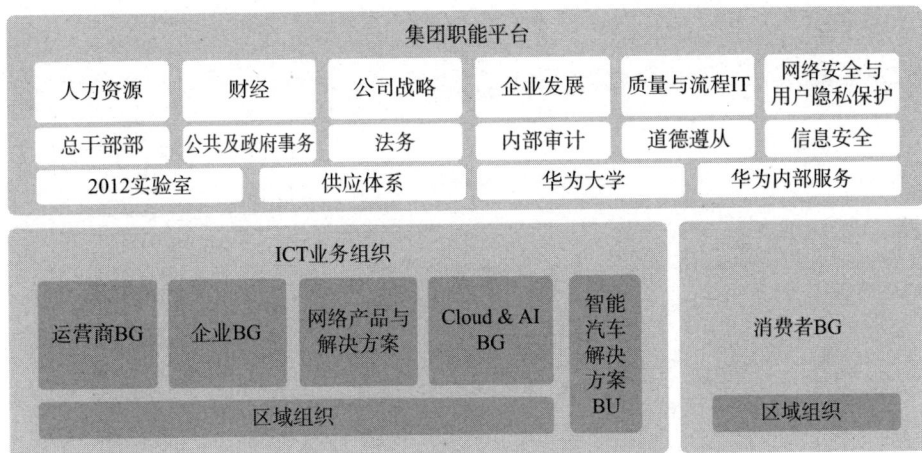

引自《华为公司2019年年度报告》第121页

图 2-2　华为公司 2019 年组织结构图

注：BU：全称为 Business Unit，业务单元。

与 2018 年的组织结构相比，2019 年"信息安全"成为独立的一级部门，同时成立了"智能汽车解决方案 BU"，将华为公司 ICT 领域的技术优势延伸到汽车产业。

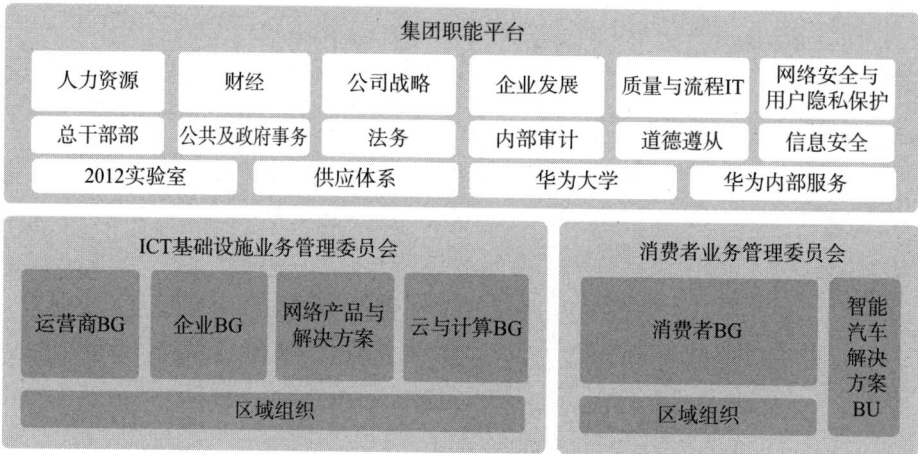

引自《华为公司2020年年度报告》第118页

图 2-3 华为公司 2020 年组织结构图

与 2019 年的组织结构相比，2020 年"智能汽车解决方案 BU"从"ICT 业务组织"转移到"消费者业务管理委员会"了。从技术维度来看智能汽车业务更加靠近 ICT 业务，从客户维度看则更加靠近消费者业务。

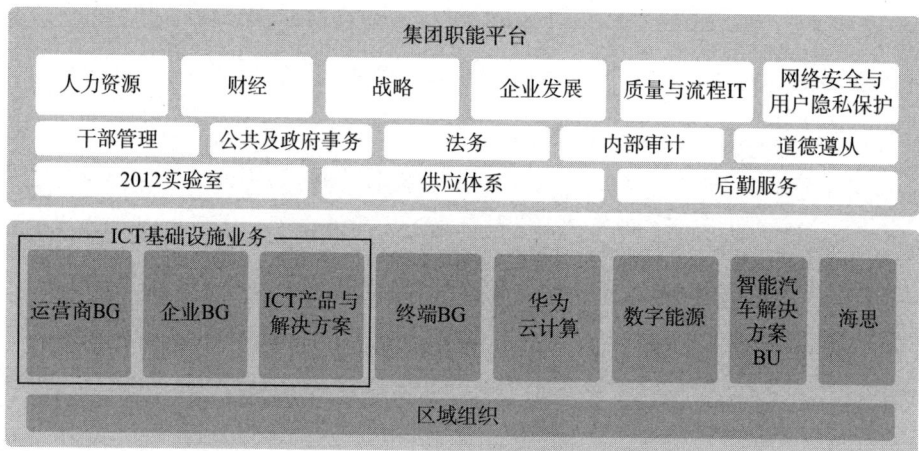

引自《华为公司2021年年度报告》第126页

图 2-4 华为公司 2021 年组织结构图

与 2020 年的组织结构相比，2021 年"总干部部"变更为"干部管理"部门，取消了"华为大学"一级部门；将"ICT 基础设施业务管理委员会"与"消费者业务管理委员会"融合到一起，拉通了支撑的"区域组织"；将"消费者

BG"变更为"终端BG",将"海思"从"2012实验室"独立出来,从一个能力保障机构转变成一个经营主体,未来将对外开展芯片相关业务经营;新增了"数字能源"一级部门,致力于开拓电力电子产品市场。

从华为公司2018—2021年的组织结构图中,我们能发现华为公司有很多和其他企业不太一样的部门,有很多新的发明,例如,"总干部部""干部管理""道德遵从"等;还可以看出华为公司的部门设立、调整非常快速、灵活。结合华为公司成功的经营成果可以发现,这些组织结构策略的有效性得到了很好的验证。从华为公司成功经营和组织建设的案例中,我们能够得到的启示是:组织结构没有长期正确的标准答案,要避免僵化,要跟随企业发展需求进行针对性设计,要根据内外部环境变化及时调整。

2.1 组建部门的六种基本模式

部门不是天然存在的。设立不同模式的部门,使之成为组织的基本构成单元,这是人类社会进步过程中的重大发明,而且多数部门化模式都是近一二百年才发明出来的。这些部门化模式的发明也不是一蹴而就的,而是随着社会进步逐渐丰富起来的。

现阶段,在企业的组织结构设计中,已经发明出来、可供我们采用的组建部门的基本模式有六种:职能制、团队制、事业部制、模拟事业部制、网络制和矩阵制,这就是人们常说的部门化基本模式(如图2-5所示)。未来人们有可

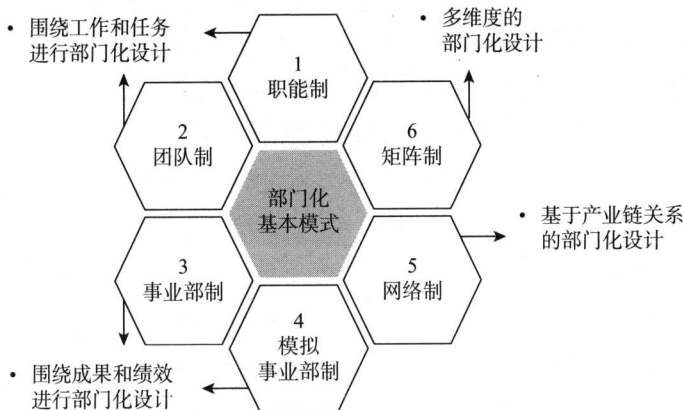

图 2-5 部门化基本模式

能发明更多其他的部门化模式。

一般来说，企业管理者只能在已经发明的部门化模式中选择一种或几种来组建自己的部门。除了极少数非常简单的企业，绝大多数企业都会用到不止一种部门化模式来设计组织。

不同的部门化模式，其底层设计逻辑存在明显差异，有如生物胚胎的基因那样各不相同。这种基因层面的差异，决定了不同类型的部门有着自己独特的个性。就像老虎、大象、兔子、蜜蜂，它们之间不存在绝对优劣，各有各的优势，各有各的劣势。不同部门化模式所造就的不同类型的部门，也有着自己独特的属性，这种基础属性决定了它们在企业组织的运转当中会产生完全不同的效果。

管理者在组织设计的过程中，面对的变量非常多，各种内外部环境要素都会影响组织设计。根据不同的内外部情况，恰当地选择并组合使用不同的部门化模式，是管理者在组织设计工作中的基本任务。

2.2　基于工作与任务设计部门

2.2.1　职能制

在工业化进程中，管理学最早关注到的生产性组织的部门组建方式是职能制。20 世纪初，法国管理学家亨利·法约尔总结了自己经营煤炭生产企业的经验，提出了职能制部门模式。

职能制是劳动分工在组织制度领域的延伸。职能制从工作本身着手，以劳动分工所设计出的具体工作方法和技能为分类的逻辑，组建相应的部门。例如，我们常见的生产部门、仓储部门、运输部门、销售部门、财务部门等，这些部门的名称就体现出了劳动分工的基本思想。

所有工作的开展，都有其自然的方法和技能。生产煤炭需要开展开采、运输、洗选等方面的工作，建设一所房子需要开展打地基、建结构、精装修等方面的工作，每一道工序都受到工作自身规律的限制，有其在当时技术环境中必须遵循的要求与规则。人们基于此进行劳动分工，把工作的不同阶段与技能识别出来，再将做同一类型工作的人集中到一起，就形成了职能制部门。

这样的部门化模式有利于劳动分工、提升效率，因此被企业界广泛采纳，我们几乎找不到完全不采用职能制模式组建部门的企业。

2.2.2　团队制

除了职能制，以工作为中心形成组织单元的方式还有另一种情况。远古时期，人类为了成功狩猎，一群人集体出动，通过相互协作捕获猎物；足球场上，11 名队员相互配合，将球攻入对方球门。这些场景下，一群人围绕同一项工作，为了达成同一个目标，形成了工作组织，这种组织就是团队制部门。

尽管没有最早进入管理学著作当中，团队制事实上却是人类历史上最早出现的工作组织方式。在现代经济生活中，团队制部门仍然被广泛采纳，体现出极强的适应性与生命力。

从工作和任务的角度出发来进行部门化设计，是人们在社会财富创造过程中首先发明的部门化模式。当我们将工作任务视为整体时，团队制就出现了；当我们进行劳动分工，将整体任务分解为多项关联的专项工作，并依此组建部门时，职能制就出现了。这两种组织方式都是最基础的部门化模式。

2.3　基于成果与绩效设计部门

2.3.1　事业部制

在法约尔提出职能制后不久，1924 年通用汽车总裁艾尔弗雷德·斯隆提出了事业部制，并在通用汽车公司取得了巨大的成功，因此事业部制也被称为斯隆制。

事业部制开创了部门设计的新思路，它不再是以某项工作或任务为基础来设计部门，而是以经营绩效和成果为基础来设计部门。对于事业部组织，管理层不再为其定义工作内容是什么，也不再干预它如何开展工作，也就是说怎么做是事业部这个部门自己去考虑的事情，公司层面只确定了向事业部这个部门要什么绩效和成果。

事业部组织的发明，使得更大范围的管理授权成为可能，因此事业部制也被称为联邦分权制。正是通过事业部组织成功的授权，让通用汽车迅速成长为当时全球最大的企业，德鲁克在研究了通用汽车的管理模式之后，对此也大为推崇。事业部模式迅速被全世界企业学习、借鉴，现在我们身边采用事业部制来设计部门的企业也十分常见。

事业部制作为一种部门化机制，并不要求所有采用这种机制的部门都要叫

"××事业部"，很可能在其部门名称中没有"事业部"三个字，比如，华为公司的"沃达丰电信系统部""湖南省代表处""××产品线"等都是事业部制部门，其部门命名是非常灵活的。

2.3.2　模拟事业部制

在事业部制被广泛采纳之后，事业部制结果导向的优势令管理者十分着迷，但是在企业当中，还存在一些领域，例如，制造、内部服务等方面的业务，不是对外经营的业务单元，无法考核独立的外部绩效与成果，不具备事业部设计的天然条件，而管理者却希望能够从绩效结果的角度来管理这类部门，也能够据此加大对其的授权，这种情况下，聪明的管理者就开始基于事业部制模式设计出了模拟事业部制。

从名称上就能看出来，模拟事业部制不是真的事业部制，是模拟的。因为事业部制是基于绩效和成果进行设计的部门，绩效和成果是来自企业外部，来自市场的，而模拟事业部制就是在不能衡量其市场绩效与成果的情况下，模拟一个绩效与成果，并据此来设计部门。比如，生产部门所有的产出都要交给销售部门去卖，最终销售部门卖出了产品，得到了来自市场的收入，但此时管理者却不知道这个收入里面，有多少是应该属于生产部门的绩效贡献。为此，我们就假设一个与生产部门的结算价格，于是生产部门就得到了模拟的绩效收入，成为模拟事业部制部门。

事业部制和模拟事业部制的部门化基础逻辑是绩效与成果，这与职能制、团队制从工作和任务维度来进行部门设计是完全不一样的。基于绩效和成果来设计部门，有一个基本前提是能够测量出一个部门清晰的绩效和成果，因此对于部门边界的清晰化以及核算能力的要求都是比较高的。以工作和任务为基础设计部门，可以是定性的；而以绩效和成果为基础设计部门，就必须是定量的。定量和定性的差别，对于企业的基础管理能力来说，显然有质的不同。

2.4　基于产业链关系设计部门

网络制

在组织设计过程中，逐步出现了一种突破企业边界，在整个产业链的视角下来设计组织的现象。也就是企业将一些能力中心外包给其他公司，通过签订合作协议的方式，将外部能力整合到组织中来。比如，苹果公司没有自身的产品装配能力，通过向富士康公司这样的代工厂采购产品装配的能力，来成就自己的业务。

在网络制模式下，企业成为中央网络中心，而外包能力在企业中心之外，通过商业合同的方式形成协作（如图 2-6 所示）。

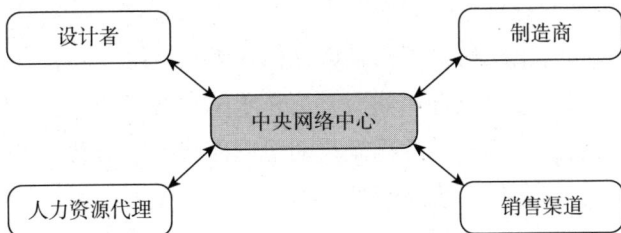

図 2-6　网络制组织示意图

外包的模式在企业界迅速扩散，越来越多的企业选择将非核心能力外包给其他企业。耐克公司就是典型的代表，遍布全球的耐克产品，几乎都不是耐克公司自己制造出来的。网络制的组织设计，通过建立交易关系，把外部能力内化到组织中来，让企业能够快速、灵活地获取相关能力，从而迅速满足市场需求，这种方式不仅能提高反应速度，还可以促进企业聚核发展，进一步强化自身的核心竞争力。

严格地说，网络制属于供应链体系，然而从组织建设的角度来看，一旦采纳了网络制，通过供应商提供了某种产品或服务，企业就不再需要设置相应的组织了；反过来，假如无法实现有效采购，就不得不自建相应的组织。可见，供应商关系会对企业内部组织的设置产生直接的影响，从整个组织设计的角度来看，这是无法忽视的重要领域。

网络制与采购是同一件事情的两个名称吗？事实上，二者虽然在形式上大体相同，但在理念上差异明显。

从传统的采购与交易角度去理解供应链，和从组织与能力建设角度去理解供应链会产生巨大的差异。在网络制的部门化模式视角下，不是所有的供应商都会成为网络制的组织对象，一旦某个供应商成为自己企业的网络制对象，它就是自己组织能力的一部分，企业用更加内部化的视角来看待与这类供应商之间的关系。

从传统的采购与交易角度出发，如果供应商不能令我们满意，采购部门就会主张更换他们，重新选择其他能满足要求的供应商。这发挥了采购的灵活性，采购方有很大的主动权，同时也让供应商有巨大的危机感，会造成采购方与供应方之间的关系紧张。适度地存在这种紧张关系是健康的，然而很容易出现的问题是采购方对供应商形成压迫与剥削，很多采购方几乎换遍了市场中全部的供应商也不能找到足以满足其要求的产能。供应商因为长期被威胁，所以无法与采购方形成长期的共建关系。

从网络制的部门化视角出发，采购方作为中央网络中心，有责任而且有主动权去寻找长期的网络组织合作对象，不是单纯地找某个采购合同供应商，不是简单地完成买卖交易，而是要建设长期协同作战的能力共同体。出于组织视角下的长期主义，当合作出现问题的时候，双方首先考虑的是如何解决问题，如何共同协作，如何共同成长，采购方不会随意换掉合作方，也不会因为有采购主动权就总是威胁、压迫、剥削合作方，供应链合作方也会更加坦率、真诚，着眼长远。

网络制组织会更加强调对供应链的合作方进行"管理"，尽管很多时候我们认为"管理"是面向组织内部的。网络制就是要令外部机构在组织运转方面实现内部化，就算这还是供应商关系，那也是一种全新的供应商关系。

2.5　多维度的部门化设计

在实际的组织设计过程中，我们一般不会只用一种模式来设计部门，职能制、团队制、事业部制和模拟事业部制很可能同时出现在一个企业中。

如果在企业不同的部门采用不同的部门设计模式，这是很容易兼容的，比如，业务部门采用事业部制，财务部门采用职能制，新产品开发采用团队制，这在企业中是非常普遍的。

矩阵制

还有一种特殊的情况，就是一个部门同时处于两种以上的部门化模式下，比如，一个部门既在职能制的模式下，也在事业部制或团队制的模式下，这样就形成了两种部门化模式的叠加结构，这就是矩阵制组织（如图 2-7 所示）。

最早出现矩阵制模式的场景，是企业有某些专项任务需要从不同的职能部门抽调人员，例如，公司准备开发一个新的大客户，会从市场部、技术部、财

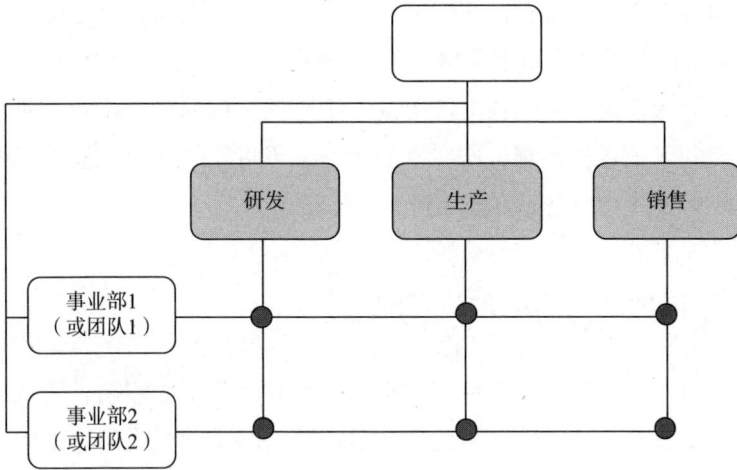

图 2-7 矩阵制组织示意图

务部、人力资源部等部门抽调一些人，成立一个专项的大客户项目组。这些在大客户项目组的人集中精力开拓目标大客户，以团队制部门的方式运行，而他们的基本工作关系还是在各自的部门里面。当大客户开发工作顺利完成之后，这个项目组可能就解散了，项目组的成员各自回到原来的部门中去，这就是一个临时性的矩阵组织；如果这个大客户是要持续维护的，那么这种矩阵组织就会持续存在。

矩阵制模式下，一个业务部门同时叠加了两种甚至更多种的部门化模式，这种叠加产生了很多的交叉点，每一个交叉点都是一个矩阵内部部门，而每一个交叉点上的部门既要受到横向部门系统的管理，又要受到纵向部门系统的管理，甚至还可能有第三个、第四个或更多个维度部门系统的管理，这样就有可能出现混乱，特别是不同维度的上级意见不一致的时候，交叉点上的部门就会面临两难困境。这种情况，就像是一个小孩子，面对爸爸和妈妈不一样的要求时，不知道如何是好的状况。

矩阵制模式下，组织的统一指挥原则受到挑战，出现多头领导的风险。因此，很长一段时间，矩阵制模式都被视为只能用于临时性工作，不适合作为长期组织的部门化策略。随着 IBM、杜邦、ABB 等优秀企业的成功实践，大家开始了解到矩阵制组织的优势，也摸索出很多让统一指挥原则得以维护的矩阵组织运行机制，大幅度降低了多头管理的混乱，例如，现在华为公司成功运转的职能、地域、客户、产品四维度的复杂矩阵制组织。

矩阵制组织模式并没有在基础的部门化模式上有创新，只是叠加使用了前面四种基础部门化模式（不含网络制）。这种叠加在早期的组织设计逻辑中是不能接受的，因为它带来了结构上的混乱。矩阵制结构的成功运转，非常依赖具有软件属性的组织运作机制，这些机制将原来不可能的部门化模式变得非常有竞争力，成为很多大型企业首选的组织结构模式。

2.6　不属于部门化的组织结构概念

前面我们介绍了常见的六种基本部门化模式，其中职能制、团队制、事业部制、模拟事业部制这四种部门化模式显得更具基础性，我们将之称为基础部门化模式。网络制是一种跨越企业边界的创新部门化模式，严格地说是供应链管理关系，因为它会对企业组织建设产生实际影响，所以纳入我们的讨论范围；一般来说，企业还需要有一个内部的职能制或模拟事业部制的供应链管理部门来与网络制属性的外部机构对接；矩阵制是叠加使用四种基础部门化模式的组织模式。

除了这六种基本部门化模式，人们还会接触到各种各样的组织概念，然而很多都不属于部门化的概念，不是前面六种基本部门化模式的同义词，不能以此为原则来设计组织结构中的部门单元。

2.6.1　扁平化组织

扁平化组织是指组织的层级尽量少一点，并不会定义组织采用哪种部门化模式，采用任何部门化模式的组织都会希望组织层级不要过多。

2.6.2　流程化组织

流程化组织强调组织和流程的紧密关联，在流程任务的基础上定义工作角色，然后将一个或多个工作角色汇集成一个岗位，这是在组织详细设计过程中定义组织责权的一种工作逻辑，不属于部门化模式。例如，在流程化组织设计的思路下，我们根据供应链流程确定了供应链部门的具体流程责任，但是在部门设计上有可能将之设立成职能制部门，也可能是模拟事业部制部门，虽然采用不同的部门化模式，但都实现了流程化组织建设。

2.6.3　前台 / 中台 / 后台组织

前台、中台、后台组织的提出，是针对之前的前台、后台概念，强调中台而形成的。前台和后台比较容易理解，前台就是面向客户的，后台就是提供内部支持的。中台概念的兴起是企业为追求更高的内部协同水平，在原来前台和后台概念的基础上，建立的一个专门提高内部协同、向前台组织赋能的中间层，它是从距离客户远或近的视角来观察一个类型的组织而产生的组织概念，前台、中台、后台本身并不是特定的部门，它的设计和部门化设计是不同的。

前台组织一般包括与客户接触的界面，例如，直接的销售部门、客服部门、售前技术支持部门等，后台组织一般包括财务部门、仓储部门、内部行政部门等，中台组织就可能包括 IT 部门、交易中心、评价中心、用户中心等。不同的企业可能有不同的前台、中台、后台部门，也可以不采用前台、中台、后台的部门划分方式。

2.6.4　各种不以部门建设为中心的组织概念

与组织相关的概念非常丰富，有时候各个概念的边界并不清晰，所有不以建立一个具体部门为中心的组织概念都不是部门化模式，例如，高效能组织、快速反应组织、协同组织等，举不胜举。

在本章中清晰定义的六种基本部门化模式是现阶段管理界发明出来的全部部门化模式，未来也有可能发明出更多的部门化模式。在不同的语境下，这六种基本部门化模式的称呼与命名可能会有差异，但其基本内涵应该是大体一致的。

第 3 章
苹果树组织结构评价模型

　　六种基本部门化模式里面，团队制是最早出现的，早在远古时期人类就开始自发使用了，另外五种都是在 20 世纪才提出来的。这些部门化模式不是自然生成的，而是人类社会化协作的发明。

　　管理者在设计组织结构时，并非只选择某种单一的部门化模式设计整个企业组织，通常是在不同的工作领域选择不同的部门化模式。大多数情况下，企业管理者都有必要综合应用不同的部门化模式，以便有效地组织不同类型的工作。

3.1　组织结构产生的巨大影响

3.1.1　个人努力无法弥补组织缺陷

　　部门化设计是一项技术性要求很高的工作，如果部门设计不合理，组织就会出现困难，例如，严重的部门墙、大量的组织内耗、反应缓慢等。不良的部门设计造成的组织结构不当，后续想通过人的努力来改变，是非常困难的，就像是赛场上的一辆烂车，即使车手非常努力，也很难取得好的成绩。

　　例如，在庞大的职能部门组织中容易产生的官僚化问题，这种问题靠组织中的个体来努力，是很难取得成效的。在组织面前，个体显得非常乏力。这也更加显示出组织结构设计的重要性来。

3.1.2　不良组织结构设计导致进退维谷

　　组织是有生命力的，随着内外部环境的变化，组织结构也要不断变化。同时，组织结构要求具有相对的稳定性，剧烈的组织结构调整会带来动荡，会破坏原组织结构上依附的运行机制与惯例，导致组织成员无所适从，从而引发大量的内部冲突与混乱，增加内部交流、会议负担，降低组织效率，损害组织绩效。因此，组织结构变化最好是改良式的，持续温和地进行，尽量避免革命式的突然剧变。老子说："治大国若烹小鲜"，也是这个意思，管理者要保持基本组织和政策的阶段性稳定，频繁调整只会适得其反。

　　这意味着，一旦组织结构设计不当，企业将面临进退维谷的痛苦选择。如果选择迅速调整，就会不可避免地带来组织动荡，甚至在组织动荡之后，也不能确定新调整的组织结构就是恰当的；如果选择缓慢调整，那么组织将要在一个较长的时期内承受组织设计不当的恶劣后果，会对组织绩效产生持续损害。无论是不是及时调整，不良组织结构都会产生巨大的损害。

因此，在组织设计过程中，一定要非常慎重，以避免出现后期调整的两难境地。

3.2 苹果树组织结构评价模型

3.2.1 战士必须了解自己的武器

怎样才能设计好组织结构呢？最基础的要求是：承担组织设计责任的管理者必须了解不同部门化模式的基本特点，知晓不同的部门化模式各自的优势和劣势，以及适合在什么情况下使用；如果选择了某种部门化模式，需要注意哪些方面的问题。

这就好比一名战士在参加战斗之前，要了解自己拥有哪些武器，这些武器各有什么特点。如果要参加一场远程狙击战斗，他会使用高精度狙击枪，此时选择一把性能再好的手枪，获胜的难度都会很大；如果要去敌方侦察情报，他就需要一把小巧便携的手枪，此时选择一杆狙击枪，就无异于去送死。一名优秀的战士，必定非常了解他的全部武器，甚至能够蒙着眼睛拆解和组装枪械，因为这是他的第二生命。

对组织设计者来说，六种基本部门化模式就是他们能够装备的武器，用好它们就能在组织设计的战场上打胜仗，否则就是一场败仗。这要求组织设计者必须能够深刻理解各种部门化模式，全面综合地对六种基本部门化模式进行识别、评价，今后才有可能高质量地应用它们。

3.2.2 苹果树组织结构评价模型简介

应该怎样对部门化基本模式进行全面评价呢？

如果评价枪械，战士会从射击精度、机械稳定、携带便利性等维度进行评价，以便在不同的战斗场景中选择恰当的武器。

如果评价身体，医生会从血压、血脂等几十个，甚至数百个维度进行评价，以便我们知道如何维护自己的健康。

如果评价部门化模式，管理者应该考虑哪些维度呢？这是组织设计无法绕开的问题，必须直面解决。

　　思考这个问题的时候，要认识到组织结构永远都不是目的，而是实现企业经营目标的工具。就像果农种一棵苹果树，是为了秋天收获苹果一样。为了帮助理解，我们将苹果树作为隐喻模型，系统发掘部门化模式的评价维度。

　　如果我们的任务是评价一棵苹果树，首先看的应该是它产出的果实。日常生活中的成语"春华秋实""硕果累累""华而不实"都包含了人们对植物果实的期望。假如苹果树上只能结出又小又涩的果实，那就是一个果园的灾难。

　　有经验的果农不仅会观察苹果树上的果实，还会认真审视苹果树的树干，因为他知道，苹果的美味不会无缘无故，没有树干输送养分，苹果注定是不会好的。

　　有道是"树大根深"，发达的根系才是苹果树的养分来源，尽管隐蔽，却是枝头硕果最基础的决定性要素。

　　苹果树的果实、枝干、根系三层次逻辑关系，可以帮助我们分析、评价组织结构中各种部门化模式的基本特性。借鉴苹果树结构的三层次逻辑，我们可以考察某种部门化模式的果实，也就是它在产出方面的特性；往下一层，我们可以考察某种部门化模式的枝干，看看它的组织运转水平；深挖到底，我们还能考察某种部门化模式的根系，也就是它最基础的特性。

　　依此逻辑构建的苹果树组织结构评价模型，用一棵苹果树来帮助我们系统性理解组织结构设计中不同部门化模式的特性（如图 3-1 所示），以期帮助管理者更好地应用组织结构设计的武器，建立更高质量的组织结构。

3.2.3　果实 → 组织结构的成果质量

　　组织结构是企业实现经营目标的手段与工具，而不是目标本身。判断一个组织的结构好与不好，首先是看它产出的成果。就像我们判断一棵苹果树是不是足够好，要看它结出的苹果是不是足够好一样。对一棵苹果树来说，如果不能产出好的果实，其他方面再怎么好，也是一棵华而不实的苹果树。对一个组织的结构来说，如果它不能产出高质量的成果，就不是一个好的组织结构。

　　因此，我们在评价不同的部门化模式时，就应该首先关注这种部门化模式导向成果的水平怎么样。当我们在不同的部门化模式之间进行选择的时候，最重要的决策标准是看这种部门化模式能否支撑预期的组织成果。

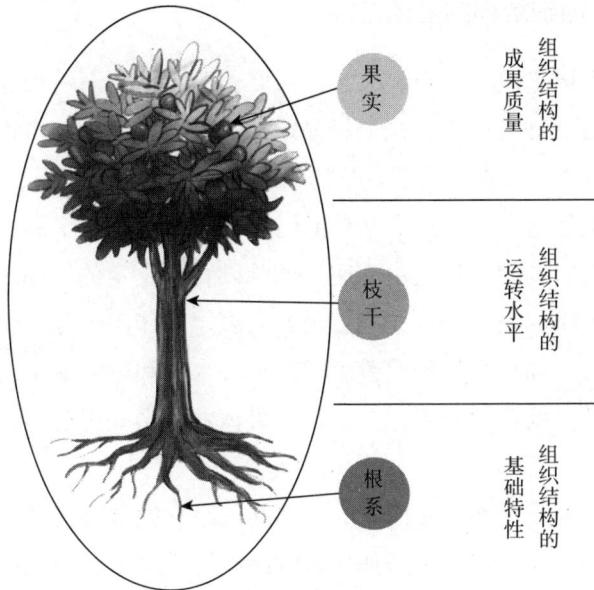

图 3-1　苹果树组织结构评价模型
注：此苹果树由付心瑶绘制。

3.2.4　枝干→组织结构的运转水平

好的成果不会毫无原因地出现，一定有好的过程在先。评价不同的部门化模式时，当然也要评价这些部门化模式的运转水平。深入到这一层，才能深入理解各种部门化模式独特的成果质量特性。

产出的成果质量差，就肯定不是一个好的组织，但这并不意味着，只要当下的产出还不错，就一定是好的组织。我们想象一棵苹果树，在结出好的苹果之后，不幸被一群蛀虫看中了，树干被慢慢地蛀空，从此之后，这棵苹果树结出来的苹果一茬不如一茬，产出的成果越来越差，原因就是树干传输养分的能力越来越差了。

组织有时候也会有同样的问题，当期产出的成果看起来还不错，但是组织的运转水平已经开始出现问题了，这意味着今后组织成果的质量将得不到保障，就像被蛀虫破坏了的苹果树一样，成果越来越差。

因此，在成果之外，认真观察、评价组织的运转水平，对部门化模式的评价来说，是十分必要的。

3.2.5　根系→组织结构的基础特性

对一棵苹果树来说，树干和果实都需要养分支持，而一切养分都来自地下的根系。根系虽然埋在土里，是最不显眼的，却是真正的决定性要素，是苹果树产出高质量成果的根本，有了发达的根系，才有粗壮的枝干和美味的果实。

组织结构也是这样。为什么某种部门化模式的运转水平和成果质量具备这样或那样的特点，就因为这是由它底层的基础特性决定的。部门化模式的基础特性，就像苹果树的根系一样，起着最初的决定性作用，是组织结构因果关系中"因"的部分。如果我们想改善组织的运转水平和最终成果，就要想办法改善它的基础特性，就像果农要想办法让苹果树的根系变得发达，吸收到充足的养分一样。

要想真正理解某种部门化模式，就不能忽略它的基础特性，我们不仅要理解基础特性本身，还要理解它是如何影响组织运转水平与成果质量的，是否具有改善提升的空间与可能，改善提升应该从哪里着手，关键是什么。

当我们能够从基础特性开始，往上梳理运转水平和成果质量，较深入地理解各种部门化模式，形成系统性认知之后，才有可能在组织结构设计过程中用好它们，释放出组织结构的潜能。

3.3　组织结构的成果质量

组织结构本身不是目的，取得管理者期望的成果才是目的，就像我们种下一棵苹果树，期望的是树上结出的果实一样。

应该怎样评价这些果实呢？

对于一个孩子来说，最重要的评价是味道，好不好吃是最关键的！

对于果园的管理者来说，评价苹果树的产出就不会只有味道这么单一的维度，他眼中的苹果树产出一定是多个维度的。除了味道以外，还会有苹果树单产的平均数量、市场交易值多少钱，甚至可能还有平均单棵树消耗了多少肥料等。

同样地，我们评价某类组织结构的成果质量时，也会涉及多个维度，至少要考虑部门化模式在绩效导向、经济性和培养管理者这三个方面的特点（如图 3-2 所示）。

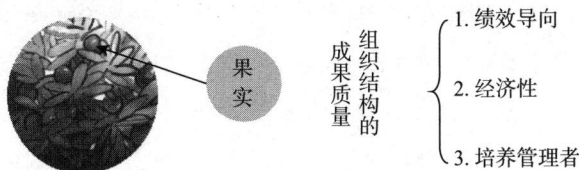

图 3-2　组织结构的成果质量

3.3.1　部门化模式特性 1："成果质量"层面的"绩效导向"

成果方面，首先要考虑的，就是选择某种类型的部门化模式是否有利于取得经营绩效，我们将某种部门化模式在绩效产出方面的属性称为绩效导向。绩效导向强的部门化模式，会将大家的努力牵引到产生经营绩效的方向上；而绩效导向弱的部门化模式，会将大家导向忙忙碌碌却不见得会产生高质量的经营绩效上。我们常说的官僚组织，就是指绩效导向非常差的组织，在这样的组织里面，个体不得不在大量无价值的事情上浪费时间和精力。同一个人，在绩效导向差的部门里很难出工作成果，而换到另一个绩效导向强的部门后，就会出高质量的业绩。某种部门化模式在绩效导向维度的特性，对组织结构设计者来说，是必须放到首位并加以充分考虑的。

在进行组织结构设计时，要遵循"战略决定结构"的基本原则。战略定义了组织的中长期目标和当期绩效，从而定义了组织当下的经营责任，组织结构必须承载战略要求达成的经营责任，促进绩效目标的实现。

优良的绩效导向属性意味着组织结构能够对各个部门和个人的业绩目标提供指引，引导他们取得业绩而不是仅仅付出努力。最佳状态是组织结构能够引导成员将其精力放到机会领域里面，关注重点客户群体，关注有潜力的新业务，引导成员去做那些艰难却有价值的事情，而不是在熟悉的老业务里面周旋。老业务虽然容易做，却不能带来高绩效。

绩效导向是不同部门化模式最值得重视的差异，我们希望各级团队都对绩效负责，而不是只对技术与能力负责，希望大家都明白成果比努力重要，达成组织绩效是第一追求，不要将技艺本身作为一种目的。

3.3.2　部门化模式特性 2："成果质量"层面的"经济性"

组织作为获取经营绩效的手段和工具，其自身也需要消耗资源。就像苹果树在产出苹果的时候，树本身也要消耗养分一样。对一个在花园中只种一棵苹果树的人来说，树本身的消耗不值一提。当我们是一个苹果园的经营者时，就一定会关心苹果树本身的消耗，要计算这些果树在化肥、水、养护等方面的消耗，否则果园的经营就会成问题。

如果某种部门化模式产出不大，而自身带来的消耗却非常大，那么这就属于经济性比较差的部门化模式，我们常说的组织内耗就会发生。

我们来看一个常见的场景：A公司销售部门和工程部门各有一名员工在某地出差，当出现了一件需要二者协同工作的事件时，经济性最高的组织模式是两人直接交流、协商，然后完成工作。但是很多组织不支持这种直接协作，因为他们各自要得到上级的授权。于是，另一种情况出现了，两个部门的员工各自向自己的上级请示，通过逐级批准之后，两人根据上级指示开展协作。这两种情况下，组织的经济性差异巨大。

绩效是所有活动的目标。组织是一种转化机制，将各种投入转化为绩效产出。这种转化的效率越高，过程损耗越小，那么经济性就越高。

我们寻求和企业发展阶段、状态相匹配的组织管理，不是越高级、越复杂的组织体系就越好，因为那些在组织、沟通、协调、监督、控制等领域消耗掉的成本会成为企业的负担，我们并不鼓励管理体系大幅度领先业务，而是希望在实现经营目标的前提下将这种内部消耗维持在最低的限度。在进行部门化设计的时候，经济性要素会引导我们，尽可能让各级部门能够实现自我控制、自我调整，尽可能让资源到价值创造的前线去，以减少后勤系统的消耗。

3.3.3　部门化模式特性3："成果质量"层面的"培养管理者"

组织除了产出绩效、成本维度的成果，还有特别重要的一个方面，就是培养管理者。同样的人才条件，有些企业能够不断涌现出优秀的管理团队，而另一些企业则难以找到称职的管理者，其中非常重要的原因之一，就是部门的设计方式。

不同的部门化模式，在具体运转过程中差异巨大，能够为部门成员提供的成长机会也不一样。越是能够被授权的部门化模式，就越容易令其部门负责人独立承担责任，从而有利于管理者的培养。当部门化模式不利于授权时，部门负责人事事都需要请示，减少了独立承担责任的机会，也就失去了成长空间。

能不能产出足够数量和质量的管理者，对企业的发展至关重要，但这一点又很容易被企业忽视。很多由创始人经营的企业中，因为组织在培养管理者方面的成果不足，导致企业家不得不将大量的时间和精力投入到具体业务当中，而这种情况又可能进一步阻碍企业内的管理者培养，从而导致企业发展遇到隐形天花板。

要想源源不断地培养出管理者，组织结构必须在两方面表现出有效性：其一，促进管理者的考察和培养，令各个层级的组织单元都能够考察和培养管理者承担更高职务的能力，为初级、中级管理者打造一个向上发展的阶梯；其二，促进人才的成长，帮助组织结构中的个体在其岗位上提升和发展，设计能够支持成员持续学习的组织结构。

通过分析、评价不同部门化模式在绩效导向、经济性和培养管理者三个维度的成果质量，把握它们相关的优势和劣势，对于我们的组织结构设计至关重要。成果质量三个维度考虑不清晰，最终的组织产出就一定不理想。

3.4 组织结构的运转水平

从企业经营的角度来看，如果组织能够产出高质量的成果，在绩效导向、经济性和培养管理者的维度都能达到预期，那我们是不是就应该满足了，不必再对组织结构提出更多要求了？假如我们进一步思考：组织结构的产出质量有可能更高吗？组织结构未来的产出会有风险吗？如何改善组织结构？这些问题会引导我们去寻找组织结构的成果质量背后的影响要素。

在苗木市场，同一种类的苹果树，每一棵的定价可能都不一样，单棵苹果树的价格与树干的直径有正比例关系，一般来说，树干越粗壮价格越高。园丁们都知道，树干粗壮意味着这棵树的内部运转状况比较好，传输养分的能力比较强，在同等环境下就可能会产出更高质量的果实。

假如有一位园丁，要去苹果园为自己挑选一棵苹果树，他摘下果树上的果实，逐个品尝之后选择了果实味道最好的那棵树。就在他打算选择成果最好的果树时，无意间发现这棵树的树干有一部分患了病虫害，那么他就会担心这棵树未来可能结不出同样好的果实来！

2002 年，74 岁高龄的褚时健在哀牢山开始种植橙子，前六年的果实，产量低，味道也差。褚时健并不在意，那时他更关心果树是否健康。他相信，只要果树健康成长，美味的果实一定会如期而至。2012 年，"褚橙"成了网红果实，人们并不是单纯消费情怀，而是真真切切吃到了美味的橙子。2014 年，"褚橙"销售额达到了 1 亿多元，纯利润达到 7000 多万元。

我们如果能像观察一棵果树的树干那样，提早发现组织结构中对成果质量产生重大影响的要素，那么针对性的工作就好开展起来了。

组织结构的树干——运转水平的主要维度包含三个方面：有效决策、促进协同和接纳创新（如图 3-3 所示）。组织结构在这三个维度的运转水平，将直接影响其成果质量。从这里入手，就能找到组织产出的背后力量。

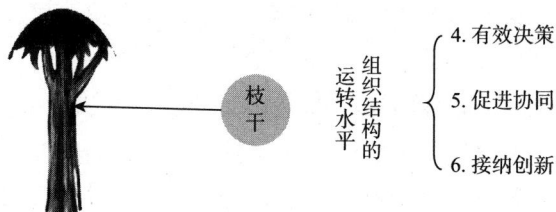

图 3-3　组织结构的运转水平

3.4.1　部门化模式特性 4："运转水平"层面的"有效决策"

在组织当中，大多数具体的、操作类的工作都是最基层的单元完成的，组织结构的中层、高层岗位，往往是以"决策"为基本产出的。如果一个组织的决策体系不能高质高效运转，那么基层的产出就会出现困难。胜利的战争体现为前线士兵打败了对手，但决定战争胜负的，往往不是前线士兵，而是一系列的战争决策。

不同部门化模式下的组织决策有很大的差异，这种差异可以从三个维度来考虑：

其一，决策是否充足。组织结构不当有可能导致组织在重大决策的制定上不能满足要求，经常令重大决策成为边缘性工作，管理者大量的精力花费在不太重要的，甚至错误的问题上，出现"把事情做正确，却没有做正确的事情"的矛盾，可能导致组织本该做出的重要决策，长时间拖延，久久没有决策结果，造成后续工作的混乱与停滞。在设计部门化方案的时候要考虑到这一点，确保重要的决策会被组织充分重视，并及时有效地做出。

其二，决策是否依赖高层。组织结构不良会导致决策授权不清晰，使得那些本该由低层级部门管理者做出的决策上升到更高层级来做。组织中的决策不是在尽可能低的层级上做出，恰恰相反，总是到尽可能高的层级上做出来，导致决策拥堵，"瓶颈"特别多，组织反应变得迟钝而缓慢。有效的组织结构会在尽可能低的层级上快速决策，华为公司推行"班长的战争"主题变革，就是在寻求决策尽可能前置的方法，尽最大努力支持一线组织做出有效决策来。

其三，决策是否能落地。决策做出来了，但是不是能够有效地转化为各级组织成员的工作承诺与行动，这是非常大的问题，不同的组织结构差异会非常大。这也是一个组织能否有效产生绩效成果的关键性影响要素。

3.4.2　"有效决策"对组织"成果质量"的影响

能否有效决策，将会对组织成果质量的三个维度产生直接、深刻的影响（如图 3-4 所示）。

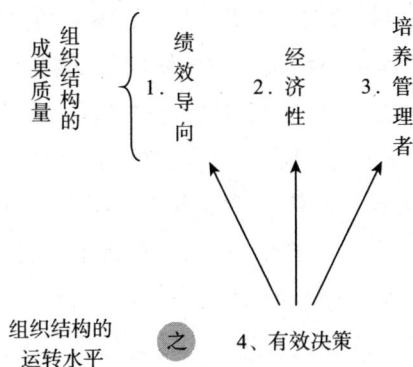

图 3-4　有效决策对成果质量的影响

首先，从绩效导向维度来看，决策不充分、不及时、不落地，组织当然就不能有效把握市场机会。不能有效决策时，就算是抓到一把好牌，也会打的很烂。

其次，从经济性维度来看，决策是效率的"因"，高效率就是高质量决策的产出；甚至决策本身也需要消耗大量的组织资源，决策质量低的组织会将大量的资源消耗在内部兜圈子上，是无法保障组织经济性的。

最后，从培养管理者维度来看，管理者的成长是通过长期的决策训练实现的。不能有效决策的组织无法提供优质的管理者成长土壤，不利于培养出善于决策、敢于决策的管理者。

组织在"有效决策"维度的运转状况对全部维度的成果质量都有巨大影响，因此必须认真审视不同的部门化模式对组织有效决策产生的影响，检验相关的三个关键问题：管理者能否进行有效决策？决策是不是在恰当的组织层级做出来的？决策能不能转化为工作和成就？用这三个关键问题来识别各种部门化模式的决策特性，以便更恰当地应用它们，提高组织的决策能力。

3.4.3　部门化模式特性 5："运转水平"层面的"促进协同"

组织的本质是众人协同工作，组织结构就是众人协同的一种安排，在这个安排当中，必须关心协同工作的众人是不是能够有效协同，特别是不同部门之间能否有效协同，那些在企业中所进行的劳动分工，最终能否汇总出一个我们期望的整体绩效来。在进行组织结构评价时，当然应该考察组织结构对协同产生的影响，并将这个特性作为组织结构运转的关键影响要素之一。

在企业运转的话语背景下，协同能链接的概念非常庞杂，例如，战略协同、文化协同、组织协同、目标协同、外部合作协同等，协同变成了一个边界广阔而模糊的概念。我们在考虑组织结构对组织协同的影响时，主要是对企业内部进行观察与衡量，集中考虑三个维度的协同：目标协同、流程支撑和信息交流。

第一，目标协同，是指组织成员工作目标与任务的一致性。组织中的每个人都应该贡献自己的力量，努力完成组织分配给自己的任务，达成自己的目标。这时组织协同就要求，一方面每个人都能理解自身的任务，达成自己的工作目标；另一方面为了避免任务的零散与僵化，组织中的个体还应该理解整个组织的任务，能够把自己的努力和组织的追求联系起来，能够从组织的角度来看待自身的工作安排。做到目标协同，就能让个体理解自己对组织的贡献与价值，在环境发生变化的时候，懂得如何在整体目标的指导下及时调整自身任务与行为，成为高度一致的有机体，避免组织僵化。

第二，流程支撑，就是组织能够支持企业业务流程的有效运转。人们常说的组织协同不足问题，往往是指某项工作因为组织障碍而没法按照正确的工作流程往下推进。例如，接到客户投诉，服务部门本应该立刻处理，但是他们拿不到可供替换的零部件；生产快要断料了，本应该及时采购原料，但是采购人员并不知道库存消耗加快了。这些常见的组织协同不足的场景，都是指某些工作流程没有得到组织的有效支持而无法正常运行。

无论企业是不是以文件的方式描述、规范了自己的业务流程，客观上总是存在从客户需求到客户满意的业务流程。有些企业研究了行业最佳实践，建设了高水平的业务流程；有些企业没有在这方面下功夫，业务流程还比较落后，甚至混乱。然而流程本身是客观存在的。无论处于何种水平，企业在现实中运转的流程总是包含了各种流程任务，而组织就是要尽量地支持这些流程的运转，令相关的流程任务得以完成。这时，如果协同质量高，组织对流程支撑得好，流程绩效就好，最终企业竞争力就强；如果协同质量低，流程支撑得不好，就会出现很多内耗，流程绩效就低，企业竞争力就差。组织协同得好或者不好，最明显的领域就是组织对流程的支撑。

第三，信息交流。组织中的不同岗位与个人，因为角色和任务的差异，会获得不同的外部与内部信息。这些信息都是真实的，同时也都只是某个侧面的，就好像盲人摸象故事中的那些盲人，虽然每个人获取的信息都是真实的，却不完整。组织必须让这些信息进行恰当的交流，避免信息孤岛的困境，解开盲人摸象的难题，才能保证组织的高效运转，这种信息交流也是组织协同特别重要的领域。

信息交流对组织创新也会产生很大的影响。同等情况下，信息交汇越丰富，创新就越容易产生。不同组织结构在交流性能方面的差异，造成了组织内创新环境的巨大差异。评价组织的协同与交流时，也有必要重点关注：组织内不同成员是否能够进行信息的交汇，能否产生高质量的创新思想与观点。

3.4.4　"促进协同"对组织"成果质量"的影响

现在，企业界非常认同协同的意义和价值，但大家都对实际业务中因协同不足而产生的问题非常头痛。事实上，组织在促进协同方面的特性深刻影响着成果质量层面三个维度的产出（如图 3-5 所示）。

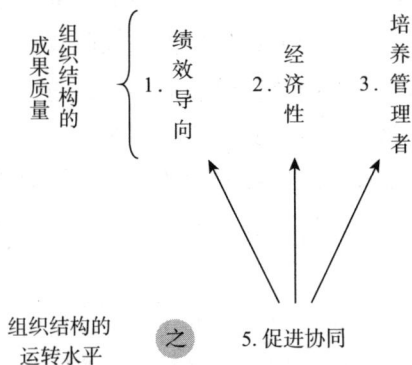

图 3-5　促进协同对成果质量的影响

首先，从绩效导向维度来看，协同不足会严重限制组织的绩效水平。

组织最常见的协同障碍是缺乏对整体目标的一致性理解。唐僧师徒历经八十一难，取得真经，最重要的成功保障是师徒对取经的目标有高度一致的认同；反观梁山一百零八好汉，兵强马壮却最终落得凄凉的结局，最大的问题就是梁山从来没有确立一致性的总体目标。四人的唐僧团队是因为一个共同的目标在一起的，一百零八人的宋江团队是各自遇到麻烦才在一起的，这在组织目标协同方面是两个极端表现，最终对组织绩效的影响也显而易见。

有时候组织的总体目标是清晰的，但个人目标沟通不足。家庭联产承包责任制之前，我国农村尝试过人民公社的机制，历史证明这种机制不够好，不如联产承包责任制的绩效水平高。但是，人民公社机制哪里不好呢？人民公社集中了单个农户的力量，形成规模化农业生产能力，从这个角度来看，人民公社有家庭规模难以企及的优势。如果说它存在问题，最关键的就是人民公社组织不能清晰定义个体的绩效目标。人民公社中的每个人应该达成怎样的绩效，这是协同的难点。个体绩效目标不清晰会导致个体动力不足的问题，协同工作变得困难，尽管一大群人来到田间地头，却没几个努力干活的，最终产出当然不高。

与目标协同相比，流程支撑不足的协同问题更加普遍，这也是人们最容易感受到的绩效障碍。流程是从客户需求到客户满意的端到端任务系统，而组织中的单个部门很可能只关心流程中的一段，不关心全部流程，这时整个流程中的相关部门能否有效协同，就会直接影响整个流程是不是能够高效运转。如果组织结构性能不佳，就会带来流程阻滞或紊乱，这些问题表现在部门墙、官僚主义等场景当中，最终会体现在企业绩效当中。

组织内信息交流不畅的沟通问题就更普遍了，常见的部门隔阂使得信息在各个部门形成孤岛，不能联合起来创造价值、提高效率。规模越大的组织，信息孤岛的风险越大，组织内部信息交流融通的压力越大。甚至很多人认为，大规模组织反应迟钝，内部沟通不畅，信息传递缓慢是正常的。信息技术的迅猛发展，使得组织内部信息沟通的手段和方式都有了质的飞跃，这甚至改变了各种部门化模式的规模边界，让管理者仅仅因为更好的信息沟通而获得了管理更大规模组织的能力。

组织协同还可以通过对创新的影响来进一步影响组织绩效。组织设计者经常利用这个特点，将内部的创新责任部门设计成跨部门协同的核心单元，例如，选拔不同部门中的成员组成特殊的团队、项目组，产生了关键性的创新成果之后，再通过常规组织放大经营，形成规模化产出。

其次，从经济性维度来看，协同也会带来非常大的差异。

我们在讨论组织经济性的时候，组织协同活动本身就是一种成本。尽管协同会对绩效产生很大的影响，但是协同本身并不是绩效，它只是达成绩效的一种支撑性活动，是一种成本活动，会消耗组织的能量。不同的部门化模式对协同的需求是不一样的，例如，职能制部门化模式要求比较多的跨部门协同，而团队制部门化模式则要求比较多的内部沟通与协同。

不同的部门化模式在促进协同方面的属性不一样，有些部门化模式会在组织中产生大量的协同障碍与沟通噪音，从而降低协同效率，令组织在运转过程中产生更大的内部消耗，降低了组织的经济性。

最后，从培养管理者维度来看，协同会带来不同的成长环境。

协同对培养管理者的价值是通过营造良好的绩效环境而实现的。当部门化模式能够促进协同，进而导向部门去追逐外部经营绩效时，就会更有利于管理者承担独立的责任，从而更快地成长。当部门化模式不利于协同，从而使得部门更侧重于非绩效领域，沉迷于专业能力、内部领土、权力假象等方面时，管理者就较难成长。

协同作为各部门化模式在运转方面的重要领域，对组织三个维度的成果质量都有很大的影响，在组织结构设计过程中，选择和利用恰当的部门化模式时，必须要充分考虑到这个维度的特性。

3.4.5　部门化模式特性 6："运转水平"层面的"接纳创新"

沟通与交流会对组织创新产生影响，然而对创新产生更大影响的是组织运转中对新思想、新技术、新事物的接纳。某些组织里会出现一些非常奇特的现象：组织中的个体相互交流，甚至部分人对趋势和创新特别关心，然而整个组织在创新方面却表现得非常僵化，整个组织拒绝新思想、新技术、新事物。我们能观察到的存在巨大冲突的组织是教育机构，几乎所有的公立教育组织，包括小学、中学、大学，创新都非常缓慢，现在的教育产品和十年前的差异很小，然而教育系统却拥有大量倡导创新的优秀知识分子，甚至开设课程教学生如何创新。公立教育系统在拥有创新人才、理念的情况下，受到组织的影响，自身的创新非常缓慢，在这里我们能感受到组织在接纳创新、推动新事物方面的强大影响力，个体很难与之对抗。

组织结构建设采用不同的部门化模式会对其成员，特别是决策团队成员在接触、理解、践行创新思想方面产生很大的影响。通常创新思想来自组织的外部，往往是一线成员最先接触，因此层级越多、中央控制越强的组织，决策层接收到创新思想的速度越慢。

同时，创新思想有可能对组织的某些方面产生颠覆性影响，进而削弱部分组织成员的权力与利益，对他们来说就带来了当期的动荡与损失，这就可能导致他们拒绝接纳这些创新思想。

3.4.6   "接纳创新"对组织"成果质量"的影响

未来社会，增值能力最强的价值创造要素是知识，组织在接纳创新维度方面的运转状况将直接决定组织的创新能力，决定企业所拥有知识的领先性，这将对组织成果质量所有的维度都产生深刻影响（如图 3-6 所示）。

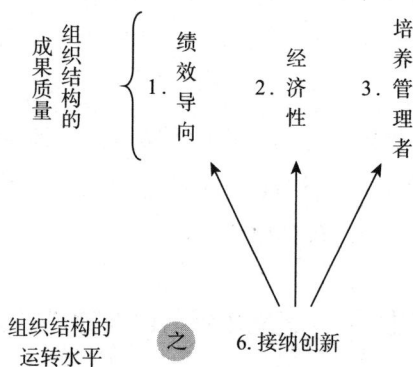

图 3-6   接纳创新对成果质量的影响

首先，从绩效导向的维度来看，接纳创新就是接纳绩效的新动力。对创新的接纳程度将影响组织的思想输入质量，这将直接决定组织的决策质量。创新接纳度高的组织，必定是开放度比较高的组织，其关注外部客户、市场、竞争、环境比较多，更愿意基于外部环境变化来改变自我，当然就更容易跟上时代的脚步，取得绩效成功。

不同的行业，创新的基准差异非常大，一些行业的创新先锋在另一些行业的企业看来其创新非常缓慢。有些行业，例如，与信息技术相关的产业，几年就是一个时代的差异，绝大多数企业都会感受到创新对绩效的巨大影响，在组织设计时会非常重视组织在接纳创新方面的运转水平。也有一些行业，创新从量变到质变的累积过程相对较长，例如，航空业对安全性与稳定性的追求极高，所以创新非常谨慎，这就使得产业中诸多的企业看起来创新速度很缓慢。除去行业差异，在同一个行业中，接纳创新水平更高的组织，其绩效水平领先的可能性就会更大。组织在接纳创新方面的运转特性，最终会转变为绩效成果上的差异。

其次，从经济性的维度来看，组织的效率提升主要也依赖创新。就像创新对绩效的影响一样，它也会对组织效率产生影响。

最后，从培养管理者的维度来看，接纳创新在当时会带来更大的不确定性，因此会给管理者本人带来更大的挑战和学习机会。我们看到，在高度创新的企业中，管理者的试错机会要大得多，成长速度也要快得多，往往会向其他企业输送高层管理者。高度稳定、变化缓慢的企业，管理者往往很难适应创新。

因此，在环境不断变化的现代社会，必须要评价不同部门化模式在接纳创新方面的特性，找出它们在这方面的差异，未来在进行部门化设计时能够让组织更好地接受新的思想，既愿意又能够做新的事情。

有效决策、促进协同、接纳创新作为组织运转水平的三个核心维度，是不同部门化模式成果质量在运营层面的基本支撑。苹果树模型引导管理者将不同部门化模式这三个维度的运转水平识别出来，促进管理者由表及里地理解各种部门化模式，在组织结构设计工作中更好地应用它们。

3.5　组织结构的基础特性

组织结构的运转水平决定了组织的成果质量，而运转水平又取决于组织结构的基础特性。就苹果树而言，好的果实要有好的枝干，好的枝干要有好的根系。不同部门化模式的基础特性对其运转水平和成果质量的影响，就像苹果树的根系对枝干和果实的影响一样，起着决定性的作用。

只有了解清楚这些部门化模式的基础特性，从底层把握各种部门化模式，才能真正应用好它们，建立起优秀的组织结构来。

部门化模式的基础特性要从三个方面来考察：清晰性、稳定性和适应性（如图 3-7 所示）。

图 3-7   组织结构的基础特性

3.5.1   部门化模式特性 7："基础特性"层面的"清晰性"

清晰性是组织结构最重要的基础特性。如果组织结构不清晰，那就意味着大量的混乱与摩擦，会出现各种纷争、延误、扯皮，浪费时间、精力和资源，大家在组织中疲惫不堪，却又不见成效。

组织结构的清晰和简单不是同一个概念。很多时候，简单的组织，其结构并不一定清晰，相反有些非常复杂的组织其结构却非常清晰。比如，三个和尚没水喝，看起来是一个非常简单的事情，不管寺庙组织如何设计，三个和尚的组织都是非常简单的，但是，这三个和尚的组织结构却非常不清晰，不清楚谁应该去挑水、谁不应该去挑水，以至于他们之间产生了难以调和的纷争与内耗，严重挫伤了三个和尚挑水的积极性，因而无法得到有效产出。

3.5.2   "清晰性"对组织"运转水平"的影响

组织结构的清晰性包含两个方面：责权清晰和关系清晰。

责权清晰的情况下，组织中的部门、个人都有清晰的责任，非常明白自己要干什么、要达成怎样的目标；同时又为部门与个人配置了与责任对等的权力，以便能够支撑他们担负起相应的责任。责权不清晰的情况下，责任就无法落实下去，责任泛化（也就是"吃大锅饭"）的问题就会出现，责任是大家的就意味着不是任何个人的，团队成员的工作积极性就会严重受挫。最早的联产承包责任制，就是通过责权清晰化来改造基层农业组织，释放出农民的生产积极性！

责权是否清晰会直接影响组织能否有效决策。责任不清晰的情况下，成员没有决策的动力，没必要做决策；而权力不清晰的情况下，组织成员没有能力做出决策。

例如，有顾客向餐厅服务员抱怨上菜太慢，如果这个餐厅的前厅与后厨是两个割裂的职能部门，前厅服务员明白上菜速度是后厨的责任，和自己没关系，况且自己也没权力干涉后厨的工作，只能任由顾客发脾气，导致顾客满意度低下；如果前厅与后厨都不是简单的职能部门，都要对收入与利润负责，餐厅明确了前厅服务员的工作责任不是简单的餐桌服务，而是要确保顾客满意，并有权力为顾客提供补偿。在这种责权状态下，当顾客抱怨的时候，服务人员就能立刻通过赠送餐点、减免餐费等补偿措施安抚顾客。我们看到，前一种情况下，服务人员既没有动力，也没有权力做出恰当的行动来，较低的责权清晰水平导致一线员工无法在业务机会窗打开的关键期做出有效的决策。

责权清晰性不足，也会导致组织协同不足。由于大家不知道自己的责任，就不知道自己要做出怎样的贡献，那么导向价值创造的组织内部协同就很困难。企业中扯皮最多、矛盾最集中的地方，往往就是责权最不清晰的地方。例如，很多企业的销售部门有获取订单的责任，但是没有预测销售业绩的责任，在销售业绩经常剧烈波动的时候，整个供应链体系就会呈现出过山车式的运转，要么供货延迟，要么库存积压，于是销售部门和供应链部门经常因为销量和产量的矛盾争吵。这里的矛盾关键点是责权不够清晰，需要思考并解决这两个问题："谁应该对业绩预测和供应链预测承担责任？为了做好预测，应该赋予谁相关的什么权力呢"？

责权清晰不仅包含了绩效的责权，还包含了创新的责权。只有明确了谁应该对怎样的创新承担责任，创新才会作为一种组织行为被重视起来，否则就无法保障与战略一致的创新，以及持续的创新投入。

关系清晰是指工作开展过程中，组织各个环节上的工作者，知道自己在组织中的协作关系，能够清晰地知道要去哪里、找谁、如何获得工作必需的资源、信息、协作与决策，知道工作成果如何传递到下一个环节。

关系清晰性不足时，组织成员就不知道该怎么做，要不断地试错，靠蒙或者靠碰，当然组织效率就会受到影响。很多人有过新入职时的迷茫，在未经有效培训与指导的情况下，新员工对每件事情都不清晰，这种极致的不清晰导致新员工几乎无法有任何产出。

责权清晰让组织成员知道自己应该达到的目标与要求，也知道自己的工作权力；关系清晰则让组织成员知道自己在组织中应该如何开展工作。

责权清晰和关系清晰不一定会同时实现。

例如，有个公司在讨论为何销售任务没有达成时，销售说主要原因是缺货，客户愿意采购，但是无货可卖；生产说缺货的问题不是产能不足，而是原材料采购不到位，无原料可生产；采购说因为拖欠供应商款项太多，所以采购不到原料，也无钱采购；财务说资金周转不利是因为回款不及时，无钱可用；回款不及时是因为客户不满意，客户不满意的原因是不能及时给客户供货。在这个因果链的循环中，我们看到工作关系是清晰的，而责权非常不清晰。这种现象比较容易出现在纯职能制部门中，大家都很不容易，然而都不用对结果负责任。

也有另一种极端——责权清晰而关系不清晰，这种场景经常出现在纯团队制部门中，尤其是新组建的团队。团队成员都明白整体任务，也明白自己应该做什么，但就是不明白应该怎么进行协同，团队中的工作关系非常不清晰。我们经常在一个缺乏磨合与默契的球队中看到这种场景，由于相互之间协同不好，各种战术与配合都打不起来。

清晰性作为不同部门化模式最重要的基础特性，会对组织的运转水平产生决定性影响，进而影响到组织的成果质量。每一种部门化模式都有自己在清晰性方面独特的个性，而很多时候这种特性不是完全固化的，会存在不同程度的可塑性，可以通过相关组织建设工作微调其清晰性的基础特性，从而改善组织结构的性能。

3.5.3　部门化模式特性8和9："基础特性"层面的"稳定性"和"适应性"

稳定性表示组织在环境变化的时候，能够不受其影响，保持自身不变的特性；适应性表示组织能够随着环境的变化不断适应与调整的特性。

稳定性和适应性是一组平衡属性，同等情况下，越稳定的组织就越能坚持自我，不容易调整变化，也就越缺乏适应性；越是不稳定的组织，变化的阻力就越小，适应性也就越强。

2004年，华为公司成立海思半导体，当时将它定位成一个不对外营业的、非营利性的研究性部门。海思可以不受生存压力的影响，心无旁骛地承担华为公司在芯片领域技术积累的战略责任，那时的海思就必须以高稳定性的组织形态存在。华为公司之所以不要求海思考虑盈利问题，帮它隔绝外部市场的压力，就是为了给这个组织注入较高的稳定性，以便它能更多地关注公司的内部要求而非外部客户的需求。

创业型企业很难做到这一点，因为将海思设定成高稳定性的组织需要大量的资金。创业型的企业更在意适应性，也就是客户有怎样的需求，怎样能满足他们的需求，怎样能得到客户的订单。很多创业者在经历了市场的不断修订之后，会做出与创业选择完全不同的事情。曹德旺在做福耀玻璃之前，最初的创业选择是卖木耳；王石在做万科地产之前，最初的创业选择是做饲料。正是因为不断接受市场的修订，体现出超强的适应性，创业企业才能被市场接纳。

组织结构的稳定性和适应性没有严格意义上的好坏之分，企业也不能绝对地选择要稳定性还是要适应性。2004 年，华为公司准备培育芯片能力，将海思设定为非市场导向的研发部门；2021 年，海思的产品化已经完成，华为公司又将它设定为和运营商 BG、企业 BG 一样的一级利润中心。这说明在不同的阶段，华为公司对海思部门的稳定性和适应性，有着完全不同的考虑。

对一个企业而言，可以将一些部门设计得稳定性强一些，而将另一些部门设计得适应性强一些，通过恰当的组织设计，实现战略目标。而对组织稳定性或适应性的设计，将深刻影响组织的运转过程，进而影响其产出的成果。

例如，很多机构有自己的食堂，功能上都是提供餐饮服务，但在部门设计上却差异巨大。有些机构将食堂设定为强稳定性的部门，全部人员都是直管的员工，为食堂拨付部门经费，追求高水平的食品安全、美味；有些机构则恰恰相反，将食堂设定为强适应性的部门，全部人员都是外包经营者，不仅不发工资，还向他们收取经营许可费，追求高水平的经营效率，许多大学的学生食堂、工厂的员工食堂就是这样的模式；还有些机构的食堂介于二者之间，既追求稳定性也追求适应性，采取有补贴、有管理的外包方式。这里并没有一种类型的食堂比另一种更加"正确"，它们只是因为不同的组织要求而采纳的差异化组织管理策略。

3.5.4　"稳定性"是组织功能发育的保障

湍急的水流中没法长庄稼，动荡的组织里没法搞经营。

削弱一个企业最容易的办法，就是不断地大规模调整其组织结构。一旦失去了基本的稳定性，组织中的协作质量就会十分低下。无论是一个企业还是一个社会，稳定性都是协作生态得以发育的基本保障。《道德经》中的"治大国若烹小鲜"、《后汉书》中的"安居乐业"，都强调了稳定性对社会繁荣的价值。

组织结构如果缺少基本的稳定性，组织的职责和分工就难以确定，前面强调的责权清晰和关系清晰都会受到严重挑战。只有在相对稳定的情况下，不同部门、岗位的责权与工作关系才能固化下来。

如果缺少稳定性，组织变来变去，每次都是全新的场景，组织经验就没法传承，就会一直处于"摸着石头过河"的探索状态，组织中的机制就很难发育起来。

在世界杯、奥运会这样的国际足球赛事来临时，各国都会停止商业联赛，让球员回到国家队集训。就算球队中的每一个队员都是大牌球星，刚凑到一起时，也很难成为一支强队。集训的过程就是在赛前给国家队提供一个阶段性的稳定状态，让国家队的成员建立起协作关系。

3.5.5 "稳定性"要求组织有相应的控制能力

稳定性会对组织的控制能力提出要求，是对组织管理水平的考验。

公元前 221 年，秦始皇在历史上首次统一了中国，这个巨大的成就，不仅体现出秦国强大的军事力量，还体现出秦国强大的控制能力。这和秦国之前进行商鞅变法，加强制度化管理，废除分封制体系，设立郡县制，统一文字、货币、度量衡等一系列管理能力的提升是分不开的。在这之前，春秋战国的列强混战了 500 多年，并非他们都不想统一中国，而是因为他们的控制能力不足，军事上打赢了，管理不了，最后又会输回去。元朝当时也遇到同样的问题，打下来的江山特别大，能够有效管控的江山却特别小。

企业也是一样，保持稳定的能力是来之不易的，缺乏足够的控制能力就无法避免混乱，乃至瓦解，这也是 20 世纪之前鲜有大企业的原因。例如，2021年华为公司的研发投入超过 1400 亿元人民币，令很多人非常感慨，有人感慨华为公司有钱，有人感慨华为公司敢于投入，事实上我们还应该感慨华为公司的研发控制能力和研发组织管理水平，因为对于多数企业来说，1400 亿元的研发规模是无法管控的，就算天上掉馅饼似地投下来，最终也只是一团糟的结果。

不同的部门化模式在管理控制能力上差异巨大，其稳定性维度的基础特性也就差异巨大。在组织结构设计过程中，必须充分认识到各种部门化模式在稳定性方面的差异，确保组织能够获得必要的稳定性。

3.5.6 过度稳定是僵化

稳定性很重要，却不是多多益善、越稳定越好，组织过度稳定就变成了僵化。如果完全不管外界发生了什么，依然我行我素、坚持不变，就成了僵化的系统。

秦国统一中国，给中国注入了稳定性，这是很了不起的，到清朝还在持续强化稳定性就不见得是好事了。西方列强用枪炮打败清朝政府之前，曾经将枪炮作为礼物送给过清政府。然而，世界技术、经济、军事环境的巨大变化没有得到清朝政府应有的重视，仍旧稳定地保持封闭与落后，导致后来的不堪一击。

在现代产业竞争的场景下，保持极端稳定，坚持不改变，可能是一个企业倒闭最稳妥的方案。学会辩证地看待组织的稳定性，让企业能够建设其必需的机制、体系与控制力，同时又不僵化，是组织管理者必须掌握的技能。

3.5.7　"适应性"让组织因时而变，与时俱进

组织要避免过于稳定导致的僵化，需要保持高度的适应性，否则就无法适应外界的环境变化。

达尔文曾说，能够生存下来的物种不是最强的，也不是最聪明的，而是最能适应变化的。这个适者生存的理论用到企业界也是十分恰当的。就像生物所面对的外部环境不断变化一样，企业经营的外部环境也是持续变化的，而且随着社会进步，变化也越来越快，原来大公司打败小公司的情况已经变成了快公司打败慢公司，适应性成为组织竞争力的最重要的来源。

1903 年亨利·福特创办了汽车公司。当时，所有的汽车生产都是以团队制为基础组织模式的，每辆车都由一个小团队单独装配。1913 年，福特适应了工业化生产的大趋势，基于细致的劳动分工发明了汽车生产流水线，将标准化、规模化的生产方式引入汽车产业，创造了汽车史上的奇迹。为了践行极致的标准化，亨利·福特漠视了汽车需求多样化的趋势，曾说："你可以要任何颜色的 T 型车，只要它是黑色的"。而通用汽车的艾尔弗雷德·斯隆则适应市场需求的变化，"为每一个钱包和每一种用途生产汽车"，很快通用汽车就后来居上。

当福特以流水线去适应工业化大生产时，组织上就要用职能制替代团队制。职能制部门的高稳定性、低适应性不仅带来了低成本，还带来了相对的僵化。当我们赞美斯隆以客户为导向的时候，还必须考虑为什么通用汽车的组织可以承载多样化的汽车产品。福特公司拒绝多样化是因为它追求规模化带来的低成本，多样化在某种程度上是对规模化的挑战，同时也是对集权化组织的挑战。斯隆并不是仅仅有一个市场理念就成功了，与之配套的是他在通用汽车发明的

事业部制部门模式，这种模式最大的特点就是市场导向，而非上级导向，这和当时福特公司的模式是完全不一样的。在不同的部门化模式下，组织成员对外部变化的敏感性，以及采取应变策略的积极性不一样，最终体现出来的组织适应性就不一样。

3.5.8　关乎组织成员的内心动力

稳定性与适应性作为组织结构最基础的一组特性，其对组织运转与成果产生影响的最重要的方式，是影响组织成员的内心动力。

在具备一定的稳定性的情况下，组织会赋予其成员内部安全感，会令成员觉得组织是可信赖、可依靠的，有较强的内心动力关注组织内部要求。高稳定性的情况下，成员强调遵从组织内部要求，而对外部的变化可以不那么在意。

当组织拥有一定的适应性时，组织会赋予其员工警惕性，会令成员觉得各种可能的机会都不应错过，有较强的内心动力去关注外部变化。在高适应性的情况下，成员强调把握外部市场机会，而对内部要求的关注会更弱一些。

我们看到，从政府、事业单位、国企、大型私营企业到中小型私营企业，它们的组织稳定性依次降低，工作的规范性从强到弱，而灵活性却是从弱到强，其成员对组织相关规章制度的遵从程度也逐渐降低。同一个人，在政府和在中小私营企业中的行为方式会完全不一样，会受到组织的巨大影响。

如果组织中的人一直处于变动之中，任何时候都是"临时"的状态，大家就没有"建设"的热情。稳定性是长期主义的基础，否则人们就会倾向于短期行为。

成龙曾经描述他出道时加入的自称"龙虎武师"的危险特技人群体"……他们明白，他们在职业生涯中度过的每一天都有可能是最后一天。他们抽烟，酗酒，赌博，在太阳第二天升起之前把每晚的酬劳花得精光。说教对他们来说毫无意义……"[1]。这些"龙虎武师"就处于稳定性极低的状态。

稳定性太低，员工缺乏足够的安全感，行为容易短期化，令组织缺乏长期主义精神。而稳定性过高，员工就不太关心外界变化，行为容易僵化，令组织缺乏适应性。

同一个公司中，稳定性高的部门成员（如拿固定月薪的财务部员工）会比

---

[1]　成龙，杰夫·杨.我是谁——成龙自述.上海：上海人民出版社，1999.

稳定性低的部门成员（如以佣金收入为主的销售部员工或以计件收入为主的制造部员工）有高得多的安全感，他们在工作过程中的内心动力也会不一样。对财务部员工来说，填好公司要求的每一张表格都很重要，而对销售部的员工来说，任何表格都是负担，唯有卖东西给客户才是值得花时间的。

稳定性与适应性是一组平衡，每一种部门化模式在这个平衡性上都有自己的特性，而这种特性会深刻地影响其部门成员的内心动力，进而对组织的运转水平和成果质量产生影响。

3.5.9　低水平的平衡和高水平的平衡

在组织中，是要向"变化"靠近一点，还是向"不变"靠近一点，这是管理者要做出的安排，管理者必须在稳定性和适应性之间找到一种平衡。稳定性太差，就像泥土缺乏黏性捏不成团一样，大规模企业就组织不起来；稳定性太强，会出现体制僵化的问题。适应性太差，组织不能根据外界环境变化调整自身行为，就成为恐龙那样反应迟钝的物种了；适应性过度，但凡外部有一点变化组织就开始骚动，无根浮萍顺水漂，组织就失去了长远打算，就会出现战略迷失。

一个组织，必须保持一定的稳定性，但是又不能过度稳定，在保持经营一致性的前提下，尽量能有较强的适应性。有时候管理者会觉得尺度不太好把握，容易造成"一管就死，一放就乱"。

稳定性和适应性是相互影响、相互牵扯的一组平衡力量，但却不是简单的此消彼长、加减零和的关系。

就像抛接球的游戏，对同一个人来说，同时抛起来并接住三个小球，肯定比抛接两个小球更难一些，稳定性会更低一些。而高水平的马戏团演员，同时抛接五个球的稳定性也要高于一般人抛接两个球。在能力更强的情况下，有可能获得稳定性和适应性都更高的平衡状态。

组织结构设计过程中，通过调节不同部门化的配套机制，也可以给组织结构创造较高稳定性和较高适应性相结合的高水平组织平衡。就像高水平的马戏团演员需要付出更多的训练努力一样，高水平的组织平衡也需要更多的组织努力，这必然会提高组织的内部消耗，降低组织的经济性，需要组织通过更强大的绩效创造能力来补偿。

也就是说，高水平的平衡会对组织产出、进而对组织所面对的商业机会蕴含的价值提出要求，如果不是高价值的商业机会，很可能承载不了高水平的稳定性和适应性平衡。同时，这也就意味着，对于某些商业机会来说，建设低水平的稳定性和适应性平衡是更为合理的选择。到底应该建设怎样的组织，这个问题没有标准答案，企业要根据面对的商业机会、组织的经营战略进行综合决策。组织结构设计没有最好，只有恰当。

3.6 应用苹果树组织结构评价模型分析组织结构

3.6.1 三个层面，九个维度

苹果树组织结构评价模型包含三个大的层面——组织结构的成果质量、运转水平和基础特性，三个层面具有很强的内在逻辑关系，每个层面又包含三个维度，总共有九个分析维度，这个模型可以系统化地分析评价组织结构（如图3-8所示）。

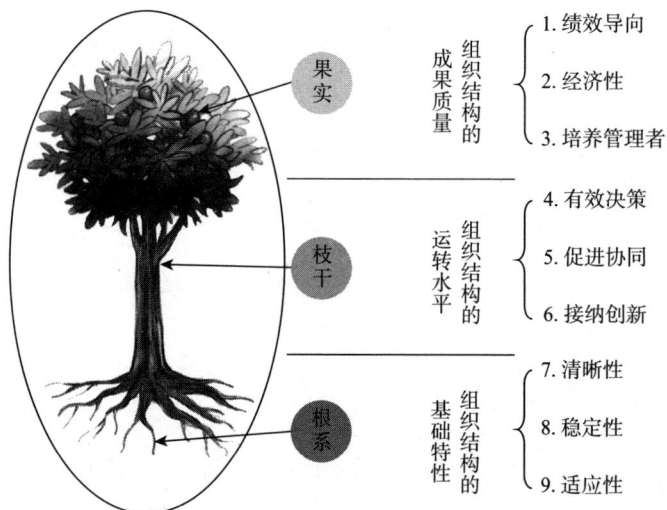

图3-8　苹果树组织结构评价模型

这种方式侧重于解构分析，通过系统性的逻辑拆解，把组织结构设计中可能采纳的每一种部门化模式拆解开来，从内部观察和分析九个侧面的完整特性，从而帮助我们更深刻地把握组织结构设计中不同部门化模式的特点。充分理解与把握这些特点之后，组织结构设计的针对性就会大大加强，设计出的组织结构就能更有效地支撑战略、达成目标。

3.6.2　由表及里进行组织观察

通过苹果树组织结构评价模型，我们可以系统、快速地观察和判断一个组织的运转情况。

先看第一层组织成果的质量，如果产出不够好，组织就肯定存在问题。了解组织的产出，要从绩效导向、经济性和培养管理者三个维度来系统性开展，这样就不会出现大的疏漏。

组织产出的好或差不会无缘无故，一般来说会受到其运转水平的直接影响。因此，接下来就要看第二层组织运转的水平。判断组织的运转水平，要从有效决策、促进协同和接纳创新三个维度来开展。运转层面的每一个维度都会对三个成果维度产生影响，因此每一个组织运转维度都值得重视。组织运转不好，最终会传导到成果层面。

组织运转水平会受到基础特性的强烈影响，因此，观察组织时，一定要深挖第三层的基础特性，研究其组织清晰性、稳定性和适应性。在这里才能找到组织之所以有这样或那样表现的根本原因。

我们既可以观察整体组织在这三个层面九个维度的特性，也可以观察每一个部门在三个层面九个维度的特性，从而对组织的性能有深入、全面的理解。

3.6.3　从内到外开展组织设计

在设计、构建组织结构时，苹果树组织结构评价模型可以为我们提供强大的思想武器。

当我们分析了组织的生存环境，确定了企业的战略意图之后，我们就应该考虑组织最重要的产出是什么？应该由哪些部门承担产出责任？这些部门需要具备什么特性？怎样的部门化模式才能够满足我们对组织的要求？

当然，开发组织结构方案、设计部门化策略的时候，要求我们对不同部门化模式的特性有所了解。因此，在之后的章节中，我们将采用苹果树组织结构评价模型对六种基本部门化模式进行独立分析，每一种部门化模式的分析单独成章，通过这种专项分析让我们能够深入、全面地理解它们，找出每种部门化模式的适用场景和注意事项。

第 4 章

职能制

围绕工作和任务设计部门

组织是人类为了完成工作与任务而发明的工具。

当我们将整个任务视为一个整体，大家都围绕着这个任务来行动，就像远古狩猎的人们那样，团队制自然就出现了。后来，当人们发现整体任务可以分解开来，劳动分工成为效率提升的关键解决方案时，就发明出以劳动分工为基础的部门化模式，职能制便应运而生（如图4-1所示）。

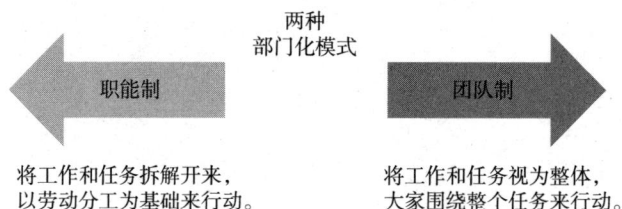

两种
部门化模式

职能制　　　　　　　　　　团队制

将工作和任务拆解开来，　　　　将工作和任务视为整体，
以劳动分工为基础来行动。　　　大家围绕整个任务来行动。

图4-1　基于工作和任务的两种部门化模式

任何企业都必须应用一种或两种基于工作和任务的部门化模式，也就是说至少要采纳职能制与团队制中的一种，这两种部门化模式都没有采纳的组织是难以想象的！实际上大多数企业都在同时使用这两种模式。

职能制部门是亨利·法约尔在20世纪初提出来的，而历史上我们能够观察到更早应用职能制部门模式的场景不是在工商企业中，而是在军队和政府中。公元前的军队与政府就已经应用了职能制的部门设计模式，比如，早期文明都有专门负责祭祀的部门、专门负责观测天象的部门和专门负责教育皇家子弟的部门等。

人们发现了劳动分工对提高生产率的价值，职能制让分工协作的生产方式得到了组织层面的支撑。与广泛应用劳动分工之前相比，职能制在组织层面落实了劳动分工，带来了绩效的大幅度提升。这也使得职能制成为应用最广泛的部门化模式之一，除了极小规模的企业，我们几乎很难找到完全不采纳职能制的企业。

在工业化革命之后，劳动分工作为社会财富创造的基本模式扩散到全世界，以此为基础的职能制部门设计方式随之也进入我们的工作与生活中。

4.1　职能制的成果质量特性之一：绩效导向

职能制部门设计的逻辑基础是从工作角度开展的劳动分工，那么这种部门强调做好自己的劳动分工就是理所当然的，因此它的基本优点和缺点都非常明显，就是以自己部门绩效目标的实现或劳动分工职责的达成为中心，并非以整个企业的绩效实现或整体任务的达成为中心。

4.1.1　承载劳动分工，被动成为总绩效的贡献者

职能部门要想实现其在企业绩效上的贡献，就必须成为企业劳动分工中的有效力量，这要求企业能够建立起系统性的劳动分工方案，并据此设计恰当的职能部门，赋予这些职能部门在分工系统中恰当的定位和职责。从一个职能部门的视角来看，它是不是一个高质量劳动分工系统的组成部分，并不由职能部门自己决定，而是由它的上级决定。在部门的定位和分工上，职能制部门自身缺乏干预能力，是一个"被领导""被安排"的角色。

在职能分工与协作系统中，中枢机构显然比职能部门具有更重要的决定性作用。当中枢机构强悍的时候，这个系统的绩效水平会很高；反之，整个系统的绩效水平会很低，职能部门与核心领导层一荣俱荣、一损俱损。有些能力超强的经营管理者，一个人作为核心中枢机构，就可以驱动一个很大规模的职能组织。

乔布斯在苹果公司建立的职能组织，是我们目前能观察到的世界上最大的以职能制为组织主体的私营企业（政府、军队、国有企业还有更大的职能制部门）。苹果公司也让世人看到了一个强大的职能制私营企业能够发展到什么程度。当然，这先得有一个斯蒂夫·乔布斯这样的"天才"，一般人不应该以此为榜样。

领导者的差异，造成职能制部门在绩效创造方面的巨大差异。现实中我们很容易看到这样的场景：同样是做财务职能的相关工作，虽然不同企业财务工作的技能与内容有很大的相似性，但各个企业的绩效差异却很大，财务部门的绩效与收入差异也会很大。

4.1.2　职能导向努力而非绩效

作为劳动分工系统中的成员，职能制部门会被要求做好"分内的工作"，并以此为整体绩效做出贡献。每一个职能部门的经理都知道，自己负责的工作做

好了才会得到认可，如果自己的工作没做好，整个组织就会受到影响！这时他自然会想到，自己所承担的职能对公司成功至关重要！甚至很多职能部门的经理都认为自己的职能才是公司最重要的！

在职能部门的视角下：

销售部门认为，如果不是销售部门和客户签了协议，卖出去产品和服务，公司就没有收入，销售才是最重要的！

生产部门认为，如果不是生产部门及时生产出这么多产品，销售就没什么可卖的，生产才是最重要的！

采购部门认为，如果不是采购部门及时采购相关的设备与原料，生产就会停止，采购才是最重要的！

财务部门认为，如果不是财务部门融资成功，就没有钱支付采购订单，设备和原料就会不足，财务部门才是最重要的！

人力资源部门认为，如果不是人力资源部门及时招聘到员工，公司就无法有效运转，人力资源部门才是最重要的！

…………

职能部门从自己劳动分工的视角看待问题，会使得其成员特别重视自己在职能领域的技能水平与专业成就。

优点方面，职能部门的人员更专注于自己的工作领域，有做好工作、提升自我的良好愿望。

缺点方面，职能部门的人员将自己部门的重要性放在其他部门的前面，有一种不断扩大自己职能影响力的冲动，甚至把自己职能部门的发展放在企业发展之前！

从组织的角度来看，最大的问题就是职能制没有把整体绩效作为最重要的目标，其基础导向是职能努力，而不是企业业绩。

绩效导向偏弱，职能努力导向较强，使得职能制部门中容易出现大家并不关心企业整体绩效是否能达成的问题，都认为默默地干好自己手头上的工作才是最重要的，有可能让组织陷入"局部都不错，整体却不行"的困境。

4.1.3　规模越大问题越严重

在一个小规模企业中，尤其是那种整个组织主要由两个层级构成的小型企业，组织负责人直接指挥各个职能部门，各个职能部门直接向组织负责人（很多时候是企业创始人）汇报工作，这种情况下，职能部门绩效导向弱的问题一般能得到较好的控制，各个职能部门在组织负责人的直接领导、协调下，绩效成果尚能保障。

在小规模企业中，大家有很多时间在一起做正式或非正式的交流，企业的核心团队能够有非常好的人际交流，也能轻易地了解到整体业务绩效的状况，因此职能部门原生的隔阂、封闭就不会显示出来。

一旦组织规模扩大，设有多个层级之后，职能部门开始自成体系，一线职能部门的弱绩效导向、部门利益优先的问题，就会比较明显地暴露出来。规模越大的企业，职能体系之间的部门墙问题就越明显，职能隔阂就越严重，绩效导向就越差。

4.2　职能制的成果质量特性之二：经济性

职能部门在承担劳动分工的具体任务时，其部门本身会产生一些必要的消耗，这是理所当然的。

4.2.1　规模较小时经济性也较强

当组织规模比较小的时候，领导职能部门也是比较容易的，高层只要很少的人就能保障整个组织高效运转，不会在内部沟通、协调上花费很多资源。小规模时，高层管理者直接与各个职能部门的负责人进行工作对接，工作意图和要求能够很好地传达到位。各个职能部门的负责人也因为经常见面，交流机会多，相互之间也比较了解，部门间的工作协同就比较容易，内耗很少，很多跨部门的事情相互打个招呼就行了，不需要上级介入与协调，因此，跨部门组织资源的使用效率非常高，经济性也很不错。

规模小的时候，单个职能部门内部没有很多层级，职能部门的成员受职能部门负责人的直接管理，信息沟通比较及时，信息传递链路较短，不容易失真。同时，职能部门内部成员很容易从自己负责人那里了解到整个企业和其他部门的情况，容易形成工作的整体场景，减少职能制产生的信息不全与视角狭隘问题。

可见，企业规模较小时，职能部门的效率会比较高，其自身消耗能得到有效控制，职能制体现出的经济性也比较强。

很多企业在创业初期都采用职能制的部门设计方式，大家各司其职，又紧密沟通、高效协同，工作氛围与成效都非常好。

4.2.2　规模扩大后经济性下降

当组织规模逐渐扩大到中等规模以上后，职能部门的数量会越来越多，以至于超出了整个组织负责人能随手触及的管理范围，这时就可能会出现内部障碍。典型的变化是各个职能部门负责人和高层管理者不在一起办公了，以前经常见面，现在可能在不同楼层或者不同的办公楼，甚至在不同的园区或城市，不专门约时间一般就不会"恰好遇到"了。大家都变得更加忙碌，就算约着见面了也要抓紧讨论"正经事"，个人之间的"闲话"基本不谈，个人之间的关系与信任基础依然不错，但不像以前那么了解彼此的近期生活状况了。这些场景指向的背后层面，是组织规模扩大之后，各个职能部门负责人之间，以及与高层管理者之间的空间距离扩大了，时间压力也增大了，人际交流变少了，在小规模阶段通过人际交流来缓解的职能制部门的部门墙问题，此时就变严重了。

业务规模大了之后，单个职能部门就有可能需要面对较大的工作量，不仅要扩大职能队伍，而且需要在职能部门中设立多个层级。在纵向职能部门内的一线队伍，他们的核心业务认知都来自职能部门的上级，跨部门的情况了解得很少，协同工作的尺度与边界就很难把握。所有职能部门的一线成员都知道自己部门必须遵循的规则，并且要求其他人必须严格遵循这些规则，于是组织中"报销难""领料难""审批难"等问题就多起来了。

如果任由这些问题发展下去，那么企业内部就会不可避免地出现越来越多的摩擦，部门墙的阻隔会导致派系林立，纷争、流言与误会满天飞，工作效果与效率都会受到影响。

于是，专门的协调会议、协调组织就成为各个部门之间必需的润滑剂了，人们开始建设复杂、笨重的管理机制和系统，四处收集数据和信息，参加各种委员会，不断设立专项工作小组，大家为此消耗了大量时间、资源，却不见得有更高的产出。

在职能制组织里面，规模和效率呈反比例关系，随着规模不断扩大会出现效率减退的现象。当组织规模较小、组织负责人一人可管控时，职能制的经济性比较高；随着组织规模不断扩大，职能制就需要更多的努力和资源来维持其自身的运转，经济性就会下降。

有一些创业企业，在逐步扩大的过程中，没有意识到职能制部门带来的效率退化问题，没有及时改变单一的职能制部门结构，业务扩大反而造成企业运转困难。甚至有人将这个困难归因于其他成员不能"保持初心"、不再像创业初期那样齐心协力。其实这只是部门化模式不能应对规模扩张的组织结构问题。

4.3　职能制的成果质量特性之三：培养管理者

4.3.1　承载职能专业能力，促进专业人才成长

职能部门作为劳动分工的组织承载体，当然需要有能力履行相应的职能责任。生产部门需要有生产制造的能力，财务部门需要有财务管理的能力，采购部门需要有采购的能力……这是理所当然、必须实现的，否则这些职能部门就是不符合要求的。

既然职能部门要保证拥有履行相应的职能的能力，必然会引导其部门成员关注职能专业领域的知识与技能，鼓励他们成为"专业人士"。从专业能力提升发展的角度来看，这种积极导向是值得肯定的。

从职能部门中个人的角度来看，这种追求是一致的。"一个人力资源部的人，人力资源专业能力太低"——这样的评价是非常要命的。对于职能部门的人来说，批评其"专业能力"不足，对他的打击远大于批评他的"组织绩效贡献"不足。人在某个职能部门工作，就被暗示了"我是吃这碗饭的""我得提高这方面的专业能力"。

职能制的部门化模式有利于为企业储存、发展履行相应的职能的能力，培养该领域的专业人员，这是职能制部门特有的优势。

4.3.2　专家与管理者

专家对企业而言是非常重要的，但是专家和管理者是不一样的。

任正非在《一江春水向东流》一文中写道："我是在生活所迫，人生路窄的时候，创立华为的。那时我已领悟到个人才是历史长河中最渺小的这个人生真谛。……我深刻地体会到，组织的力量、众人的力量，才是力大无穷的。……我转而去创建华为时，不再是自己去做专家，而是做组织者。"

专家是有专业能力的人，组织者或管理者是承担组织绩效责任的人。组织没有专家则能力匮乏，没有管理者就无法达成绩效目标，最终无法成为持续存在的组织。当管理者承担其组织责任的时候，他就得想办法让组织拥有专家。对组织而言，首先要考虑的是绩效责任，首先要确保的是拥有恰当的管理者。

职能制部门比较有利于职能领域专业人员的成长，但是不利于管理者或组织者的培养。其根源是职能部门作为劳动分工中的一环，缺乏整体绩效的承担能力，进而使其成员失去了承担整体绩效的意愿与心态，成员就很难成长为有效的管理者。这不是某个人的境界问题，而是部门化特征导致的。

4.3.3　导致管理者的能力与意识职能化、狭隘化

职能部门容易造成成员技能与视野方面的局限，很容易将他们框定在职能的边界范围之中。职能制部门中，职能和职能之间会有明确的主题和边界，寻求跨部门的知识、技能与经验会被视为某种程度的"越界"，甚至是"不务正业"！

假如，一个人力资源部门的人员到公司财务部说："出于对公司的关心，我想了解了解你们财务部门最近在做什么，有什么困难，有什么打算。"这一定会令财务部门的人非常警觉，他们会想自己部门最近是不是哪里犯错误了，是不是得罪了谁，或者就会觉得提这种要求的人是在无理取闹，很可能会回复他："关你什么事！要你管这么宽！"

职能部门这种专业导向，会给其成员带来能力与意识狭隘化的风险，这对管理者的成长来说，是非常不利的！很多企业出现的"烟囱式"管理者，就是因为其一直在纵向职能领域发展，对其他业务领域不甚了解，从而缺乏全局观。

4.3.4　专业导向而非绩效导向

职能部门不利于管理者成长的另一个重要障碍，是前面所述的职能部门绩效导向较弱的属性带来的。越是强调专业技术，而不是把达成组织绩效放在第一位，就越难把人培养成合格的管理者。企业需要技术来开展相关业务，但是管理者要时刻以成果和绩效为中心，职能制部门导致管理者在成果与绩效方面的准备和考验都不足。

有些专家型的创业者，容易陷入这种风险之中：他们在创业之前有非常成

功的专家背景，对自己的技术专长和发明十分自得，一心想在技术和产品领域有"震撼人心"的成就，尽管市场不断反馈"不和谐"的信息，他们总会认为这都是客户的错误。

假如一直无法从专家角色转换为管理者角色，不能及时将专业导向转换为绩效导向，这样的创业过程就会消耗大量的创业资金。很多时候，创业者是因为没有钱了，才不得不关注市场绩效，最初的"梦想"可能坚持不下去了，企业反而成功了。

在一档创业类电视节目中，一位企业家对选手说："我想提点我的建议和想法，这位选手，你的项目不错，人很踏实，但是不应该给你钱，给你钱会害了你。很多人失败的原因不是钱太少，而是钱太多。"

这位企业家指出了创业常见的问题，就是创业者考虑自己的想法太多，对市场绩效的追逐不够强烈，没有钱才会"穷则思变"，钱多了反而不会理睬市场反馈。

4.4 职能制的运转水平特性之一：有效决策

职能制作为最经典的组织结构设计模式，在成果质量层面并不是最佳的，无论是绩效导向、经济性还是培养管理者，这三个维度的产出都是比较有限的。

为什么会这样呢？是什么造成了这样的结果呢？这和职能制的运转水平是分不开的。就像苹果的味道和数量，与苹果树的树干分不开一样。基于苹果树组织结构评价模型，我们将从有效决策、促进协同和接纳创新三个维度来考察组织的运转水平。

职能制的部门化模式会对决策产生怎样的影响？职能制部门进行决策时，会有哪些特点呢？

4.4.1 职能权限内高效决策

职能部门是根据劳动分工进行划分的部门，其工作范围和边界也以劳动分工为依据。因此，每个职能部门都有一个自己的职能领域，比如，销售部门管销售工作，采购部门管采购工作，仓储部门管仓储工作。当各个职能领域内部出现了需要决策的事项，相应的职能部门就会对此进行决策，这是天经地义、理所当然的事情。因为长期在一个专业领域里面工作，职能部门对于常规决策工作是非常熟悉的，能做到熟能生巧、得心应手。因此，常规情况下，职能部门内部的工作决策往往能够快速、高效进行。

4.4.2 视野局限，导致决策层级上移

通常情况下，职能部门都能够对自己职能范围之内被授权的事情进行决策。但是某个职能作为劳动分工中的一个环节，其决策又经常会影响到其他的部门，这种影响往往超出了职能部门的管辖范围。比如，销售部门签订了一个规模大或者交货期非常紧迫的订单，那么采购、生产等相关职能可能就会受到巨大影响，甚至有可能导致公司违约。然而，几乎所有职能部门都无法拥有全局的视角，所以稍大一点的决策，如果会影响其他部门，他们就不得不向上级请示，而上级也有可能需要进一步向上请示，直至最高层管理者。

这种情况下，我们看到职能组织做出有效决策所面临的巨大的困境：必须不断请示企业高层管理者！如果最高层管理者有大量的时间、精力和职能部门在一起，其决策效率是可以保障的，而这种情况就意味着企业规模不能太大。当规模扩大后，这种决策的效率必定会受到很大的影响。

4.4.3 理解障碍，导致决策理解与执行偏差

职能组织在有效决策方面遇到的另一个困难，就是他们从职能的角度，不容易理解公司制定的决策。因为对公司制定的决策理解不够透彻，导致在执行相关决策时容易出现偏差！

因为单个职能视角看到的事情和整体视角看到的存在差异，所以职能部门经常觉得公司的决策不可思议！例如，生产部门对零零碎碎的订单导致的高成本不可理解，而销售部门对生产部门不喜欢高价格的的订单也表示不可理解，究其原因是生产部门很可能接触不到合同价格信息，而销售部门也不知道生产切换带来的成本影响。

这样导致公司决策在执行方面遇到两难困境：要么对所有职能部门进行详细解释，这样将增加解释的时间和成本，降低执行效率，拉长执行时间；要么有些决策不对所有职能部门进行详细解释，又使得这些决策无法被职能部门有效理解，进而难以被高质量地执行！

4.4.4　权威导向，导致决策信任障碍

在职能制部门体系内工作一段时间之后，人们就会感受到职能部门在决策制定和执行方面的问题。比如，某个职能部门制定的决策，因为视野局限的问题，公司高层管理者不得不调整这些决策；或者，某个职能部门对公司决策表示强烈质疑，最后却发现是因为自己的职能局限而没有完全理解决策，误解了公司决策。

当这样的场景反复出现之后，大家对高层管理者制定的决策就有了较高的信任度，但对职能部门制定的决策往往会提出质疑，对于低层级部门制定的决策往往会不信任。慢慢地，职能制部门的成员会归纳出这样一个简化的决策信任模型：更加相信"谁是正确的"，而不是"什么是正确的"！

这种决策信任文化使得许多管理者放弃了决策思考，甚至在公司出现很多不可思议的问题时，仍然选择漠视，除非承担"上级管理者"角色的人提出来要调整。

总体来看，在职能部门授权范围之外，职能制的部门化模式在有效决策方面的性能也是非常不理想的。在纯粹的职能制部门中，最高层管理者被迫做出几乎全部的跨部门决策，时间、精力与能力都会受到巨大挑战。

4.5　职能制的运转水平特性之二：促进协同

在职能制部门中，员工关心自己的职能领域，不断追求专业水平的提升，代表着正确和上进。然而，他的视线最好是收紧在职能部门的边界之内，到职能之外、特别是其他职能部门的业务领域里面去"东张西望"是不合时宜的。

4.5.1　小规模时，人际交流可以满足协同要求

在规模较小的时候，各个职能部门的成员经常见面，因为空间距离接近，易于人际交流，能够让大家在较充裕的非正式沟通过程中，了解相互的工作情况，很多时候表现出一个小群体其乐融融的场景，不会出现明显的协同不足问题。

4.5.2　规模增大，部门隔阂问题就会逐步凸显

一旦组织规模扩大，部门间的信息无法通过简单的人际交流实现，同时职

能部门之间又没有相互交流的保障机制，时空距离扩大，大家交流的频率变低，交流的时间变短，渐渐地就不知道其他部门发生了什么，部门与部门之间也开始神秘起来。此时，协同就会出现困难，隔阂就会开始产生。

在较大规模组织的职能制部门中，如果其工作任务能够实现高度标准化，事先的工作规则非常清晰，那么部门间的交流需求就会大幅度降低，规模导致的部门交流减少也能接受，组织仍然可以实现高质量的协同。很多工艺稳定、生产稳定的大规模工厂就是这种情况。

如果某个大规模组织的职能制部门，其工作任务不是高度标准化的，那么部门间协同就不可能通过事前的工作规范来实现，此时工作协同就必须有频繁的沟通和交流，这就与大规模职能制部门交流不足的特征形成了矛盾。因此，对于那些不能实现高度标准化、高度稳定性的业务来说，大规模职能制部门就会产生协同困难，进而影响工作效率和效果。

4.5.3　部门视角，不利于理解整体任务

单个的职能部门沉浸在自己的部门之中，往往不容易理解整体的任务，不容易将自己的职能与整个公司的成功紧密关联起来。

有时候会发现，公司每个部门都自我感觉良好，觉得自己付出了巨大努力，取得了巨大成就，但是整个公司的任务完成得并不好，出现了个体都很好、组合起来的整体却不好的局面。

职能部门容易将自己与整体割裂开来，在沟通语境上常常使用"我们"和"他们"的格式：我们承担了重要责任，我们付出了艰巨的努力，他们没有及时跟进，他们没有告诉我们情况，等等。

德鲁克在《公司的概念》一书中，描述了"二战"期间美国西海岸一个飞机制造厂如何改变员工士气低落的故事。这个工厂为轰炸机制造零部件，但是管理者发现工人们从没见过他们制造的飞机。管理层运来一架飞机，邀请工人带着妻子、儿女来参观，让他们看到自己做的零件安装在飞机的什么地方，发挥着怎样的重要作用。"低落的士气和不安的情绪刹那间消失得无影无踪。"[1]

遗憾的是，职能部门中大量的工作很难像飞机零部件那样，能够如此直观地体现出和整体之间的关系来。就像卓别林在电影《摩登时代》中饰演的角色

---

[1]　德鲁克. 公司的概念 [M]. 北京：机械工业出版社，2009.

一样，很多人都说不清楚职能工作到底为整体贡献了什么！

4.5.4　角色差异，容易形成信息孤岛

不同职能部门的具体工作各不相同，角色有明显差异，工作时面对的环境与获取的信息也不一样。因为职能角色的限制，他们经常意识不到这些信息对其他部门有何价值，需要如何使用，应在什么时间以什么方式传递到哪里去。因此，大量信息就被滞留在自己部门，形成了一个个信息孤岛，不能被整合加工和有效使用。

职能制作为一种部门化模式，在促进协同方面是比较差的，当规模稍大之后，甚至会带来严重的沟通困难。组织中普遍批判的部门墙，在较大的职能制部门中最为明显。如果采用职能制部门，一定要考虑到这种模式在沟通方面的短板，要及时建设补充的沟通机制。

4.6　职能制的运转水平特性之三：接纳创新

当我们告诉职能部门人员公司绩效不太好时，他们会感到一些难过；当他们得知自己职能部门的工作没干好时，他们会感到非常抱歉；当别人评价他们在职能领域"专业水平"太低时，他们会感到强烈的羞辱！

4.6.1　专业领域内，积极接纳创新

在职能部门的基本专业领域内，职能人员接纳创新的积极性非常高！

试想，新的会计准则出现了，财务部门的人员还不懂，这是多么大的风险啊！如果还想在财务职能领域寻求职业发展，大家一定会非常积极地学习本领域的新知识、新技术！这一点，在各个职能领域都一样。

各种职能主题的学习、交流、沙龙都对该职能部门的成员有着强烈的吸引力，大家都希望率先获得职能领域发展的新资讯。

因此，职能部门非常适合作为公司职能能力的建设、储备组织，在其中安置职能专业人才队伍，使其成为公司的能力中心。

4.6.2　颠覆性思想，往往会遭到抗拒

在职能制部门中，对新思想的接纳是有限度的。如果新思想非常激进，不仅仅是改善现有的职能体系，而是要颠覆现有的职能体系，对现有职能系统的人员来说，就感到恐慌了！因为努力提高职能领域的专业知识与能力就变得毫无意义，甚至之前的知识与能力积累都失去了价值。

现在各行业都在讨论信息技术与人工智能对未来社会的影响，哪些行业会被消灭？比如，网约出租车可能会颠覆巡游出租车，这在全球范围内引起了巡游出租车司机的不满；美国的港口工会强烈抵制自动化，认为自动化会导致港口作业方式的颠覆，进而导致工人被替代，这一抵制使得美国港口设施陈旧、效率低下，出现集装箱货船积压、无法及时卸货等现象，这些都体现出人们对颠覆性技术和思想的恐慌。

职能制部门中，保护自己的领地，避免被新思想冲击和颠覆的朴素动机，势必会妨碍其成员接纳颠覆性的新思想！

4.6.3　整体经营层面，接纳创新缓慢

职能制的部门设计很难要求单个职能部门成员为整体业绩达成承担责任，职能人员也会认识到自己没有足够的能力和权限去承担这些责任。这种认识基础，使得职能部门成员认为过多关心职能之外的信息与变化是没必要的，对有利于整体组织经营发展的新思想也就不以为意了，当然接纳这些新思想就会比较缓慢。

很多企业负责人会在这个方面感到乏力。他们看到了世界的变化，开始将新思想引入公司内部，但是在职能制的组织结构里面，并不能产生全面、深刻的影响，就像一拳打在棉花上，回应的力量很小。职能体系的人却觉得上级太过于大惊小怪了，老是谈论什么巨变和颠覆，对"狼来了"的故事早已经形成免疫力了。

职能制在接纳创新方面的优点与不足，表现得都非常明显：它们既是当下职能领域内技术改进与优化方面可依赖的、强大的力量，又是在未来颠覆式创新方面迟钝的、阻碍的要素。在企业界，往往能看到能力很强的企业在其擅长的领域有相应的职能部门，同时又很少能看到职能制部门带来巨大创新与发展。

4.7　职能制的基础特性之一：清晰性

作为一种部门化模式，职能制在成果质量方面的特性由其运转水平决定。我们看到，职能制在有效决策、促进协同、接纳创新这些运转水平的子项上，都有其好和不好的方面，这些方面对其成果质量会产生相应的影响，相互之间有很强的逻辑关联。再往下探寻一层，为什么职能制的运转水平是这种状况呢？决定这种运转水平的更基础的原因就是职能制部门的基础特性。

首先来看职能制三项基础特性中的第一项——清晰性有些什么特质。

4.7.1　工作关系清晰度较高，简单明确

职能制部门的设计基于劳动分工，因此每个职能部门都有非常清晰的业务领域，尽管部门和部门之间存在接口与协作，但整体来看，部门与部门之间的基本工作关系还是简单明确的。例如，采购部门完成采购工作，采购的货物由物流部门运输，运输回来的货物由仓储部门存放保管等。

职能制部门的组织结构图一目了然，仅从部门名称上就能大致判断出各个部门之间的关系。职能制部门在设立之初，就已经将其基本生产方式、劳动分工的基本逻辑确定下来了，只有在这个基础上才有可能进一步定义职能部门。在生产方式要求不明确、不规范的情况下，职能制是不可能出现的。泰勒 1911 年发表《科学管理原理》，之后法约尔提出职能制，他们之所以出现在同一个时代，是因为二者属于同一个工业化进程——以规范的劳动分工进行大规模工业生产。科学管理的主张是对生产方式进行清晰化定义，职能制是对相应的部门进行清晰化定义。

在职能制部门的组织里面，每个员工都会归属在一个职能部门中，都会有一个清晰的工作据点，大家知道自己属于哪个部门、接受谁的管理。

从这一点来看，职能制部门层次分明，井井有条。

4.7.2　责权清晰度较差，互为因果

职能制部门的工作关系看起来非常清晰，但是当公司业绩出现困难时，经常找不到能够承担责任的部门！因为劳动分工本身是环环相扣、相互影响的，所以职能制部门经常出现职能之间扯皮的现象，最后就只好让最高层管理者来"救火"。

为了保护自己的领地安全，职能制部门甚至会在需要承担责任的时候，优先考虑将问题推到其他部门身上去。各部门都在强调：我们的职能工作非常努力，我们付出了很多，现在遇到了绩效困难，这不是我们的错，一定是别的部门没干好！

4.7.3　组织清晰性矩阵：职能制重点关注第二象限

当我们深入挖掘职能制部门在清晰性维度方面的特性时，就会发现它在工作关系清晰性与责权清晰性这两个清晰性的子维度上表现非常不一致，而且差异较大，这是职能制在清晰性维度非常值得重视的特征。为了更好地理解这个特点，我们将工作关系清晰与责权清晰两个子维度叠加到一个矩阵图形中，得到清晰性属性各异的四个象限，利用这四个象限来帮助我们理解职能制部门的清晰性特质（如图 4-2 所示）。

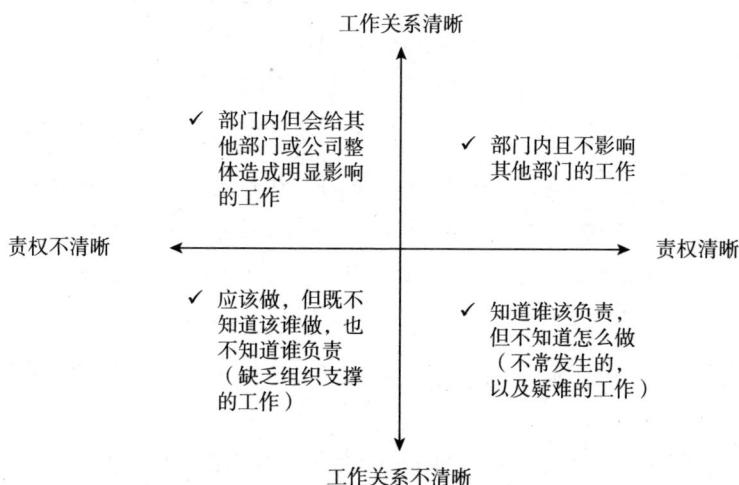

图 4-2　组织清晰性矩阵

第一象限，是工作关系与责权都清晰的领域。在职能制的组织环境下，这个领域主要是指职能部门内部的工作领域，而且其影响面也主要在职能部门范围之内。在组织运转过程中，遇到这样的工作，往往在部门内部决策就可以了，因此决策效率非常高。

实际上，这样简单、纯粹的工作领域是比较小的，更多情况下，职能制部门要面对的是第二象限的场景。

　　第二象限，是工作关系清晰而责权不清晰的领域。只要是职能部门承担、同时又会对其他部门或公司整体产生影响的工作，都属于这个领域。显然，大多数职能部门的工作都是这种性质的工作。

　　责权不清晰的问题根源是劳动分工，因为劳动分工不是责权方面的区分，而是工作技术层面的分工，职能制部门自身无法超越这种属性，正是这种特性使得职能制运转水平有好的方面、也有不好的方面。

　　职能部门只要面对的工作内容稍微复杂一些，其影响只要会溢出部门边界，自己就无法负责，就认为不适合在部门内进行决策，需要上升决策层级，这便是责权不清晰带来的影响，当然会导致职能制部门"有效决策"的不足。

　　职能部门作为劳动分工链条上的一环，其工作行为通常会对整个链条产生影响。但是，因为职能部门的身份局限，它不可能获得公司整体决策的权力，也无法承担公司整体决策的后果。在责权不清晰的情况下，更加糟糕的是，职能部门的职能关系又是非常清晰的。职能部门既然不承担整体的责任，又有非常清晰的部门工作边界，当然就没有动力和其他职能部门沟通，使得职能制部门在"促进协同"方面缺乏动力，表现欠佳。

　　同样的原因，在"接纳创新"方面也就变得非常狭隘，积极接纳在职能框架之内、有利于职能专业水平提升的新思想，在这之外，会颠覆职能的、或者是影响整个公司层面的新思想，接纳起来就不太积极了。

　　最终，职能制部门在清晰性方面的特质，在影响其运转水平之后，就会进一步影响其成果质量。

　　第三象限，是责权和工作关系都不清晰的领域。这个领域和职能制的关联不是非常紧密。在这种情况下，既不知道该谁去干，也不知道该谁负责，这指的往往是那些没有明确对应部门的工作。例如，公司发现了一个新的技术动向，大家每次开会都强调这个变化很重要、公司要跟进，但是一直没有任何人实质性地开展工作，究其原因就是这个工作既不属于任何部门的工作领域，也不属于任何人的工作责任，公司没有为此设立专门的组织。这个领域属于组织设计中的疏漏。

　　第四象限，是责权清晰但工作关系不清晰的领域。这种状况下，人们知道自己应该承担这项责任，但是却不知道该怎么做。有些以前不曾遇到的问题，或者不知道如何解决的疑难问题，就属于这一类工作。例如，某个生产线的良品率总是达不到标准，设备、材料、工艺检查都是正常的，大家都知道这是工厂要承担的责任，可是却不知道应该如何去解决。

4.8　职能制的基础特性之二和三：稳定性与适应性

4.8.1　高稳定性

职能部门的设计逻辑，是将劳动分工为基础的某一专项任务分配给某个职能部门，在这种劳动分工方式变化之前，职能部门的变化不会很大。一般来说，劳动分工的变化取决于生产技术的变化，因此职能部门的设计方案一般较少受到市场、客户、政府等外部因素的影响，所以职能制部门具有很高的稳定性！

高稳定性的形成，是我们在人为划分部门的时候，以某种分工为界限，切断了职能部门和外界的直连联系，因此外部变化不会及时传递到职能部门中来。

4.8.2　高稳定性带来的影响

职能制的稳定性特征是它在运转层面清晰性特征的底层原因，稳定性为职能组织带来了较高的工作关系清晰性。

职能部门在劳动分工的保护下变得稳定起来，随之而来的问题，就是它不容易将自己和企业的整体任务关联到一起，容易变得封闭、僵化。它无法为企业培养具有全局视野的管理者，管理者只能在自己的职能范围内进行改良式创新，不会主动接受变革式的、全局化的创新。职能制部门运转水平不佳的问题，大多都能从这里找到根源。

4.8.3　低适应性

职能制高稳定性的另一面，就是低适应性。职能制不要求员工考虑太多的变化，更不会要求他们去适应那些变化。

从员工的内心角度来看，我在职能部门当中，应该干好这个职能的工作，干好之后我就将工作传递到下一个环节，另一个职能部门会继续完成。对我来说，做好自己的工作是基本责任，假如其他职能部门出了问题，那不是我要管的事情。假如总体目标没达成，一定是某个人没干好他自己的事情，当然，这也不是我这个职能角色能管的事情！

这种心理预设，使得职能部门的成员没有兴趣为企业遇到的变化做适应性调整，因此，组织的适应性就会比较低。然而，世界总是不断变化的！仅从这一点上，我们就能明白，纯粹的职能制部门是难以长期获得市场领先地位的，就算它曾经抓住过某个机会，但随着世界的发展，低适应性最终也会令其落后！

4.8.4　低适应性带来的组织压力

当职能制部门规模扩大到人际交往的影响力边界之外时，低适应性的问题就会变得明显起来。各个职能部门都会发现，其他职能部门的人非常固执，甚至是冷漠，他们对别的部门承受的压力与困难毫不在意，对别的部门提出的改变要求也总是拒绝。员工会觉得自己的职能部门被其他部门怠慢、轻视了，有时候还会觉得受到了其他部门的攻击，紧张、敌对的情绪非常容易蔓延。

带着这样的不安全感，职能部门的员工就会保护自己的领地，竭力让自己的职能变得很重要，不至于被其他部门排挤，这种情况下，组织整体的协同性、针对外部变化的适应性就会很差，对组织运转及整体绩效的实现是非常不利的。

4.9　职能制适用的工作类型

4.9.1　职能制适合用在什么地方

利用苹果树组织结构评价模型对职能制部门进行了三层次九个维度的分析之后，我们看到，职能制部门有非常强的稳定性，带来了非常强的工作关系的清晰性，但同时也导致了较弱的适应性，以及较弱的责权清晰性。这些基础属性导致职能制部门在运行过程中，关心部门而非整体，会出现沟通和任务理解的隔阂，不利于公司决策的制定和执行，不利于接纳超出职能框架的新思想。这些组织运转的问题导致职能制部门不利于培养具有全局视野的管理者，它倾向于引导其组织成员在工作中付出努力与时间，而非产出成果与绩效，且需要上级管理者来做大量的职能部门间的协调工作。

从综合评价来看，职能制似乎是一个问题非常多的部门化模式。那么，这些问题严重吗？负面影响大到什么程度呢？职能制适合用于什么样的工作类型呢？适合用于怎样的组织场景呢？

4.9.2 企业工作的四种类型

为了定义职能制部门的适用范围，我们将企业中的工作分为四个大的类型：

高管工作：相对中层、基层管理而言，高层管理工作承担着整个公司的发展责任，主要包括战略、组织、领导等相关工作。

经营工作：承担一个相对独立的绩效责任、为达成一个绩效目标而开展的相关工作，例如，拓展某个区域市场，负责某个产品的经营等。

创新工作：承担创新的责任，包括开发新技术、新产品、新的工作方法等类型的工作。

作业工作：承担完成具体事项与任务的责任，例如，录入数据、搬运石块等。

这四种工作分类的边界并不十分精确，有时候的确很难将某项具体工作精准地划分到某个类型里面去。进行这种边界不算非常清晰的分类，是为了帮助我们更好地理解不同部门化模式的适用领域，有利于进一步开展组织结构设计工作。

4.9.3 职能制适合用于哪些工作类型

我们可以画一个纵轴，从上往下标记四种刻度，分别代表"特别适合""比

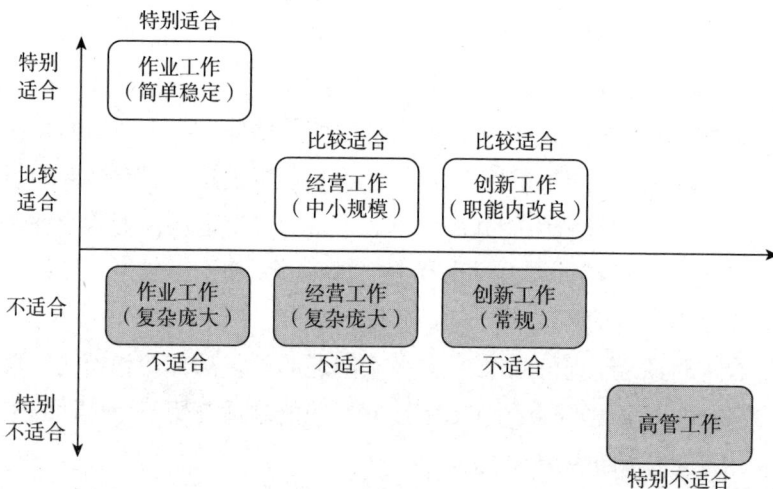

图 4-3 职能制适用的工作类型

较适合""不适合""特别不适合",用于标记职能制这种部门化模式在不同类型的工作中的适用程度(如图 4-3 所示)。

职能制最适用的工作类型是作业类工作,尤其适合那些简单稳定的作业类工作。毕竟,职能制产生的逻辑基础就是劳动分工,劳动分工能够将一个复杂的生产任务分解为多个简单任务,进而提高作业工作效率,职能制为完成这些任务提供组织支持。大规模工业生产通过劳动分工,将整体任务拆解为系列化简单、稳定的作业任务。在作业类工作的组织过程中,管理者可以基于具体工作的自然属性,设计不同的职能制部门。例如,大规模陶瓷生产中,练泥、拉坯、印坯、利坯、晒坯、刻花、施釉、烧窑等工序都有专门的部门来承担,这些部门以职能制的方式设立,非常有利于提高效率。

通过提高标准化水平,减少作业工作中的不确定性,降低作业过程中的沟通需求,职能制可以组织起规模非常大的作业类工作。我们看到的数万人的大工厂,就是这种模式。事实上,公元前就出现的大规模军队组织,也是这种模式。

也有一些标准化程度比较低的作业工作,例如,知识型员工培训、高品质后勤服务、非快餐化的雅致餐饮等,这些作业类的工作比较复杂,当其规模较小的时候,可以考虑用职能制的模式来组织。如果这种复杂度比较高的作业类工作规模大起来了,职能制就会导致部门隔阂、交流困难、各种扯皮等现象。因此,复杂且庞大的作业类工作,就不适合采用职能制了。

对于经营类工作,当工作满足简单、稳定的特质时,职能制是比较适合的;一旦规模扩大,工作变得复杂起来,职能制就不适合了。当经营处于中小规模水平,特别是一个核心管理者(往往是老板)就能够直接指挥协调的时候,职能制就能应对;一旦超出一个人所能管控的边界之后,采用职能制就会带来隔阂与混乱。

创新工作是不太适合用职能制的,只有当创新的范围限定在目前的职能框架之内时,如各个职能内部的学习、改良,可以通过职能制部门来开展创新工作。一旦创新突破当前的职能框架,职能部门就变成了创新的阻碍力量,因此常规的创新部门都很难用职能制来组织。

高管工作是特别不适合通过职能制来组织的,因为高层管理者必须面对复杂多变的市场,要求快速反应并取得组织绩效,所以高层管理任务是不可能简单稳定的,这与职能制部门的内在要求是完全冲突的。用职能制部门承载高管工作，带来的只会是低效率、高成本与反应迟钝。

4.10　职能制适用的组织场景

4.10.1　职能制适用的组织场景一：简单、稳定的经营性组织

在经营性工作的组织场景中，职能制的问题严重程度与组织的规模和复杂度成正比。规模越大、越复杂的组织，体现出来的负面问题越多。而越是简单、稳定的组织，就越能体现出职能制好的一面。

当组织满足规模较小、队伍简单、产品简单、市场简单、生产简单的特质时，职能制就能很好地运转（如图 4-4 所示）。

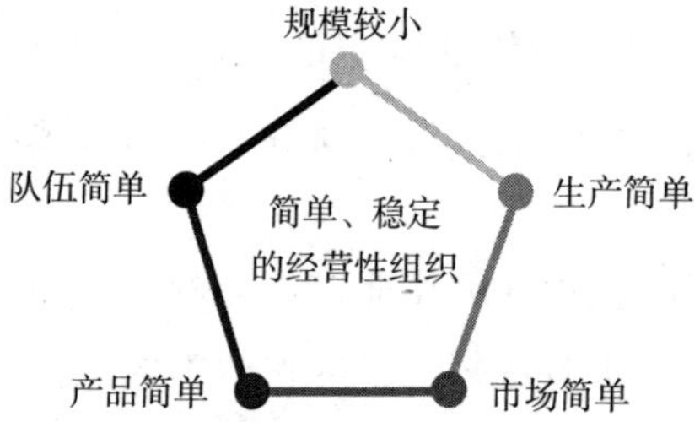

图 4-4　职能制适用于简单、稳定的经营性组织

当组织规模比较小的时候，特别是初创型企业，大多数职能部门负责人和公司高层管理者之间的空间距离比较近，能够实现充分的人际交流，大多数问题都能得到有效的控制。当规模扩大之后，职能制的各种问题就会凸显。事实上，我们身边也很少出现仅仅采用职能制却规模非常大的组织。

苹果公司是非常特别的一个案例，它是以职能制为主体结构的大规模企业。要想学习苹果公司这样的组织设计，就要求企业有超强的领导者，构建起利润足够高的业务，能通过其超乎常人的个体力量令组织运转。也就是说，苹果公司这样的大规模职能制经营体，不是组织结构的成功，而是超强个人能力的成功。

当企业需要满足规模较大、业务复杂、变化较快、创新较多的要求时，职能制就难以应对了。如果超出职能制的承载限度，它就会把企业导向忙碌而非取得绩效，会导致企业效率变低，造成时间和精力上的巨大浪费。

4.10.2　法约尔为什么认为职能制是最佳组织结构

20 世纪初，亨利·法约尔提出职能制部门，成为管理学的奠基学说。法约尔认为职能制是最佳组织结构，这与他当时所处的时代及所经营的企业有关系。

法约尔的职能制部门设计原型是他经营的一家煤炭生产企业，这家企业具备以下五个显著特征：

第一，规模有限。虽然它当时是一家规模相当大的企业，但以目前的标准来看则只是一家小规模企业。

第二，产品单一。企业只有一种产品。

第三，工序简单。除了简单的洗煤和拣选外，企业也无须从事其他的处理工作。

第四，工种较少。除了少数工程师以外，大部分是做同一种工作的体力劳动者。

第五，客户简单。当时，企业只有三个市场——钢铁厂、发电厂和住户。

法约尔的企业正是职能制设计原则能够很好发挥作用的那种简单、稳定的企业。

4.10.3　职能制适用的组织场景二：稳定、标准化的生产性组织

职能制部门就一定不能是大规模的吗？

从经营性工作层面往下，到作业性工作层面，也就是一个企业内的生产性组织场景中，职能制有可能成就超大规模的生产部门。

为什么在生产部门就能够存在大规模的职能制部门呢？这是有前提条件的，就是要求这个生产性组织具备稳定和标准化的基础（如图 4-5 所示）。

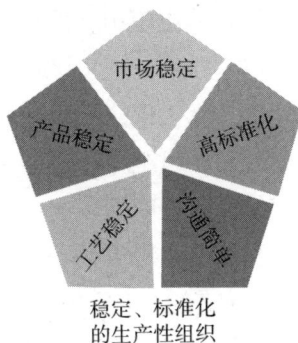

图 4-5　职能制适用于稳定、标准化的生产性组织

如果生产性组织供应的是一个稳定性比较高的市场，较长时期内客户需求比较稳定，同时生产的产品比较稳定，采纳的生产工艺也比较稳定，那么就可以在这个基础上构建高度标准化的生产体系。整个生产过程中的劳动分工方案可以非常稳定，承载不同劳动分工的职能制部门之间可以形成非常规范的接口，沟通也可以非常简单。在这种情况下，组织能够通过事先的设计，避开职能制存在的部门隔阂、沟通困难、非绩效导向等一系列问题，构建起大规模生产部门。

事实上，一旦能够建立起这样的生产部门，往往能做到高效率、低成本。当然，它最大的风险，就是稳定性被破坏，例如，客户需求迅速变化，竞争对手不断推出新产品，技术进步导致工艺换代等。

比如，像波音飞机这样的产品，特别是737系列的产品，可以保持几十年的稳定，通过职能制来组织生产是非常恰当的。而开发与生产波音787这样的创新程度较高的机型，职能制就很难承载，在波音787的生产过程中，70%以上的生产任务采纳了网络制组织的模式。

早期的汽车生产，职能制部门也能够很好地支持大规模汽车制造业务，并且形成了规模生产效应，令大型汽车制造企业占据了强大的市场制高点。但是，随着汽车电动化的技术迭代，大量造车新势力带来极具竞争力的电动汽车产品，汽车生产的产品稳定和工艺稳定受到巨大挑战，拥有大规模燃油车生产职能制部门体系的汽车企业面临严峻的转型压力。

4.10.4　非营利性组织中的大规模职能制结构的应用

企业之外的各种非营利性组织中，职能制也被广泛地采纳和应用。在我们身边的政府、医疗机构、教育机构等组织中，能找到大量的职能制实例，其中很多是大规模的职能制部门。

非营利性组织通过劳动分工开展工作，相应地建设职能制部门，是非常有必要、也符合时代趋势的。非营利性组织应用职能制时，也会存在工作关系比较清晰而责权不够清晰、稳定性强而适应性弱的特征，这些基础特征使得职能制部门在组织规模大了之后，容易出现决策不足、沟通困难、创新不够的组织运转问题，有可能产生部门墙、经济性差、官僚主义等困难。

基于职能制部门特性带来的各种问题，不会因为非营利性组织的身份而消失，但是非营利性组织因为不存在明确的利润绩效指标，不存在破产和经营失败的边界，使得它有可能缺乏"绩效疼痛"的反馈，能长期容忍职能制部门的缺陷，改善提升的动力不足。

职能制的机制特性，在企业和非营利性组织中都会同样展现出来。非营利性组织想要用好职能制，必须对其可能产生的问题更加警觉。

4.11　职能制是必要而非唯一的组织设计原则

4.11.1　广泛存在的职能制

作为劳动分工的组织承载方式，职能制有利于将复杂的工作关系清晰化，有利于组织的稳定，这些是带来高效率的要素，也是职能制部门模式的天然优势。

除非规模极小，我们很难找到不采用职能制模式的企业，职能制部门事实上广泛存在于企业之中。

虽然职能制的弊端几乎随处可见，带来的各种问题也广泛存在，然而我们并不能就此舍弃职能制这种部门化模式，反而应该积极寻找适合使用它的领域，更好地发挥它的机制优势。

4.11.2　必要而非唯一的组织设计原则

当组织不再满足简单、稳定的特点时，我们需要警惕职能制部门的问题。应对这些问题可以采用多种组织设计原则，通过其他部门化模式，将大规模、复杂的组织分解开来，在其简单、稳定的那些领域里面使用职能制。

职能制是一种重要的部门化模式，但不是唯一的。

第 5 章

团队制

作为人类最早使用的部门化模式，团队制代表着共同协作，完成任务。与职能制完成任务的模式不一样，职能制强调"分"——劳动分工，团队制强调"团"——共同达成。

在团队中，通常会有一名团队领导者来承担团队的领导责任，团队中的其他成员通常没有严格的上下级关系，大家以团队成员的身份共同开展工作。就像是一支足球队，有教练或者队长，其他都是球员，大家共同参加比赛，不会说前锋比后卫级别更高。

任务是团队存在的基本原因

任务是团队存在的基本原因，如果没有任务，就不需要团队。比如，几位都爱好踢球的朋友经常一起约着踢足球，虽然他们有共同的活动，但这并不是一个团队，因为他们没有共同的目标，只是一群人在一起活动。如果这几个足球爱好者组建了一支足球队，设定了要赢得城市足球联赛，或者推动青少年足球教育的任务，这时，就有成立团队组织的可能了。

临时性与持续性团队

任务存在与否，对团队这种组织而言，是其存亡的基础。任务就其自然属性而言，有些是阶段性的，有明确的完成标志，有些则是持续性的，永远不可能完成。比如，建设一栋楼房，这是非常明确的任务，不管这栋楼房有多大的工程量，终究会有完成的那一天；而为这栋楼房所在的社区提供安全与卫生服务是不会有终点的，这个任务需要一直做下去。

如果一个团队负责的是那些有明确完成标志的任务，那么当任务完成的时候，团队就不需要存在，可以解散了。这意味着，大量的团队是临时性的，是以项目形态存在的。

对于那些持续性的任务，则其团队也是长期性的，属于持续性团队，比如，企业的高层管理团队。

作为一种部门化机制长期存在

无论团队本身是临时性的还是持续性的，团队制作为一种部门化的机制，是长期存在的。企业中常见的情况是，不断设立团队制的组织，它们以项目组、专项工作组、委员会等不同名称出现，在任务完成后又不断地解散这些部门。通过这些具体团队的不断成立、解散，既保持了组织的灵活性，又实现了人力资源的高效利用，因此，这种部门化机制在很多领域中长期存在。

5.1　团队制的成果质量特性之一：绩效导向

5.1.1　天生的绩效导向

团队制在人类历史早期就出现了，它不要求有明确的劳动分工，而是将整体任务视为团队的任务。就是因为任务本身的存在，才使得团队被建立起来。

我们有时候会遇到几个要好的朋友，相互非常了解，经常一起游玩、聚会，遇到困难时能够相互帮助，甚至为了朋友"两肋插刀"，但这并不是团队。团队是一种工作关系，是共同达成绩效目标的组织，并不绝对依赖相互的社交关系与个人情感。

没有任务就没有团队。可以说，团队制这种部门化模式具有天生的绩效导向。这里说的绩效，遵循其本意，即指成绩和成效，很多时候团队的绩效并不是单纯的收入与利润。

5.1.2　稳定的使命，灵活的任务

团队制的绩效导向，体现为团队的基本使命相对比较稳定，而其具体任务却是灵活的，可以经常变化。就像一支深入敌区的侦察小分队，使命是获得有价值的敌军情报，是坚定不变的，而具体任务或许是越过山峰，或许是渡过河流，完全根据实际战况来考虑。

假如使命发生了变化，就算是同一批人，也意味着这个团队已经变成新的团队了。20 世纪 80 年代，我国西部地区的一批职业伐木工人，因为环保政策的变化，不能从事伐木工作了，不再承担伐木的使命了；他们开始转变使命，以农作物种植和农产品贸易、深加工为新的使命，这时，虽然组织中的人还是相同的，但作为组织却已经是完全不同的了。

在使命稳定的情况下，团队组织的任务往往是不稳定的。假如某项任务是长期且不变的，那么更加适合该项任务的方式或许是职能制，而非团队制。

5.1.3　团队成员为整体绩效做贡献

团队中的每个人都需要以团队绩效为核心，贡献自己的力量。团队成员有相对的组织分工，但是没有自己的独立目标，不是对个人的工作负责。就像足球队的球员，都是为了球队胜利而努力，前锋和后卫并不存在自己的个人目

标，失败的球队里没有成功的球员。同样，任务没达成的团队里，也没有个人绩效达标的成员。

团队是一个整体，大家追求同一个目标。

5.2　团队制的成果质量特性之二：经济性

5.2.1　较高的沟通成本导致较差的经济性

一个人不是团队，团队制是多个人共同完成一个任务的组织，它必须处理好的问题就是如何让多个人协同工作。

好的协同有两种情况：一种是事前对每个人如何开展工作进行了系统性规划，大家照着要求和标准来做，实现协同；另一种是缺乏事先的规划，没有明确的工作标准，大家根据具体情况，不断交流讨论，边干边看，实现协同。

很明显，团队组织的协同偏向后一种情况。团队中的人需要不断地沟通和交流，以便大家了解每个成员所接触到的信息、每个人的想法及一致性的协同行动打算。

随着时间推进和情况变化，团队之间的沟通需要反复开展，因此，团队成员需要花费大量的时间精力在内部沟通上，这是成本高昂的活动，也体现出团队制部门的经济性比较差的特性。

5.2.2　规模扩大导致协调困难与责任摊薄

当团队成员比较少的时候，沟通的成本和压力会很小，这时团队的经济性表现就很好。因此，小规模的团队往往工作得都很不错。团队规模越大，沟通的复杂度就越高，沟通的成本和代价也就越大，此时，团队的经济性就会很差。

小规模团队的灵活性非常高，人多了以后，相互之间的协调难度就会加大，团队的灵活性就会大打折扣。

团队规模还会对成员的责任心产生影响。在团队中，成员会认识到自己是团队的 $1/N$（N 就是团队人员的数量）。规模越大，N 值越大，个体在团队的权重就越小。规模大了之后，团队成员会觉得自己的影响力变小了，其责任感也会因为团队人数增加而摊薄。摊薄的责任感，会导致成员的工作投入度变低，由此造成的高成本与低经济性就会成为一个难以解开的结。

　　亚马逊创始人贝佐斯曾经提出"两个比萨原则"，是说如果两个比萨喂不饱一个团队，就意味着这个团队太大了。从团队组织经济性的角度来看，这个原则是非常值得借鉴的。两个比萨原则下，就应该尽量将团队成员控制在七八人以内。尽管这不是一个精确的科学原则，然而我们必须认识到控制团队规模对提高团队效率是非常关键的，大多数情况下，15 人以上的团队组织，运转起来都是非常费劲的。

5.3　团队制的成果质量特性之三：培养管理者

5.3.1　高绩效导向、高不确定性有利于锻炼决策能力

　　管理者是公司业绩实现的责任者。职能制部门因为绩效导向方面的性能不足，更加倾向于令成员努力与忙碌，而非促进其取得结果，因此不利于管理者的培养。团队制部门却是天生的绩效导向，从这一点来看，团队制部门比职能制部门更有利于培养管理者。

　　团队的成败边界相对清晰，负责人必须组织大家达成目标，在这个过程中，团队负责人始终背负着达成目标的压力。实际上，团队工作大部分都不会像预设的那么顺利，出现各种不可预见的困难，才是团队达成绩效目标过程中的常态。每当团队工作出现各种问题时，无论发生多么奇怪的事情，团队负责人都要直面问题并寻求恰当的解决方案。团队负责人在面对不确定性、到处救火的过程中，提高了管理能力。

　　团队以使命和目标为依据，在时刻变化的内外部环境中，灵活采取有效策略达成目标，这为团队负责人提供了高绩效导向、高不确定性的"双高"环境，有利于锻炼管理者的决策能力。

5.3.2　高扁平化、高自由度有利于锻炼领导能力

　　并不是有了一个目标，团队就会达成，在现实中，团队失败率往往是相当高的。

　　团队失败率高的重要原因，是团队成员的自由度非常高。特别是那些针对非永久性工作任务的团队，其团队之所以能够建立起来，往往是因为某个临时性目标，很可能没有足够的时间和投入来建设清晰、细致的团队内部运转机

制，因此团队的制度化水平往往低于职能制，很多工作都不能期望"有章可循"，同时也不能期望事事都由团队领导者来裁决，这种组织环境必然要求团队成员既能够积极主动，又能够自我约束。

团队负责人在开展工作的过程中，必须发动团队成员。然而，团队组织往往是高度扁平化的，团队负责人在行政权力方面偏弱，很多时候需要发挥个人的领导力去驱动成员。团队中，水平高、能力强的人不好领导，脾气差、情绪化的人也不好领导，没追求、没想法的人更不好领导。事实上团队负责人总是要在特点不可预判的各种成员组成的队伍中发挥领导力，这对于管理者成长来说，也是非常好的机会。

因为团队成员的放任自流，责任感与自律性不足，而导致团队失败的案例比比皆是。团队制部门对其成员成熟度方面的需求，远远超过了其他类型的组织，这也是涉世不深的年轻人热切地建立自己的团队，很快又开始回避、抵制团队的根本原因。

高自由度的特征使得团队不得不对成员提出要求。对于那些无法满足积极性与自律性要求的团队成员，团队负责人必须意识到其破坏性，要对其进行辅导和支持，促使其满足团队的协作要求。在这个过程中，团队负责人能够使用的职权并不多，需要较多地发挥个人的领导力。

当然，对于无法满足要求的团队成员，团队负责人有责任替换他。从管理者成长的角度来看，开除成员也是管理者成长的重要环节。在这个过程中，管理者要面对开除的对象，同时还要给团队其他成员以合理的解释，以确保留下的成员能够理解团队的价值观和组织对其的基本要求。人员替换处理不当，不仅会影响被开除的成员，还会影响整个团队的工作状态。

就高自由度组织特性对团队负责人在成员辅导、替换等方面的工作要求来看，团队能够为管理者提供一个非常好的历练机会，特别是对初级管理者的成长来说，这个过程极有价值。

5.3.3　常规型团队有利于初级管理者培养

常规的团队制部门因为其基本特性，组织规模不可能太大，使得一般团队的领导者无法获得一个管理大规模、结构化组织的机会。这也就意味着，常规团队一般培养不出能承担较大规模组织管理任务的中高层管理者。仅有团队制部门管理经验的管理者，在初次领导较大规模的非团队制部门时，会发现团队制部门的管理经验用处不大。团队比较多地依赖人际交流、个人领导力、成员充分沟通、协同作战，而较大规模的组织更强调结构化的任务、清晰的责权、间接沟通、明确分工等，二者对领导者的能力要求存在比较大的差异。

领导一个团队是管理者成长道路上非常有价值的一个台阶，对其个人领导力的发展非常重要，但团队不是管理者成长道路的终点。企业可以通过常规的团队制部门培养更多的初级管理者，特别是那些业务领域的佼佼者，在从业务领域转向管理领域，成长为优秀管理者的路径设计上，第一步就可以让其成为团队管理者。

5.3.4　高层管理团队有利于培养高层管理者

企业中有一个非常规的、特殊的团队组织，就是高层管理团队。高层管理团队是企业经营责任的最高承担者，为企业制定战略、筹集资源、设计组织、建设队伍，促使企业达成目标。高层管理团队在基本组织形式上和一般团队是类似的，而其任务是非常独特的，是在常规工作部门中不容易接触到的。

通常一个管理者升任高层管理者时，需要较深的管理资历，曾经有成功的经营成就，管理过比一般团队更复杂的组织，因为高层管理者的管理对象很可能是大规模的业务部门。管理者升入到高层管理团队后，他将面临一个与之前不一样的工作责任与环境。在高层管理团队之外，很难积累高层管理的工作经验。

很多管理者在从业务部门管理者跨越到高层管理者的过程中，都曾经遇到过巨大的困难。作为团队制部门的一个特殊场景，高层管理团队是培养高层管理者最佳的组织模式，这是其他部门化模式无法替代的。

任正非在华为公司的 EMT（Executive Management Team，经营管理团队）会议上，会邀请一些非高层管理者旁听会议，让他们能够提前了解到高层管理团队是如何开展工作、如何进行决策的。这种训练在其他的工作环境中很难获得，它充分发挥了高层管理团队培养高层管理者的功能。像华为公司这样的做法在企业界并不常见，相反，高层管理者团队成员不足、可提拔对象也不足的现象更加常见。

5.4　团队制的运转水平特性之一：有效决策

从成果质量的角度来看，团队有着天生的绩效导向，但这并不意味着团队一定就会成功，团队的失败率是非常高的。为什么有些团队会成功、有些团队会失败呢？能否有效决策是团队成功与否的重大影响因素。

团队当中，成员没有严格的上下级，但是必须有一个领导者。原则上领导者拥有团队内部的决策权，包括团队成员的工作安排、资源分配、收益分配等权限。

5.4.1　决策能力不足的风险

之所以建立团队，是因为某项任务超过了个人的工作能力范畴，必须依靠多人协作才能完成。很多情况下，团队遇到的决策会超出团队领导者的能力边界，此时，团队就会面临决策能力不足的风险。《西游记》故事中，唐僧作为团队领导人，对妖精的识别能力不足，当妖精接近时不能及时决策；孙悟空具备决策能力但不具备团队负责人的决策权力，决策能力与决策权力这组矛盾演绎出《西游记》中一个个精彩的故事。假如类似的事情发生在企业中，那就不是一个故事了，而是一次业绩事故。

团队决策能力不足的另一个风险源是对团队民主的误解，有些团队会因此而采用投票的方式进行决策，这显然会导致决策质量低下、决策有效性不足的问题。在面对未知和风险的时候，通过投票来决策往往容易落入"个体理性导致的群体非理性"陷阱，得不到优质决策。

在良好的组织当中，团队负责人能够根据团队成员的优势，指定不同的成员负责不同类型事务的决策，这不仅不影响团队负责人的决策权威，反而会增强团队的决策能力。《史记·高祖本纪》记录了刘邦获胜之后的一段话："夫运筹帷幄之中，决胜千里之外，吾不如子房；镇国家，抚百姓，给饷馈，不绝粮道，吾不如萧何；连百万之众，战必胜，攻必取，吾不如韩信。三者皆人杰，吾能用之，此吾所以取天下者也。"可见，正是因为刘邦充分利用了张良、萧何与韩信的决策能力，才成就了他的帝业。

受到团队内部安排的影响，在关键时刻，到底有没有人承担决策责任、做出有效决策，不同团队的差异很大。

团队成员的优势是否被充分发掘，信息是否充分共享，决策权限是否被有效分配，内部是否能高效协作，这些要素决定了整个团队的决策水平。也就是说，团队能否有效决策不是一个绝对值，弹性非常大，受到团队协作水平的影响也非常大。这方面的问题，在好的团队和差的团队中都有可能出现。

5.4.2　过度决策的风险

团队中，还有可能出现过度决策的风险。团队中的成员很可能在面对决策事项时，对超出自身决策权限的事项进行了自主快速的决策，这会导致整个团队在同一类型的决策上出现分歧和矛盾，从而产生混乱。这种决策混乱，会使得团队成员有漏洞可钻。想象这样一个常见的场景：小孩子为了吃冰激凌，分别向爸爸、妈妈提出要求，父母的答案很可能是不一致的，聪明的孩子知道怎么钻这个空子。团队中的情形也一样，团队成员有可能因为决策权限不够清晰而过度决策，从而带来冲突与混乱。

运转良好的团队，会明确分配决策权限，其成员不会做出自己权限之外的决策；当出现未曾料到的场景且未曾对此分配决策权限的情况时，运转良好的团队会进行及时沟通；通过内部的高质量协作，团队可以管控好过度决策的风险。也就是说，在过度决策方面，团队制存在很大的弹性，基于团队成员在这方面的努力，团队有可能表现很好，也有可能表现不佳，这种可能性为团队制部门建设留下了提升的空间。

5.5　团队制的运转水平特性之二：促进协同

5.5.1　内部强沟通与强协同属性

"不沟通，无团队"，团队制部门对沟通有非常强的依赖。回到人类最初使用团队制的场景，一群原始人为了围猎而共同协作，无论他们是否发明了现代意义上的语言，他们都必须进行有效的沟通，否则围猎就不可能实现。甚至，我们发现海豚围猎鱼群时，也有它们的沟通方式和行为。只要有团队协作的要求，就必须沟通。

这样看来，沟通与协同是团队制部门开展工作的基本前提，否则团队制就无法正常运转。同时，这也给团队制部门成员带来了较重的沟通负担，如果一个人参加了多个团队，就可能面临更多的团队沟通要求。有些同时在多个团队中工作的人会抱怨，整天都在开各种不同的会，都没时间做具体工作了。

正是因为团队在沟通和协同方面的强制性要求，很多企业在应对工作中协同不足的问题时，就会组建一个主题团队制部门，以便强化协同。各种项目组、委员会、专项工作组，经常成为企业强化某个领域工作协同的专门团队。例如，各个公司很常见的成本或质量改善工作小组，就是从研发、设计、采购、生产、仓储、销售、售后等各个部门抽调人员，组成的跨部门工作团队，通过这个团队制的工作小组来实现多个部门的专项协同。

5.5.2　团队成员目标的可塑性

团队是基于任务与目标而成立的组织，在目标协同方面，团队制部门的整体目标一般都会比较清晰，然而，团队成员的个人目标却不一定清晰。很多时候，团队成员搞不清楚自己和同伴的工作边界与责权边界，有时候大家都知道这件事情很重要，但是没有人将之视为自己的工作目标，都在等着其他人去干。

并不是团队制不支持成员将目标与责任清晰化，而是团队的成立和运转，不是以此为必要条件的。现实中，很多团队成立之后，基于各种原因未能及时梳理、分配成员的工作目标与责权，导致团队成员的个人目标不清晰，从而引发成员"错误行动"或者"不行动"的风险。

一支好的足球队和一支差的足球队，在这一点上就有非常显著的差异。好的足球队中，每个人都清楚自己要干什么，配合起来天衣无缝；而差的足球队中，一大群人在球场上来回奔跑，各自为战。很明显，协同质量高的球队胜利的可能性会大很多。

一个优秀的团队负责人，在组建团队之后，应该在团队整体目标下，尽快明确每个成员的目标，这项工作的质量直接影响到团队协同工作的质量。

5.5.3　工作沟通与私人关系

团队需要多沟通，但不能产生这样的误解：团队成员要相互有非常好的社交关系，要多拉家长里短，团队成员要相互了解对方的生活、家庭相关事宜；团队成员必须是好朋友，否则就无法有效协作；甚至倡导团队是一个大家庭，每个成员都是家人，要相互关爱、照顾，这样才是一个好团队。

事实上，团队要求成员在整体任务、彼此的贡献、协同工作的安排等方面进行有效沟通，大家要对自己做了些什么、接下来打算做什么、怎么做等主题进行解释，不要求大家在社交关系上追求绝对的和睦、体谅，也不要求大家在工作之余一定要成为好朋友，更不要求大家像家庭成员一样。团队是工作组织，应对工作内容进行有效沟通，恰当的社交关系是有益的，但不是必需的，更不能将社交关系建设变为团队工作的负担。

有很多实例表明，私人关系不好的人，也可以在团队中非常好地协作。比如，一个广告拍摄团队，灯光、布景、道具、摄影等团队成员可能之前都是未曾谋面的陌生人，大家都非常了解共同的工作目标，也清楚自己的工作要求，在协作完成广告片拍摄之后，可能就各自离开，不再来往，然而他们能够通过共同协作，拍出高质量的广告片。

相反，那些由家庭成员组成的团队，即使他们相互关爱，对彼此的背景、习惯、爱好都非常了解，但在工作任务与要求沟通不足的情况下，也不一定能做好团队工作。

5.6　团队制的运转水平特性之三：接纳创新

5.6.1　接纳创新的利益基础

团队的存在就是为了完成预定的任务，这个任务的达成责任要由团队成员共同承担，一旦任务失败，所有团队成员就都失败了。如果有人发现了有利于团队成功的新思想、新方法、新工具，对整个团队而言都意味着多一份胜利的可能，当然不能拒绝。

因此，团队在接纳创新方面有非常好的利益一致性基础。就算是常规性的任务，团队制部门也会引入创新的方法和工具

5.6.2　强沟通营造良好的创新环境

团队制部门的高效运转要求具有比较强的内部沟通和交流，于是产生了一个重要的副产品：思想碰撞。在工作交流过程中，团队事实上形成了思想交汇、相互启发的氛围，在这种氛围中，团队成员就更容易出现创新的想法。从产业版图上，我们也很容易发现，交通便利、人群汇集的区域也会是创新比较丰富的区域，只要集中了一批相同领域的人，各种奇思妙想就会不断地涌现。

创新的反面是保守和封闭，团队最无法忍受的就是封闭。交流不足对团队制来说有致命的危害，因此团队制部门的运转必然会对其成员的保守和封闭带来冲击，这特别有助于拆掉大家思想中的"墙"，滋生创新的念头。

5.6.3 以创新为任务的团队

团队制能用于多种多样的任务，其中当然也包括创新任务。在实际的业务场景中，经常能见到以创新为主题的团队制部门，例如，专项的创新团队、新产品开发团队、组织变革团队等。建设专门的团队制部门来达成指定的创新工作目标，这是企业界充分利用团队制创新优势的聪明之举，而且非常奏效。

在创新工作方面，团队制和职能制能够形成很好的互补。很多以职能制为组织结构主体的企业组建跨职能部门的创新工作团队，就是为了打破职能制部门的隔阂与狭隘，让职能部门的人到团队中来，从而更好地接纳创新。

5.7 团队制的基础特性之一：清晰性

5.7.1 整体任务与目标清晰

团队就是为达成某个任务目标而组建的组织，因此其整体任务与目标是非常清晰的。从团队负责人，到整个团队制部门中的所有成员，大家基本上都对自己部门的整体任务和目标有清晰的认识，这也是团队制部门最大的优点之一。大家在整体目标的牵引下，可以充分发挥个人的主人翁精神，对上级的直接指挥依赖性较低，能够自主做出理性决策。

整体目标高度清晰作为团队制部门化模式的基础特性，使得团队制部门拥有了自己的"北斗星"，其成员进行决策和协同工作时有清晰的指引，相互沟通和交流时有明确的导向，这对团队制部门提高运转水平非常有价值。也正是这样，令团队制部门能够最终在组织成果层面有很强的绩效导向。

5.7.2 团队的个人目标与责权关系高度可塑

团队成员的个人目标与责权，不是天然清晰的。团队成立之后，团队领导者能否为每个人设立相对清晰的个人工作目标，不同团队之间的差异非常大。情况差的时候，团队成员都了解整个团队的任务，却不清楚自己的任务；情况好的时候，团队领导者会对每个成员的任务、权力与责任做出清晰的安排，大家都知道自己要做什么。

团队领导者有责任使每个团队成员的角色、任务、责任、权力明晰化，否则整个团队的协作就会出现混乱。

作为基础特性，团队成员的个人目标和责权清晰程度将直接影响团队的运转水平，进而影响团队的任务达成。如果团队中的个人具有清晰的目标和责权，他们就敢于在自己的目标和责权领域内自主决策，不必等待、观望，不需要反复沟通，这样绩效产出水平当然会更好，组织经济性也会提高。

现实中团队的失败率与团队在个人目标、责权关系上的高可塑性是紧密关联的，塑造好了，团队成功率就高，塑造不好，团队就有很大的失败风险。

5.7.3　团队成员的工作关系不一定清晰

持续稳定的任务会让人们积累经验，为探寻高效率而形成相对明确的分工，有清晰的工作关系，此时组织会倾向于采用职能制。团队制部门恰恰相反，经常面对的是临时性任务，团队成员可能欠缺此类任务的协作经验，工作开展过程中，要"摸着石头过河"，这种情况下，团队成员之间工作关系的清晰性往往就不会很强。

正是工作关系的清晰性问题使得团队在运转过程中没有现成的高度清晰的劳动分工方案，难以提前做长线的工作安排，必须通过强化沟通及时提高工作协同水平。这也是团队制这种组织形式要求较多沟通的底层原因。工作关系清晰性不足的基础特性，使得团队制组织在运转时要多沟通，沟通会成为团队制部门规模和经济性方面的瓶颈。

5.8　团队制的基础特性之二和三：稳定性与适应性

5.8.1　极大的适应性

之所以成立团队制部门，是因为企业有某个任务要完成，至于这个任务如何完成，是留给团队组织自己来考虑的。有些团队甚至连任务和目标都是可以变化的，只要坚守组织使命就行了。例如，某个救助失学儿童的慈善机构，使命是让失学儿童能够接受必要的教育，但是每个时期的任务和目标可能都是变化的。

团队制部门往往都是高度扁平化的，其组织运转的诸多要素都是开放和待设计的，这就给团队制带来了巨大的适应性：只要有利于任务完成，大家觉得怎样开展工作效果最好就怎么干，没有严格的限制。

5.8.2 较差的稳定性

团队制有较强的适应性，这个特征的另一面就是较差的稳定性。团队成员的角色不那么僵化，会经常转换，每个人都会根据形势变化及时调整。

这种较差的稳定性非常不利于组织能力的沉淀。因为大家都不知道未来自己的工作内容会是什么，总是有一种"打一枪换一个地方"的动荡感。那种"板凳要坐十年冷"的长期能力储备，看起来就不合时宜了，基于团队的强适应性，很可能不到十年就不需要这个能力了。事实上，游击队经常采用的就是团队制的部门化模式，优点是灵活；集团军必须要有职能制的部门，比如，侦察连、炮兵连、坦克连等，优点是专项能力强大。

5.8.3 低稳定性、高适应性的影响

低稳定性、高适应性，作为团队制部门化模式底层的基础特性，对团队制的运行水平和产出成果都会产生巨大影响。

低稳定性、高适应性，意味着团队制部门有非常强的灵活性，会根据内外部环境变化及时调整、修正工作安排，这也意味着行动方案总是在变化的。团队制部门要想在快速变化的场景下实现众人协同，就必须让其成员知道相关的变化，这当然需要进行沟通、交流，否则大家不知道行动方案调整了，还会错误地执行之前的老方案。这表明，越是灵活性强，越是需要多沟通。

沟通是高成本的活动，特别是对时间和精力的投入，要求很高。当团队人员规模扩大时，沟通关系的复杂度就会呈现指数级的增长，对成员的时间、精力消耗非常大。最终，这将导致团队规模和经济性之间的强烈负相关，规模越大，团队制部门的经济性就越差，投入产出也就越差。

在团队制部门化模式运转过程中，要想实现高质量协同，保障恰当的产出水平，人员规模就不能太大，这个组织运转层面的限制来自它的基础特性，很难改变。

5.9 团队制适用的工作类型

基于以上对团队制的分析，我们可以确定团队制在不同类型的工作中的适用程度（如图 5-1 所示）。

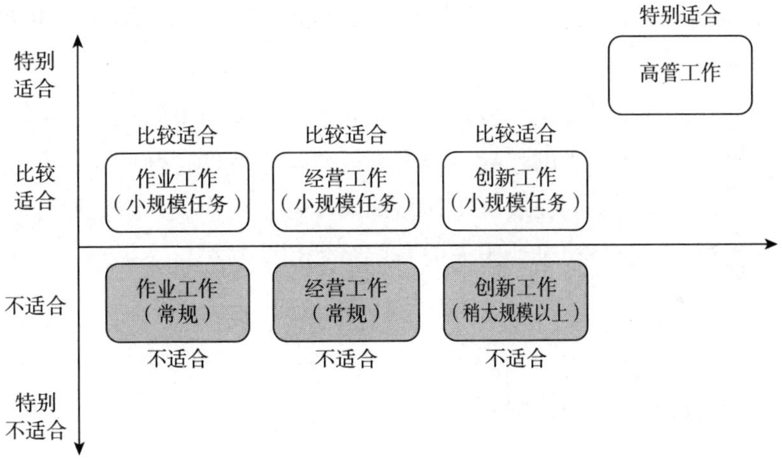

图 5-1 团队制适用的工作类型

团队制不适合用于规模太大的组织。但在工业化大生产的趋势下，大多数作业工作和经营工作都是规模化的，因此常规性质的作业工作和经营工作都不会太适应，只有在业务规模很小的时候，作业工作与经营工作才是适用的。

在大规模生产的企业中，当出现了一些需要灵活解决的小规模作业工作或经营工作时，团队制部门的优势就体现出来了，作为一个重要的补充原则，特别是在与职能制部门叠加使用的场景上，团队制可以大显身手。比如，某个大规模生产的工厂，客户要求它必须通过 ISO9001 质量认证，此时在内部各个部门抽调一些人员，成立 ISO9001 质量认证工作组，就非常恰当。

团队制有很好的接纳创新的优势，因此可以用于创新工作，比如，很多企业的新产品开发小组、管理变革小组、新业务拓展项目团队等，都能看到团队制取得的成功。但是，团队制也存在规模劣势，它只能用于规模不太大的创新组织，对于大规模创新组织而言，团队制是不适用的，它会带来过重的沟通负担，使得经济性难以支撑。正是因为这个原因，很多企业的研发不是没有钱，而是"钱太多"！所谓"钱太多"，就是企业没办法管理好太大规模的研发，不断增加的研发预算导致了研发效率的不断降低。

团队制部门特别适合高管工作，几乎是唯一适合高管工作的部门化模式。因为高层管理工作有清晰的使命，同时需要根据不断变化的外部环境调整自身行为，对工作的灵活度要求很高；高层管理要求多维度的角色，成员之间要经常补位，大家共同的追求是经营成功，这些需求都与团队制的优势非常匹配。我们观察到的优秀企业的高层管理组织，无论是董事会，还是 CEO 团队，几乎都是团队制的。

虽然团队制的部门化模式特别适合高管工作，然而不同企业、不同阶段的高管团队却可能有比较大的差异。因为高层管理任务的特殊性，每个公司独特的企业文化，以及团队制在成员工作目标清晰性、工作关系清晰性方面存在非常大的可塑性，每个公司设计出来的高层管理团队在决策、协同、产出等方面的差别可能就会很大。

5.10 团队制适用的组织场景

5.10.1 团队制适用于非例行性任务

在动荡的产业环境下，企业必然有很多非例行性的任务。和例行性任务相比，非例行性任务有更高的复杂性、更大的不确定性、更强的可变性，它在这些方面的挑战性远远高于例行性任务。例如，针对新的客户需求，快速开发一款新的产品；根据技术变化，调整生产线的设计；根据新政策要求，改变某些客户的服务策略，等等。

这些工作往往需要多种形式的知识与能力，难度很大，灵活性很高，单个人难以担负，却很适合采用团队制来组织。

5.10.2 团队制适用于目标清晰、高度灵活、规模较小的组织

总体来看，团队制部门最明显的特征是目标导向，高度灵活。其天生的绩效导向属性，使得整个团队组织目标非常清晰，同时团队的清晰性仅限于整体目标，其成员的目标、责权、工作关系等方面的清晰性都存在巨大的可塑性，因此体现出较强的灵活性与适应性来。高度灵活的另一面是较低的稳定性，使得团队组织必须有充裕的内部交流才能有效运转，而这种较高强度的交流带来的经济性难题，使得团队组织规模不能太大。

可见，团队制部门的优势，就是其为目标清晰、高度灵活、规模较小的组织。

5.10.3　简单矩阵：团队制与职能制的互补效益

对比职能制与团队制两种部门化模式，可以看出差异非常大。从苹果树组织结构评价模型的九个维度来对比，将 5 分视为差异特大、完全不同，0 分视为没有差异、完全相同，能看到两者除了在规模与经济性的性质上接近，其他八个方面都有明显差异。团队制与职能制的差异对比如表 5-1 所示。

表 5-1　团队制与职能制的差异对比

组织特性		团队制	职能制	差异（0～5分）
成果质量	绩效导向	天生的绩效导向	导向努力而非绩效	5—差异很大
	规模与经济性	小规模好，大规模差	常规情况下小规模好，简单稳定情况下可以大规模	3—有差异
	培养管理者	仅适合初级管理者成长	不利于培养管理者	2—差异较小
运转水平	有效决策	可塑性很大	不够好	3—有差异
	促进协同	强化沟通	不利于沟通	5—差异很大
	接纳创新	较强地接纳创新	有限地接纳创新	3—有差异
基础特性	清晰性	整体目标清晰，个人目标、责权及工作关系都不一定清晰	整体目标不清晰，个人目标清晰；责权不清晰，工作关系清晰	4—差异较大
	稳定性	稳定性低	稳定性高	5—差异很大
	适应性	适应性高	适应性低	5—差异很大

尽管这种差异评估是一种大致的评估，不是非常精确，但我们能看出来两种部门化模式是如此的不同，恰恰是因为差异，给二者带来了互补的可能性。

这种互补可以通过在职能部门的基础上，组建不同团队制部门的方式来实现（如图 5-2 所示）。

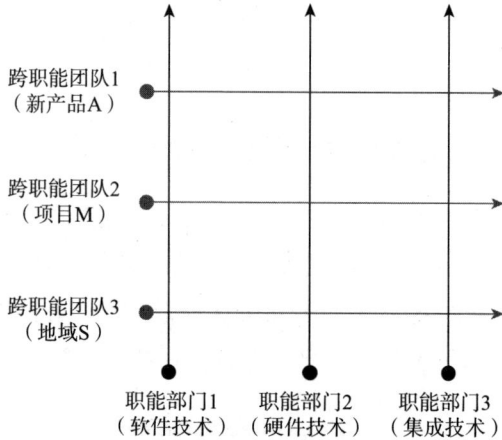

图 5-2　团队制与职能制的互补效益

例如，可以抽调产品设计、生产制造、市场销售等不同职能部门的成员组建新产品团队，也可以抽调软件、硬件、集成等职能部门的成员组建专项的项目团队，或者抽调一些人员组成新地域的拓展团队，等等。通过在职能制的基础上叠加使用团队制，可以发挥二者的优势，产生互补效益。

从某种角度来看，这种叠加使用就形成了矩阵结构，特别是在 20 世纪 60 年代之前，企业界大规模、复杂且相对稳定的矩阵组织基本还没出现，那时谈到的矩阵组织大多是指团队制与职能制叠加使用的情况，而且其中的团队制部门往往是临时性团队。

本书以 21 世纪的组织发展现状为基础，将职能制、团队制叠加产生的简单矩阵分离出来进行简要论述。在后面第 9 章"矩阵制"专题章节中，主要探讨的是大规模、高度复杂、多种部门制叠加且相对比较稳定的矩阵组织。

严格地说，当团队制与职能制叠加使用的时候，一个相对简单的矩阵结构就已经形成了。这个简单矩阵结构最大的优势，是可以在职能组织中灵活设立团队，用团队制的优势来为职能制部门注入绩效导向与快速反应，实现两种部门制的优势互补。

5.10.4　团队制与职能制产生互补效益最大的领域：知识工作

当知识越来越成为价值创造的关键要素、事业成功越来越依赖知识工作者时，如何在企业中建设、应用强大的知识团队，这对企业来说至关重要。

职能制与团队制在建设和应用知识团队方面有着不同的优势。

职能制部门强调专项职能能力，其成员在职能框架下，具有非常大的学习与提升动力，因此可以作为一种很好的能力承载据点。

我们知道，高级别的知识往往专业度也很高，而越是专业的知识，越难以独立发挥作用，越是需要和其他知识配合使用。这时，团队制的适用场景就出现了，团队制可以根据任务将不同的专业人才编为一个团队，实现多种知识的聚合使用。因此，团队制与职能制在知识工作领域，能够产生极大的互补效益。

在这个叠加中，职能制作为专业知识的据点，要不断考虑职能能力能否满足公司需求，要对人才的专业水平和个人发展给予足够的关心。要关心职能体系中的知识工作者是否在做真正有价值的工作，避免他们被用在不重要的领域；要关心知识工作者的能力是否会不断提升，避免他们不再进步。

在另一个维度上，团队制作为高绩效导向的部门，要组织好知识工作者，聚合他们的力量，有效达成目标，使得那些高水平的专业知识能够变成经营成果。

团队制与职能制的叠加使用，一方面通过团队打破了职能制的部门边界，打破了隔阂，另一方面又强化了职能的价值，使职能能力充分转化为经营成果。这种看似相互削弱的组合，实际上实现了相互促进与加强。

5.11　团队制既不是权宜之计，也不是灵丹妙药

5.11.1　团队制不是权宜之计

团队制部门经常用于承担阶段性或非重复性的任务，团队组织也常常在任务完成后被解散。但是，团队制作为一种部门化模式，不是一种权宜之计，而是非常重要的常规部门化模式。

团队制和职能制叠加产生的简单矩阵，有可能充分发挥两种部门化模式的优势，通过职能制部门建设能力，通过团队制部门输出绩效。这种协同效应，在知识型工作领域中，能发挥出特别大的价值。因此，创新工作，特别是参与人员不是特别多的创新工作，很适合采用团队制模式。我们可以在企业中不断建立团队，在任务完成后不断解散团队，而团队制却长期存在。

高层管理非常适合采用团队制，而且这是一个长期组织，在企业存续期间

将一直存在。

5.11.2　团队制不是灵丹妙药

团队组织的成立非常灵活，几乎可以随时随地组建起来。然而，有了团队制部门，并不意味着只要遇到专项问题，就立刻会被团队制解决掉。

团队组织要运转良好、达成目标，对团队领导者的领导力和团队成员的自我约束力都提出了较高的要求。在团队组织中，传统的上下级式的职权不容易发挥作用，运转过程依赖沟通而非命令，事实上是一种不易管理的结构。团队制部门的失败也较为普遍。

团队制存在明显的规模边界，人数太多的团队容易出现混乱，其缺陷也非常明显。

第 6 章

事业部制

追求成果和绩效的部门化设计

目前为止，部门化设计有两条基础路径：一条是从工作和任务维度进行部门化设计，可以据此设计出职能制和团队制部门；另一条是从成果和绩效维度进行部门化设计，据此首先能够产生的部门化模式就是事业部制。

职能制部门设计有一个潜在的假设——整体经营成果是不同职能努力的总和，只要对各种努力做恰当的组合，自然能得到恰当的成果。

而事业部制部门的设计不一样，其关注的重点是"事业部制部门要产出什么，达到何种经营目标"。每个事业部制部门都要通过产出工作成果与业绩来为整个公司做贡献。

建立在核算关系基础上的组织

依据事业部制原则设立的部门并不一定要叫事业部，事业部制只是一种部门化的方法。很多叫事业部的部门并没有采用事业部制的部门化模式，同时又有很多事业部制的部门，以业务本部、事业群、业务单元、业务集团、分公司、子公司、经营部、业务中心等各种各样的名称表达出来，事业部制部门的本质是遵循了事业部制这种部门化的规则，而不是部门名称。

事业部制部门的成果和绩效往往要通过一些经营指标来表示，比如，营业收入、经营利润、市场份额等。设立事业部制部门就必须设计它的考核指标，否则就不知道其成果与绩效是什么。这也就意味着，事业部制部门是一个核算型的组织，其设计的基础是核算关系。没有清晰的核算关系，就不可能有真正意义上的事业部制部门。这也是为什么只有在会计学产生之后，事业部制才有被发明出来的可能性。

大多数情况下，事业部制部门都是利润中心，要考核它的经营利润。所谓利润，就是收入减去成本，这是非常简单的逻辑，这就要求企业能够清晰核算事业部制部门的收入和成本，否则就算不出利润。对很多企业来说，准确、清晰地计算一个事业部制部门的收入和成本，并不是一件容易的事情，甚至对某些企业来说是非常困难的。

因为核算清晰不仅仅是一个会计问题，其本质是经营问题。首先，要想核算出清晰、准确的收入，就必须为事业部制部门划定边界清晰的市场。例如，某个家具企业在一个城市中有三个店铺，如果将每个店铺设定为事业部制部门，考核他们的收入、成本和利润。那么对每个店铺来说，争夺客户与市场就是理性行为。家具企业无法准确区隔每个店铺的市场边界，也无法准确预知客户会到哪个店去购买。任何一个店铺独立开展促销活动都会吸引其他店铺的客源，这样的话就不能授予店铺独立开展促销活动的经营权力。基于责权对等原则，就不能考核店铺独立的经营成果，不能要求店铺独立的收入指标。也就意味着不适合将店铺建设为事业部制的部门。这个问题的根源并不在会计考核方面，而是经营逻辑不支持。这种情况下，或许可以尝试将城市业务部门设计为事业部制部门。其次，在成本核算方面也可能会遇到困难。比如，多个部门共用一条生产线，共用一些支撑部门，以什么规则来分配成本，在不同的场景下，难度差别也很大。总而言之，支撑事业部制的核算体系，并不是一个简单的会计规则，其中蕴含了管理者的基本业务模式与经营意图。

事业部制与职能制、团队制的关系

我们向事业部制部门要成果，至于具体怎么获得，可以由事业部制部门自己来决定。事业部制部门在拥有具体怎么做的主动权之后，接下来它要面对的还是工作和任务本身，要考虑如何才能做好工作。在组织结构层面反映出来的，就是事业部制部门内部仍要设立职能制或团队制的部门。

我们还可以换一种反向观察的视角：公司将一些职能制和团队制部门打包在一起，形成一个规模恰当的自治性业务单元，向这个单元要经营成果。尽管事业部制部门不是用这种反向逻辑设立的，但这种反向视角可以帮助我们理解，事业部制和职能制、团队制不是冲突的，恰恰是相互融合的。

三种维度的事业部

常见的事业部组织有三种设立维度：产品维度、客户维度和地域维度。

按照产品维度设立事业部是最常见的，例如，洗衣机事业部、电冰箱事业部。产品事业部是以一类或几类产品为基础，将相关的业务集中在一起形成的独立经营体。

客户事业部是以一类或几类客户为核心形成的独立经营体，例如，华为公司设立的中国移动系统部、中国电信系统部，就是以一个大客户或者一类客户为中心设计的独立经营体。

地域事业部以地域为基础，比如，很多公司设立的地区分子公司，大多数银行都有的省行、市行，基本上都属于地域事业部制部门。

有些情况下，一个公司可以同时设立不同维度的事业部制部门，形成不同事业部制部门叠加的矩阵结构。例如，很多家电企业同时拥有产品事业部制部门和地域事业部制部门，在华为公司，这三种类型的事业部制部门是并存的。

6.1　事业部制的成果质量特性之一：绩效导向

6.1.1　强绩效导向

事业部制是以核算为基础，基于成果和绩效来设计组织的，因此这个组织注定是将注意力聚焦在绩效维度的，当然属于强绩效导向的部门化模式。尽管都是导向绩效的，但事业部制和团队制的绩效导向却不太一样，团队制围绕的是一般性的工作任务，而事业部制则更加强调市场份额、营业收入、经营利润、投资回报这类核算指标式的任务。团队制指向的任务可以是定量的、也可以是定性的，而事业部指向的任务几乎都是定量的，除了极少数特殊情况外，基本上不能接受定性的绩效目标。

对事业部制部门而言，完成企业下达的经营任务是第一要务，并且这个经营任务很可能是多维指标描述的，企业会赋予这些指标不同的考核权重，比如，市场份额指标占 20%，收入指标占 30%，利润指标占 50%，在不同的经营考核周期，选择什么指标、分配多大权重，都是灵活、可调节的。

在事业部制部门中，全体成员都明白自己部门的成功是指业绩达成，而不是做了什么事情或拥有什么能力，因此大家不会像职能制那样受自己的能力领域、工作内容束缚，较容易将自己的努力指向绩效目标。

利用这一点，很多企业每年都会调整事业部制部门的考核指标及权重，从而实现持续调整、修正事业部制部门行为方向的目的，让企业各部门能够更好地服务整体战略。

6.1.2　目标管理和自我控制

事前的工作目标，就是事后的考评标准。事业部制部门拥有清晰、系统、完整的目标体系，也就有了高质量的绩效衡量标准，很容易判定最终成果做得好还是不好。在把控了绩效目标与绩效考评这关键的两端之后，管理的核心点就把控住了，中间的执行过程就不用时刻盯着了。

如果我们选择的事业部制部门的管理者拥有足够的工作能力与意愿，那么部门管理者自己就会在恰当的时机去做恰当的事情，从企业的角度来看，事业部制部门能够根据工作目标进行自我管理、自我控制，就可以考虑把工作的主动权交给他们。

迫于考核压力，事业部制部门在经营过程中会密切关注自己的绩效达成状况，根据内外部环境变化不断调整自己的经营策略与工作计划，不需要事事都由上级命令和指导。这样一来，每个事业部制部门就有可能成为一个有内驱力的小型发动机，如果为之匹配相应的控制与激励体系，就会释放出巨大的产业力量来。

6.1.3 易于授权和扩大规模

事业部制的强绩效导向，能够令上级管理者清晰定义事业部制部门的产出，明确了绩效责任之后，就可以不用对其具体工作进行干预，这使得向事业部制部门授权成为一件相对容易的事情。

基于绩效导向产生的易于授权的特性，企业可以利用事业部制将庞大而复杂的组织划分成一系列小型、简单的业绩责任部门，对这些部门进行授权，获得其产出与成果。因此，通过搭建多层事业部制部门，就能够令大规模组织拥有很多个小型业务发动机，从而实现有效运转。

容易授权，就能够大幅度减少对事业部制部门的直接指挥、命令、协调等工作，不再受到人际交流的时空距离限制，就能够搭建出比团队制规模大很多的组织。有些企业的事业部制部门能够拥有数百亿元的营业规模、数万名的人员规模，成为一个"巨无霸"组织。艾尔弗雷德·斯隆在通用汽车公司最早发明事业部制时，当时的雪佛兰事业部规模就已经可以排到世界汽车企业的第三四名了；2020 年华为公司的运营商 BG 作为一个事业部制业务单元，营业收入超过 3000 亿元人民币。

回顾世界企业发展史，在艾尔弗雷德·斯隆发明事业部制之前，大规模的企业非常少见。就像没有钢筋混凝土技术，不可能轻易建设起摩天大楼一样，没有事业部制，企业界也不可能轻易建立起超大规模企业，事业部制就是企业的摩天大楼技术，因为它能够形成强有力的绩效承重结构。

乔布斯这样的"天才"有能力不以事业部制为主体组织结构模式，建设出超大规模的苹果公司，但是一般企业很难复制这样的成功经验。

6.2　事业部制的成果质量特性之二：经济性

6.2.1　具有提高经济性的内生动力

大多数情况下，事业部制部门都是利润中心，它自然就会关心自己的收入和成本、投入和产出。所以，事业部制部门具有提高自己经济性的内生动力。

事业部制部门的管理者会力求掌握真相，会尽量把所有组织成员的努力导向绩效和成果，不会沉迷于各种报告和文件中，更不会做无谓的努力。事业部制作为一种部门化机制，最大的特点就是强调盈利，因此在提高效率和经济性方面，有非常强的内驱力。

有经验的父母都知道，教育孩子节约金钱最佳的办法，不是讲节约的重要性，而是让他拥有一笔属于自己的零花钱。每当购买玩具、零食要支出那笔自主控制、独立核算的零花钱时，孩子们通常会认真考虑购买的必要性，而且很多时候会自愿放弃购买，或者寻找性价比更高的替代方案。事业部制这样的利润中心组织关心自己的经济性，其背后有普通人"趋利避害"的本性做支撑。

6.2.2　抵抗绩效假动作

事业部制部门提高经济性的内驱力会体现在它的经营行为上，首先就体现在反对自我欺骗的组织行为方面。组织中经常产生的一些问题，例如，不愿意面对经营的本质、回避真正的问题、接受长期的低产出与内耗等行为，在事业部制部门中都会遇到强烈的抵抗。

人们越是努力创造价值，对各种"绩效假动作"的痛恨就越强烈，追逐利润本身会成为组织自我欺骗的对抗力量。一个非常普遍的现象是：大公司的总部往往在"踏踏实实"开会，而基层业务组织开会总是在"走过场"，甚至很多有意义有价值的会议都会被简化处理。事业部制部门的管理者会从"是否有利于部门盈利"的角度，审视全部的工作。

6.2.3　勇于拓展新业务

组织消耗最严重、对经济性伤害最大的地方，就是集中优势资源，做老产品、老市场、老客户，守着成熟业务，不愿发展新业务。这种追求内心安全、回避经营风险的行为，恰恰会带来最大的业绩上的不安全。承担经营压力的事业部制部门能够很好地应对这个问题，因为他们的内心从来都是不安全的，市场上的一点点风吹草动都牵动着大家的神经，事业部制让大家毫无遮挡地直面市场风险。

事业部制破除了成员依靠企业的安全感，驱动大家躬身入局、搏击风浪，因此大家不会甘心局限在熟悉而陈旧的业务领域中，一旦发现了更有"钱途"的经营领域，事业部制在机制上就会促进组织勇于开拓新业务，向有价值的新业务领域配置资源。

事业部制部门有"市场战士"的身份，有获取更大经营业绩的内驱力，会认真甄别有发展潜力的新事物，追求更大的机会。

6.2.4　放弃低价值业务

对于低价值业务，不做就是提高效率。放弃它们意味着释放出优秀资源，特别是人力资源，这是提高经济性最有效的办法。对于那些无利可图的业务，放弃就是胜利。

放弃低价值业务看起来是理性行为，但是并不容易做到，它是对情感和认知的挑战。对于那些投注了大量时间、精力的老业务，经营者会发自内心地舍不得，总想再挽救一下。这是人们的损失规避心理，尽管可以理解，是人之常情，但经常会导致更大的损失。人们当然希望之前的投入不是沉没成本，而是能够转变为组织积淀，如果确定是无法获利的领域，最好的方案就是尽早主动放弃。

事业部制放弃低价值业务的力量来源于它的核算机制，通过核算和数据不断帮助管理者认清现实，形成紧迫感，再以利润压力来促进决策。

当然，无论是哪种决策，都会受到管理者个人决策风格的影响。事业部制作为一种部门化机制，会在组织追求经济性方面发挥其影响，总体来看，它更加倾向于推动组织提高经济性。

6.3　事业部制的成果质量特性之三：培养管理者

6.3.1　直面竞争的管理者成长沃土

事业部制部门要面对残酷的外部竞争，这恰好就是内部管理者成长的沃土。

　　唐代诗人曹松的"一将功成万骨枯"，表达了战争的残酷，但也意味着只有真正的、残酷的战场才能锻炼出优秀的将领。同样的逻辑在企业界也是适用的，只有真正在市场上参与竞争，才能锻炼出优秀的企业管理者。《华为基本法》第一条里面提到"通过无依赖的市场压力传递，使内部机制永远处于激活状态。"华为公司希望"传递"这个"无依赖的市场压力"，就是指企业不能成为员工与市场竞争之间的保护层，不能让员工成为温室里的花朵，否则企业成长不出栋梁之才。

　　在所有的部门化机制中，事业部制可以实现完全的"无依赖的市场压力传递"，让其管理者直面市场，直面竞争，这就为事业部制部门的管理团队提供了最佳的成长环境。

　　在事业部制的组织中，管理者会放弃依靠与等待，变得自立、主动，习惯自己承担经营责任，用自己的绩效为企业做贡献，这正是企业需要的管理者。

6.3.2　被赋予完整责权的经营管理者

　　在事业部制的组织中，管理者可以被充分授权，对自己部门的人、财、物进行有效配置，目标是完成经营绩效任务，这样就能在部门经营范围内形成完整的责权关系，让管理者成为真正意义上的经营管理者。

　　有时候，企业中层级很高的管理者并不对业绩承担直接责任，例如，总公司层面的职能部门负责人、不分管业务的副总经理等，他们能起到很大的作用，影响力也非常大，可能也非常资深，甚至许多人是从业务部门负责人的岗位上提拔上来的，但是他们在当前的岗位上都不是独立的业绩负责人，他们只是链条上的一环，没有被赋予完整的经营责任与权力。这种类型的岗位可能非常重要，但是不适合培养具有独立经营能力的管理者。

　　而事业部制部门的负责人，即使在企业中的层级不是特别高，也能够直接承担某项业务的独立经营责任，能自主"操盘"一个独立的利润中心。这种工作机会，可以让管理者锻炼如何自主决策、如何面对不确定性、如何带领队伍寻求胜利的能力。华为公司在管理者选拔上，借用了《韩非子》中的"宰相必起于州部，猛将必发于卒伍"，就是强调在高层管理者的成长经历中，不能缺少"直接作战"的环节。

6.3.3 大规模组织的管理机会

事业部制能够为管理者构建一个规模远大于职能制和团队制的组织。组织规模的扩大，会导致业务、人员等相关问题的复杂程度急剧上升，从而令其管理者面对真正的"大规模"考验。

"任何物体的面积，与其直径的平方成正比地增加，而其体积则与其直径的立方成正比地增加……面积和体积的定理表明了规模和复杂性之间的必然关系……在企业这样的社会组织里，规模的扩大很快就会使复杂程度的增加和对越来越专业化的器官的要求不成比例。"[1]

是否管理过大规模的组织，是否面对过高度复杂的管理场景，对管理者而言，是其成长路径中非常关键的一步，也是证明其能力的极好机会。

当直接的市场竞争压力、完整的责权关系与大规模管理考验叠加到一起时，事业部制就为它的组织管理者创造了一个良好的成长环境。在这种环境下成长起来的管理者，是依靠其产生的业绩、打胜仗的战果来证明自己经营管理能力的，是"打出来"而非"教出来"的管理者。

事业部制的优势在于能够为管理者提供"打"的战场，正是事业部制在管理者培养上的这种特质，才可以培养出真正的高层管理者。

6.4 事业部制的运转水平特性之一：有效决策

从绩效导向、经济性和培养管理者这三个成果质量的维度来看，事业部制都有非常优秀的表现。就像苹果会受到树干输送养分的影响一样，事业部制这些质量不错的成果，当然会受到运转水平的影响。我们先来看看事业部制在决策维度有哪些特性。

6.4.1 决策动力

事业部制部门是一个考核型的部门，背负着绩效压力，其管理者必须努力抓住机会，这就使得他们会有很强的责任心，意味着其决策的动力很强。

事业部制部门的管理者明白，面对激烈竞争的市场环境，不做出正确的反

---

[1] 德鲁克.管理：使命、责任、实务（责任篇）[M].北京：机械工业出版社，2009.

应就不可能得到期望的经营成果，不能有效决策就是向市场"投降"。事业部制通过明确的责权关系，为其管理团队注入了强大的决策内驱力，让他们直面市场，审时度势，制定策略，积极行动。

很多企业（特别是国有企业）激活下属业务单元的重要策略就是让它们"分灶吃饭"，将原来职能部门属性的下属单元转变为独立核算的事业部制部门，考核利润，并将团队激励与经营利润挂钩，一个"奄奄一息"的部门很快就变成了"骁勇善战"的部门。事业部制就像一剂强心针，可以迅速激发团队的事业心，带来非常强劲的决策动力。

6.4.2 决策领域

在"做正确的事情"和"将事情做正确"的矛盾中，事业部制部门会倾向于将自己的注意力集中在正确的事情——"如何达成业绩"上，会努力避免在错误的领域花费精力，比如，怎样令自己看起来更强大、如何变得更专业等。这是职能制部门经常出现的问题，他们容易花费大量时间精力在职能改善上，而非公司的绩效任务达成上。很多职能制部门的人会因为这一点感到非常沮丧，因为他们不得不做一些对产出价值不大的事情，而有时候自己又是这种事情的发起者。

对事业部制部门来说，哪怕某个阶段搞错了，他们也会迅速调整过来。事业部制所蕴含的绩效指标会成为其管理者的指南针，通过持续的市场反馈让管理者明白自己的工作是不是卓有成效，当精力被用在"错误的事情"上时，绩效指标就会发出警告。

6.4.3 决策效率

事业部制部门在决策过程中，有相应的权限和资源承担其经营风险，因此可以在信息不完全充裕、决策环境有很多不确定因素时，做出"权宜之计"的决策来。只要在市场上摸爬滚打，他们就会明白追求"完美的决策"会让自己错失良机，决策效率往往能够弥补那一小部分不完美的决策。

亚马逊创始人贝佐斯认为，拥有70%的确定性就应该做出决策，而不是等待更长时间。等到有90%的确定性时，决策就晚了。在70%的确定性下做出决定，然后再根据进展进行调整和修正，效率会更高。

在 70% 的确定性下做决策，就意味着要为高效率冒风险。事业部制令其管理者有承担决策风险的权力和资源，他们不必事事向上汇报，可以追求一个"恰当的决策"，而不用做出"最好的决策"，会尽量减少决策拖拉的现象，因此能够高效决策，把握时机。

6.4.4　决策质量

同一个人在不同的组织中，有可能草率决策，也有可能审慎决策；他有可能每一次决策后都会反思，促进下一次决策质量的提升，也有可能决策后不再回顾，决策水平与质量长期不能提升。人们常说，"在父母身边的孩子永远长不大"。这当然不是一个绝对的定理，但确实存在很多类似的现象：父母长期承担了子女不良决策的后果，导致子女即使成年了，也不在意自己的决策质量，经常草率决策，从不反思提升。

事业部制切断了对上级领导的决策依赖，组织自己要承担决策带来的后果，决策收益和决策风险能够很好地统一起来，所以他们会在自己的能力范围内尽可能审慎决策，决策的责任心会很强，有做出高质量决策的强烈愿望。

事业部制还会促进其管理者不断提升决策能力，进而不断提高决策质量。无论是决策成功带来的丰厚回报，还是决策失败带来的惨重损失，都会令事业部制部门的管理者认真关注，分析成功或失败的原因，不断提高决策能力，做出高质量决策。这个针对决策质量的总结和反思的过程，就是在市场上"摸爬滚打"的成长过程，也是管理者成长的关键过程。

6.4.5　决策执行

在现实世界中，并不是做出了决策就一定会产生结果，有太多的决策最终都只是一个文件，只是一个决策，并没有被有效执行。企业中决策执行不力的原因多种多样，主要的有以下几种：第一，执行者没有参与决策，因为对决策理解不透彻，甚至内心不接受该决策，导致决策执行不好；第二，决策执行的后果不需要执行者承担，做好做坏影响不大；第三，执行者缺乏恰当的资源与权限，心有余而力不足。

事业部制部门能很好地避开上述问题，他们要承担自己决策的后果，自然就有很强的动力去落实自己做出的决策，为了达成绩效目标，事业部制部门的管理者无法忍受其决策被束之高阁，会努力推进并监督决策的执行。特别是那些不确定性很大，在内外部情况持续变化的时候，他们会及时调整方案，令决策动态化，以便获得最终的成效。

总体来看，事业部制部门的决策有效性是比较高的，也正是这个方面的运转水平比较高，才使得事业部制部门能够产生成果与业绩。并不是说事业部制部门的管理者不会犯错误，也不是说管理者个人不会有拖延、犹豫、草率的可能，而是说作为一种组织机制，事业部制是非常有利于组织决策的。

6.5　事业部制的运转水平特性之二：促进协同

6.5.1　事业部制天然清晰的总目标

事业部制是以绩效和目标来设计部门的机制，当然会有清晰的总体目标，这对事业部制部门来说，是天经地义的事情。没有清晰的总目标，它就不是一个事业部制部门。

每当企业向事业部制部门下达任务指标之后，它就会以最快的速度在其部门成员间传播开来。大家都明白，整个部门的目标达成与否，决定了全体部门成员的成功与否。因此，大多数的事业部制部门成员都会非常关心整个部门的绩效目标，对其实现的可能性与难度也会进行自己的评估，并和部门同事一起交流。当目标看起来比较容易实现时，全体成员都备感轻松；当目标比较艰难时，大家也都承受着它的压力。从这个角度来看，事业部制的整体目标协同度是非常高的。

6.5.2　核算体系促进事业部制部门下属单元与成员明确目标

和职能制、团队制相比，事业部制产生的前提是有清晰的核算体系，否则就没法准确定义部门绩效。核算体系建立起来之后，事业部制部门有了较强的核算意识和能力，就会进一步在部门协同方面产生核算的溢出效应。

既然已经核算了整个事业部制部门的绩效，那么用类似的方案去核算部门下属单元和成员，也就有很好的基础了，甚至很多时候这些下属单元和成员的核算方案，在设计整个事业部制部门的时候就已经确定了，拿来就可以用。这样，事业部制部门的下属单元和成员就能够对自己的工作目标有清晰的认知。

6.5.3　经营效率压力促进了协同效率提升

事业部制部门是"打粮食"的部门，承担着企业下达的经营指标，因此对经营效率非常敏感。它对组织中出现的协同工作障碍、组织内耗会非常在意，经营团队无法忍受自己千辛万苦在市场上"抢"回来的业绩，在内部协同上被消耗掉！事业部制部门对协同障碍的敏锐感知和强烈表达，就像一种组织的疼痛机制，会令管理者第一时间注意到这个问题，因此着手解决相关问题就会比较及时，整个业务流程运转的效率就会得到更好的保障。

对事业部制部门来说，所有妨碍其工作效率的事情都是要解决的问题，它有着提高协同效率的内在动力。在内部流程不够严格的情况下，事业部制部门经常会简化执行流程，以追求更高的业务效率，这有可能带来经营的不规范和潜在的风险。我们经常看到的大货车司机违规驾驶、疲劳驾驶等现象，并不是因为他们天生就爱违规，而是因为很多大货车司机是"独立经营"性质的微小型事业部制部门，他们背负着沉重的绩效压力，一不小心就会亏损，为了保障利润，他们不敢让效率受到丝毫损害。

从机制层面来看，事业部制能够有效地将经营效率的压力传导到协同效率上来，会令其经营者发自内心地希望提升协同质量。特别是在事业部制部门内部，大家有着共同的绩效压力，协同不足产生的消耗会导致共同利益受损，协作的意愿自然就会比较强，大家会尽量让业务流程高效运转。

6.5.4　绩效为核心的沟通

事业部制能带来绩效导向的良好沟通意愿。在事业部制部门中，面对经营压力，与绩效目标达成无关的事情都不会被组织重视。这样就使得事业部制部门能很好地将沟通主题聚焦在与绩效达成相关的话题上，不会泛化讨论不相关的事情，白白消耗时间与精力。

事业部制还能产生质量较高的绩效沟通素材。事业部制部门是核算型组织，有良好的核算体系，能够形成完整、系统的业绩指标体系与报表，在部门内部或者与上级领导沟通时，很容易根据绩效数据快速定义问题，从而有较高的沟通效率。

6.6　事业部制的运转水平特性之三：接纳创新

6.6.1　通过创新提升绩效

在事业部制部门追逐成果与绩效的艰难旅途中，如果出现了某种可以帮助它成功的新思想，包括新的技术、方法、工具等，事业部制部门当然会"喜出望外"，一般都会非常积极地探索、尝试和利用这些新思想。

在有利于绩效提升的创新方面，事业部制部门的接纳度是非常高的。很多事业部制部门都非常关心行业里面出现的新思想、新变化，如果其他竞争对手采纳了超过自己的新思想、新方法，就会非常紧张。如果有机会学习、引入这些创新，事业部制部门是非常乐意付出相应代价的，甚至在对方不愿意传授的时候，还会通过各种曲折迂回的办法去获取，因为对手的某一项创新，就有可能令其领先，导致自己在市场竞争中败北。

6.6.2　急功近利，缺乏战略耐心

事业部制部门接纳创新的目的是达成自己的绩效目标，这就决定了它在创新接纳方面，会倾向于应用技术层面，对那些不是拿来就可以用的、较深层次的新思想拓展、新技术研发，如果不会对眼前的绩效目标达成有显著贡献，那么事业部制部门就会回避。

事业部制部门对新思想的接纳体现出急功近利、缺乏战略耐心的特点。它不会为未来长远的新思想做投入，因为那样不是提升，而是伤害了当期绩效。

这或许是事业部制部门最需要被重视的不足之处，如果用这样的部门化模式去追求长期战略目标，很可能会出现犹犹豫豫、进度缓慢、动力不足的问题。

这时候的事业部制部门会显得太过于"小家子气"，不舍得投入未来。事实上，这和前面讨论的事业部制部门绩效导向强、经济性强的特质是一个硬币的两面。事业部制作为一种组织工具，我们应该用它来追逐当期的绩效目标，这与中长期的战略创新是不一致的，它不适合用在这里。

经常有企业在这里犯错误，将一个中长期的创新任务交给与它相关的事业部制部门，认为这样可以高效协同，实际上这会扼杀中长期创新。就像柯达公司，它最先发明了数码相机，但自己最后却被其他数码相机企业赶出了市场。假如回到20世纪90年代，柯达公司最应该做的事情，或许是将数码相机业务

独立到整个传统相机业务之外，用一个独立的业务组织去承担这项新业务。如果能用自己的数码相机业务打垮自己的传统相机和胶卷业务，柯达公司或许能有一个不同的结果，但这是传统相机和胶卷业务部门不可能做到的事情。从事业部制的创新接纳特性上，我们就很好理解，企业的中长期创新任务要尽可能独立于已有的事业部制部门，妨碍当下"挣钱"的中长期创新不会受到他们的优待。

6.7　事业部制的基础特性之一：清晰性

6.7.1　整体目标清晰

事业部制和团队制都是为了实现某个目标而设立的组织，二者天生都会有一个清晰的整体目标。

团队制的目标可以是定量的也可以是定性的，可以有利润目标，也可以没有利润目标；而事业部制的目标基本上都是定量的，大多数时候都要包含利润目标。事业部制是以核算规则为基础的组织机制，强调计算其收入、成本、利润等定量目标，当然管理者还可以为其设定一系列其他的定性目标，同时设置定性与定量目标并不冲突。

事业部制在整体目标清晰性方面有着非常高的要求，正是这个关键性的基础特性，使得事业部制能够在权责边界与资源边界方面进一步寻求较高的清晰性。

6.7.2　权责边界清晰

德鲁克第一次在管理学上提出事业部制时，称之为"联邦分权制"，从这个名称就很容易看出来，他将这种部门化模式视为"分权"的机制。这是因为事业部制能够很好地为部门厘清责任与权力的边界。

事业部制获得较高的目标清晰性水平是非常不容易的，需要建设配套的核算体系才行。管理者之所以愿意为此付出这么多努力，是因为只有在部门的目标清晰之后，才能实现部门权责边界清晰，而权责边界清晰是授权的前提。

以目标核算体系为基础，就能够说清楚事业部制部门的责任是什么，未来承担这个责任必须的权力是什么，沿着这个逻辑可以将责任和权力的边界非常清晰地梳理出来。

6.7.3　资源边界清晰

基于清晰的定量目标对事业部制部门进行授权的时候，就有必要相对准确地为事业部制部门配置资源，为这支准备去"打仗的部队"提供所需的"弹药"。事业部制部门也不是无偿使用企业的资源，它是要为此"付费"的，其部门所有的成本都要被清晰核算。也就是说，这些资源是事业部制部门"花钱买来的"，那么它理所当然地拥有名下资源调配的主动权。从事业部制部门来看，它能够在人、财、物等方面拥有可以自主支配的资源，部门资源边界的清晰性自然就非常高。

当整体目标、权责边界、资源边界三个方面都具备较高的清晰性时，令事业部制部门在清晰性维度的基础特性非常独特，几乎是所有部门化机制中清晰度最高的，而这个基础特性会对事业部制部门的运转产生巨大的影响。

三个方面叠加的清晰性让组织授权变得比较容易，事业部制部门在运转过程中，有意愿、有权力、有资源进行决策，并且会努力推动协同效率提升，能做到高质量的决策和协同，同时对当期有绩效价值的创新会非常支持。

这些被清晰性强烈影响的组织运转特性，使得事业部制部门在产出层面有很不错的成效，无论是绩效结果还是运行效率都比较优秀，同时还为管理者成长提供了特别好的锻炼机会。

可以看出，事业部制是可以用来托付组织绩效的，是一个"可靠"的部门化机制，而整体目标、权责边界与资源边界的清晰性是其底层的决定性要素。

6.7.4　内部清晰性具有可塑性

事业部制部门的内部权责和工作关系是由该部门的管理者来定义的，因此其清晰性和内部的组织设计有直接关系。

在事业部制部门内部，有可能采用职能制和团队制进行组织建设，也可以进一步建设下一级的事业部制部门。当一个事业部制部门规模不断扩大，而其内部又是以职能制部门为主体的时候，该部门的内部清晰性就有可能受到影响。如果把一个大的利润中心分拆为多个利润中心，在内部再建设多个下属事业部制部门，会有利于提高组织的清晰性。

事业部制部门的管理者是清晰性的受益者，他们切身感受到了高清晰性带来的价值，因此对提高部门下属单元和成员的目标、权责、资源和工作关系的清晰性会非常重视，在这些方面会有较强意识，也会愿意为此投入资源。

事业部组织下属单元和成员，其目标、权责、工作关系最终能够清晰到什么程度，和管理者在这方面所做的努力是分不开的。从部门化机制角度来看，事业部制内部清晰性具有非常高的可塑性，也意味着巨大的组织潜力。当然，做不好的情况下，也会出现组织臃肿、反应迟钝的事业部制部门，这在现实企业中也同样存在。

6.8　事业部制的基础特性之二和三：稳定性与适应性

6.8.1　较高的稳定性

从机制定义的角度来看，事业部制是以绩效目标为基础设立的部门，其稳定性的依据也来源于此。事业部制部门以绩效为核心，即使环境不断变化，它的基本追求也不会变化，即在充满不确定性的环境下想办法达成绩效目标。事业部制部门要考虑如何应对、利用外部环境的变化，而不是改变自己的追求，在一定时期内，其基本的使命和目标都有很强的稳定性，从这个角度看，事业部制是具有很强稳定性的部门化机制。

从经营规律的角度来看，为了能够创造出业绩目标，保持较好的经济性，也要求事业部制部门能够保持一定程度的稳定，如果部门太过于动荡，是无法实现高效率的。团队制就存在这样的问题，稳定性低而适应性高，导致协同沟通成本高，经济性比较差。事业部制部门的管理团队为了达成绩效目标，会尽力保持其部门具有一定程度的稳定性，他们明白恰当的稳定性是自己高效率的基础。

6.8.2　较高的适应性

事业部制要求组织使命、目标保持稳定，不要反复变化，对其他方面就没有非常严格的要求了。特别是在工作过程中，所采取的方法、策略是非常灵活的，鼓励部门根据环境的变化，及时进行适应性调整，这本身就是管理者开展经营工作的一部分，事实上，我们也无法想象僵化的组织如何能获得竞争优势。在工作方法和策略层面，事业部制部门有非常强的适应性。

6.8.3　高稳定性与高适应性的平衡

一般而言，稳定性和适应性是此消彼长的关系，但在事业部制部门中，却能实现二者在较高水平上的平衡：在较高稳定性的同时，还能保持较高的组织适应性！实现这种稳定性和适应性双高的平衡非常不容易，站在职能制和团队制的立场上是难以理解的。职能制无法理解高稳定性下怎么能做到高适应性，团队制无法理解高适应性时怎么能达到高稳定性。

这个双高平衡和事业部制在多个维度的高清晰性是分不开的，正是因为能够清晰地衡量事业部制部门的绩效，能明确权责和资源边界，才能实现组织在高稳定性下的高适应性。这里的高稳定性和高适应性的具体指向是不一样的，高稳定性强调的是使命、目标，高适应性强调的是工作方法、策略。

这种双高平衡对组织的运转水平会产生很大影响。首先，体现在组织决策方面，高稳定性令事业部制部门中的责任与权力关系比较稳定，决策者的角色也就比较稳定，谁应该承担责任、发布命令，大家都很清楚，因此决策责任者的决策动力比较强，决策执行比较坚决；而高适应性要求组织在面对环境动态变化的场景时，能够高度灵活，表现在决策层面就是决策效率和决策质量都比较高，不会僵化。其次，组织协同水平方面也会受益于高稳定性带来的责任归属强的特性，这样会强化责任主体的协作意愿，同时高适应使得协同工作的手段、方式比较灵活。最后，双高平衡的影响也会出现在创新层面，那些有利于"确定性"目标达成的创新会被灵活地接纳，坚决地执行。

事业部制作为一种部门化模式，可以实现稳定性和适应性都比较高的平衡，这为其运转层面的比较优秀的决策水平、部门协同、快速见效的创新提供了很不错的基础，进而推动成果层面的三种类型的成果产出都有较高的质量。

6.9　事业部制适用的工作类型

事业部制是一种优势非常明显的部门化模式，有着非常广阔的适用领域。很多企业将超过半数的岗位都分配到事业部制的部门中去了。事业部制适用或者不适用的依据，最重要的是其清晰核算的要求能否被满足。我们可以将事业部制在四种类型工作中的适用性直观地展现出来（如图 6-1 所示）。

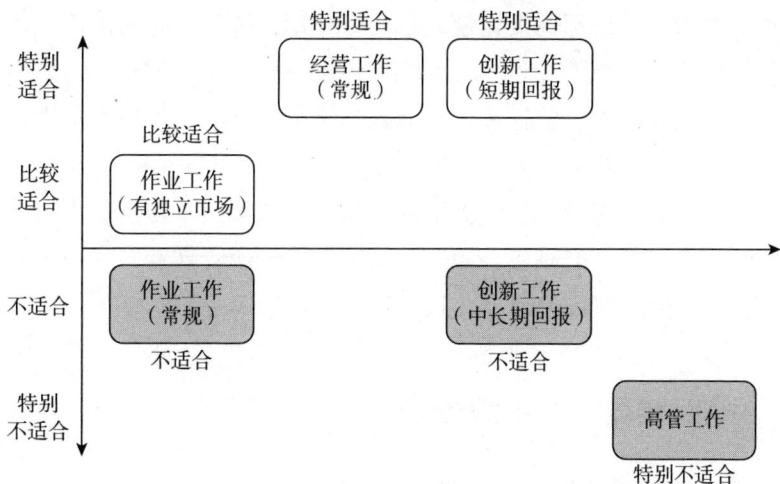

图 6-1 事业部制适用的工作类型

在经营性工作中，事业部制从市场边界到收入、成本、资源等方面的核算清晰性要求都能够被很好地满足，经营工作体现出和事业部制之间的高度契合。在实际经营中，采用事业部制将经营单位设计成利润中心，也是现阶段最普遍应用的成功经验。

事业部制还能在回报周期比较短的创新工作中大显身手。因为事业部制的绩效导向，使得其管理者在接纳创新的时候，有一个明显的界限；如果有利于当期的绩效改善，积极性就会很高；如果不利于当期绩效改善，就不愿意投入。事业部制部门在创新领域急功近利的特征，使得它特别适合能产生短期绩效的创新工作，例如，现有技术基础上的产品开发、管理和技术改良、成功经验引入等。

基于相同的原因，回报周期比较长的创新工作，由于其带来的经济收益不可预期，因而不适合由事业部制部门来承载，例如，新技术研究、新模式开发等。事业部制部门很难在收入预期不清晰的情况下，源源不断地投入研发费用，这对它的利润结果来说，实在是伤害太大了。

作业类的工作要满足劳动分工的技术要求，因此大多数情况下不适合用事业部制来组织，更适合用职能制。当然，很多情况下是在事业部内部，进一步设立承载作业工作的职能组织。也有一些特殊情况，如果某项作业类工作变成了一个独立核算单元，也可以采用事业部制。比如，有些企业将仓储部门独立出来，每个库位都单独定价，这些库位既对内提供服务，同时也对外提供服务，内外部的所有客户都要根据使用量支付费用，这时仓储的作业工作就通过事业部制部门转变为经营性工作，以更易于授权的方式运转起来了。

　　事业部制不能用于高层管理。因为这不仅会限制高层管理的工作视野，令其看不见更加广阔的外部市场，还会导致整个组织"鼠目寸光"，不重视长期创新。有些企业，高层管理者纷纷到下属的事业部制部门中担任负责人，企业因此而失去了真正的高层管理者，只剩下事业部组织的管理者，导致企业固守在已有市场中，长期漠视新兴产业机会，很容易错失发展良机。

6.10　事业部制适用的组织场景

6.10.1　适用于创造利润、高度自治的领域

　　事业部制的设计基础是成果和绩效，在绩效导向、经济性和培养管理者三个成果维度有非常好的表现，是一种"能挣钱"的部门化模式。因此，事业部制用于为企业创造利润的业务领域，是非常恰当的。

　　事业部制应用的前提是核算体系能够将收入、成本、投入清晰地定义出来，这些维度的清晰边界，使得事业部制部门的权责关系变得清晰了，从而让有效授权与激励成为可能。这意味着，我们可以利用事业部制打造出一个高度自治的部门。

　　当利用事业部制来组织高度自治的利润中心时，企业的高层管理者就能从具体业务中解放出来，这就使得企业规模突破管理者的个人精力边界成为可能。

6.10.2　适用于大规模经营领域

　　事业部制可以叠加使用。当事业部制部门规模扩大之后，还可以在其内部设立下一级的事业部制部门，通过绩效目标与有效授权将不同层级和维度的事业部组织整合到一起。这样，事业部制部门就不再存在规模的上限了，事实上我们也看到华为公司、通用汽车等企业都有数百亿元产值规模的事业部制部门出现。

　　在大规模经营的业务领域，采用事业部制来设计组织是非常值得考虑的。

6.10.3　要求有边界清晰的独立目标市场

　　为了保障事业部制部门的投入和产出有强关联关系，需要保障事业部制部

门有边界清晰的独立目标市场。我们想象这样一个场景：某人承包了一个鱼塘，需要为此投入承包费、鱼饲料费、鱼塘管理费等成本，产出的鱼到市场上卖掉作为收入和利润。如果其他人也可以在这个鱼塘里面捕鱼，那么承包人的利益就得不到保障，当然会抑制他投入的积极性。

在应用事业部制的时候就要考虑到这个问题，假如企业内部有多个部门在同一个市场里面开展业务，即使单个事业部的收入核算规则是清晰的，但是因为其市场边界不清晰，收益就无法保障，事业部制所依赖的权责清晰性就没有了，那么事业部制在运转和成果层面的优秀性能就无法发挥出来。这个问题最常见的场景就是不同市场部门之间的"窜货"，例如，某个白酒品牌的四川省市场营销部门，将产品卖到了江苏省的市场上去，从公司角度来看是没有问题的，都是在销售自己的产品，但从江苏省市场营销部门的立场来看，他们在江苏市场投入了广告、推广等一系列费用，要产出的时候却被四川省的市场营销部门收割了成果，这是他们无法忍受的。

如果内部各个业务部门不能有自己独立的目标市场，企业就会出现"公地悲剧"现象。英国曾经将一些牧场无偿开放给牧民，每个人都有权在这里放牧，同时不能阻止其他人放牧，很快这些公共牧场就被过度消耗，草地资源急剧恶化。当牧场被私有化之后，牧民就会投入资源培养、保护草地。事业部制如果不将目标市场"私有化"，就会出现"公地悲剧"。

因此，有独立的目标市场，才可以考虑采用事业部制。假如某个产品事业部组织，在不同区域有相对独立的目标市场，那么就可以建设多个事业部制部门。如果市场是不独立的，哪怕距离相隔很远，也不能分开设立事业部制部门。

6.11　事业部制必需的管控机制

6.11.1　事业部制部门：会造成"分裂"吗

事业部制部门做大做强之后，会不会尾大不掉，和企业分庭抗礼呢？

我们身边流传着很多"创业成功"的故事：创业者从原公司带走了一支队伍，切割了一部分客户，开展起同样的业务，成功地独立门户，甚至成为原公司直接的竞争对手。事业部制部门的管理者一旦起了异心，想要成为这样的创业者，那企业岂不是束手无策？

事业部制会不会削弱企业高层管理的力量，架空企业，导致分散？

无法掩盖的事实是：事业部制部门负责人带着队伍分家的案例比比皆是！

必须正视现实，如果不对事业部制部门进行有效管控，事业部制导致分裂的风险是非常大的！如果不做任何管控，越是优秀的事业部制部门负责人，分裂的风险就越大！

6.11.2　高层管理组织有义务管控好事业部制部门

就像积木一样，堆得越高，垮塌的风险越大。"危楼高百尺"是古代人对高楼的担忧，现代建筑学能够有效控制建筑相关因素后，摩天大楼才会成为城市普遍的景观。

企业也是一样，在系统性的管控手段开发出来之前，大规模的企业就无法建立起来，一大就散。

当事业部制能够贡献高质量的绩效，能够边界清晰地进行授权的时候，也就必须对它进行强有力的管控。企业高层管理组织有权力，也有义务管控好事业部制部门。

6.11.3　利用事业部制强化高层管理组织

事业部制到底是削弱了高层管理组织，还是强化了高层管理组织呢？

事业部制部门能够独立承担一个目标市场的经营责任，这样就解放了高层管理组织，令其不必被迫承担经营与作业工作。高层管理组织也应该充分抓住这样的机会，让自己有时间、有精力从事高层管理工作，能够对事业部制部门进行管控。

从分工角度来看，运行良好的事业部制不是削弱了高层管理，恰恰是为高层管理变得更加强大奠定了基础。当事业部制运转过程中出现高层管理工作不力的问题时，我们首先要找的不是事业部制出了什么问题，而是要找高层管理出了什么问题。只有高层管理组织能够有效发挥作用，事业部制的优势才能充分发挥出来。

6.11.4　高层管理组织要保留关键决策权力

企业首先要明确，事业部制是一种值得采纳的分权管理机制，但分权的前提是保持和强化企业的整体性。我们之所以采用分权的组织机制，目的是为了企业更加强大，决策的出发点是企业发展，不允许事业部制部门的部门利益凌驾于企业利益之上。就决策权限而言，那些会对企业整体利益带来较大影响的决策，就应该将其决策权从事业部制部门提升到企业层级上来。

在这个逻辑下，企业高层要保留对事业部制部门的三项基本权力：

第一，业务选择权。事业部制部门的设立必须要有目标市场，而这个目标市场是什么，要开展什么业务，这个选择权是由企业高层管理组织控制的。比如，冰箱事业部的目标市场是冰箱市场，如果事业部管理团队想拓展到电视机领域去，这个决策权限就不是冰箱事业部组织所能拥有的，必须得到企业高层管理组织的审批才行。事业部制部门没有自己选择业务的权力，这是企业高层的权力。如果各个事业部制部门都能够自己决定进入或者放弃哪些业务，那么企业业务的整体性，以及企业的战略意图就混乱了。

第二，资本配置权。企业高层管理组织要保留资本配置的权力，让整个企业的资本成为一个整体。事业部制部门在自己资金状况好的时候，总是期望得到资本配置权，而在资金状况差的时候，就希望企业兜底。集中资本力量，提高资本效率，避免投资错误、现金流断裂等资本管控失败导致的企业垮台的风险，这都是企业高层管理组织的基本职责。

事业部制部门必须及时跟踪、预判自己的资金贡献和需求，并提交给企业高层管理组织，在企业统一的资本管理下开展工作。

第三，人力资源调配权。人力资源，特别是管理人员和专业技术人员，是企业的重要资源，不是哪个部门的资源，企业高层管理组织要保留对重要人力资源的调配权。通常，事业部制部门的重要人事任免是由其上级决定的，各一级部门层面的事业部制部门的重要人事任免由企业最高层管理者决策。这里的重要人事任免一般包括事业部制部门的总经理、人力资源负责人、财务负责人、审计负责人，当然事业部制部门总经理也可以积极参与自己部门的人事安排工作，但决策权限在各个事业部制部门的上级。

当事业部制部门的业务选择权、资本配置权、人力资源调配权被上级管理层掌握之后，该事业部制部门就能被较好地掌控了，要想"分裂"就没那么容易了。

6.11.5　对事业部制部门的绩效衡量与管控

控制事业部制部门，令其不要分裂，不是我们的最终追求。我们设立事业部制部门是为了追求它所产生的成果与绩效，因此，衡量和管控其绩效就显得非常必要。

我们要根据事业部制部门的具体业务特性，设计系统化的绩效指标体系，以便客观、深入地反映出事业部制部门的经营情况。缺乏高质量的指标，就没法有效衡量与管控。就像我们管控身体健康，必须先做相关的检查，才能得到反映身体健康状况的那些衡量指标。

通过绩效指标体系的建设，事业部制部门负责人和上级管理者就能对事业部制部门的经营状况进行高水平沟通、监测，这样授权才是令人放心的。

6.11.6　形成两个领导层

事业部制部门作为一个业务自治单元，要有自己部门级的领导层，这和上级管理组织的领导层是不一样的，不能由上级领导来兼任事业部制部门的负责人。上级领导兼任事业部制部门负责人的情况下，所有的监督与控制机制都会存在角色混淆的问题，也就意味着事业部制部门失去了基本的清晰性，是一个"假"事业部制部门。

特别是企业高层管理组织的领导层要和下属事业部制部门分开来，否则，就会导致既没有高层管理组织也没有事业部制部门的后果。

第 7 章

模拟事业部制

不适合职能制、团队制和事业部制的业务

不得不承认，有些业务既不简单，规模又庞大，不适宜采用职能制和团队制，又因为没有独立的目标市场，也不适宜采用事业部制，那么这些业务在组织设计中就不能采用职能制、团队制、事业部制中的任何一种方式。

比如，规模较大的后勤服务、生产制造、供应链等业务，用什么方式组织会比较好呢？假如用职能制，将它们建设成职能部门，规模大一些的会有数百人，甚至更多。这么大的职能部门，很容易令他们意识到自己职能的重要性，认识到没有这项职能企业业务就会失败，做好这项职能十分关键，那么职能制常见的内部视角、部门隔阂、官僚主义的问题就会迅速出现。我们知道这是职能制本身存在的特性，任何大规模职能组织都会遇到这些问题。

假如用团队制，很可能会产生一个数百人规模的团队组织。在这种情况下，充分沟通几乎不可能实现，团队成员之间肯定没法实现高效率协同工作，注定会陷入混乱。

假如用事业部制，又会发现这些业务无法产生收入，当然也就无法考核其利润，不满足事业部组织设立的基本条件。

那怎么办呢？

模拟事业部制

在这些业务的组织设计上，职能制与团队制不适用的原因是复杂度高、规模庞大，这两个要素很难改变；而事业部制不适用的原因是没有收入，这可以通过设定一个内部收入的参数来解决。可以给这个业务假设一个内部定价，以此为基础计算业务收益，抵扣其成本，就能得到一个"假设"的事业部制部门。我们将这种组织机制称为"模拟事业部制"。

模拟事业部制和事业部制的核心差异是收入计算过程中的定价机制不同，一个是外部市场定价，一个是内部决策产生的转移价格。

模拟事业部制，模拟的是市场定价机制。

组织结构领域的重大创新

模拟事业部制是在事业部制基础上，增加了一个"模拟"的要素，这看似微小的改变，却带来了非常大的管理价值。就像集装箱的创新，看起来不难，却改变了世界海运的基本格局。

在模拟事业部制发明使用之前，有一些令企业界人士非常头疼的难题，例如，：

如何能够让大规模的内部职能服务不陷入职能制的部门墙陷阱？

如何管理好大规模的中长期创新业务？

如何管控好大规模生产制造与大规模市场销售之间的矛盾？

…………

模拟事业部制的发明，让这些难题找到了有效的解决方案。通过模拟市场交易的方式，让那些非对外销售的内部业务可以被核算、被测量了，人为地把原来的"定性管理"提升到"定量管理"的层面了。从被管理的业务领域来看，这是管理水平的跃层提升。

模拟事业部制在收入核算机制上的微小变化，对整个组织管理产生了非常大的影响，为企业规模扩大提供了强有力的结构机制支撑。

7.1　模拟事业部制的成果质量特性之一：绩效导向

7.1.1　主动设计的绩效导向

模拟事业部制是以模拟绩效为核心来设计部门的方式，部门的成果不是由真正的市场绩效决定的，而是由内部管理决策——转移价格或成本的分配决策——决定的，这是管理者主动设计的结果。通过这个主动设计，让原本不清晰的绩效目标变得比较清晰了。这也就奠定了模拟事业部制的绩效导向特性基础——受到主动设计影响的绩效导向。

主动设计当然就会有差异。百万元的豪车是主动设计的结果，几元钱的玩具汽车也是主动设计的结果，这里既存在设计能力的差异，也存在设计需求的差异。

在实际的企业当中，我们看到有设计非常细致的模拟事业部制部门，其核算体系设计水平很高，绩效导向的性能也很好，部门成员积极地为约定的绩效目标达成而努力；同时也能看到设计非常粗糙的模拟事业部制部门，其绩效导向的性能很差，并不能有效驱动部门成员。

7.1.2　模拟事业部制导向内部讨价还价

企业主动设计的模拟绩效机制是模拟事业部制的灵魂，是这种部门化模式成功与否的关键。同时，这个内部绩效机制对模拟事业部制部门的管理者和成员来说，是"关乎生死"的关键性条款。

例如，某个公司将自己的内部服务体系设计成模拟事业部制部门，约定在服务成本上加 6% 的费用，作为该部门的"模拟收入"，要求它在一定的内部客户满意度水平上做到盈亏平衡。为什么费用是 6% 呢？显然这是一个内部决策，能不能是 5%，或者 7% 呢？这是一道没有标准答案的难题，然而选择不同费用比例，对部门来说差异会很大。假如，这个内部服务的部门有机会去"运作"一下，让上级管理者在进行费用比例决策的时候能多支持一下自己部门，显然"理性的行为"是不要放过这样的机会！

这个"理性的行为"就成了内部的讨价还价。在模拟事业部制设计内部核算机制的时候，大家从不同维度反馈信息，提供决策依据，这是必要的。然而，那些单纯为了自己部门有更宽松的核算政策，更多的核算收入，更少的核算成本的沟通，就属于内部讨价还价。此时，它给组织带来的影响是降低了绩效导向，而增强了内部讨价还价的导向。

试想，奥运会比赛选手如果能够说服裁判调整比赛规则，让它更适合自己，那么多用点时间、精力去做这个说服工作就是必要的。模拟事业部制的尴尬处境就像这种情况，它事实上在引导利益相关者去干预部门规则，这种导向和绩效导向是相逆的、冲突的。

7.1.3　内部讨价还价削弱了企业发展能力

出现内部讨价还价现象，并不是因为某个管理者思想觉悟不够高，而是模拟事业部制这种部门化机制带来的。因此，模拟事业部制在绩效导向方面的性能大概率是不如事业部制的，它会被内部讨价还价削弱。

一般情况下，干预内部政策制定往往比满足外部客户需求来得便捷与容易，因此模拟定价的机制就让善于内部讨价还价的人有了"用武之地"，他们能通过获得更好的内部结算政策，赢得模拟事业部制部门优异的考核成果。这种定价机制的微小改变，使得模拟事业部制作为一种组织机制，内在地接纳了"内战内行、外战外行"的人。

当企业成员将心力花费在内部讨价还价时，必然会降低对外部客户与市场的关心程度，这种影响不仅消耗了内部资源，更糟糕的是降低了企业满足客户、获取机会的能力，给组织发展带来的伤害极大，会将企业的绩效消灭在无形之中。在内部讨价还价盛行的组织中，所谓"绩效差"并不是以未达成目标的方式出现的，而是主动设立较低水平的绩效目标，在内部一片祥和的氛围中，整个组织大幅度落后。想想清朝政府在鸦片战争之前的状况，所谓"康乾盛世"，正是内部视角看起来兴旺发达，外部视角看到的却是极端落后，导致西方列强轻易地击垮了国门！

7.1.4 有效的管理可以拟制内部讨价还价

模拟事业部的核心困境出在内部讨价还价上，就像是绩效导向上的一个"窟窿"，让绩效从这里漏掉了。企业当然不会坐视不管，管理者会针对这个问题采取一系列的有效措施，以减少这种内耗，从而有效提高模拟事业部制的适用性。

首先，制定清晰的内部定价规则。这是模拟事业部制部门内部讨价还价的关键点，如果定价规则不够清晰，就会给相关成员留下内部讨价还价的空间。例如，有些企业将模拟事业部制部门产品或服务的内部价格与某个外部市场价格指数进行关联，具体时点的价格不是由内部决定的，而是由外部市场决定的，尽管这可能不是最合理的交易规则，却能有效减少内部讨价还价的空间。

其次，建设优秀的组织绩效管理体系。之所以在职能制、团队制和事业部制之外发明出模拟事业部制，就是因为我们难以用外部业绩指标准确评价一个规模较大的复杂业务部门，只好通过内部交易价格核算其成果。而正是这种内部交易价格衡量成果的方法，导致了讨价还价的问题。如果我们在该部门的绩效评价方面有更丰富、科学的评价方案，自然就会降低讨价还价的程度。

比如，企业的培训部门，如果将它设置为模拟事业部，考核其利润，就会发现它一方面不断要求更高的培训预算，另一方面尽量压缩培训支出，而不是以培训创造最大的业务价值为导向。如果我们修订培训部门的组织绩效体系，不仅评价其内部转移收入与支出，还要评价其培训效果、员工学习满意度、培训支出部门的反馈等，在单纯的收入与支出指标之外，建设起更加丰富、健全的培训组织绩效指标体系，那么就会有效遏制培训部门一味地讨价还价的冲动，因为仅仅有价格是不够的，相关的重要评价维度都需要重视。

最后，建议公正公平与相互信任的企业文化。如果能在企业内部建设起公正公平与相互信任的文化，让模拟事业部制部门成员相信，只要做好工作，就会被认可，不用太计较当下的结算价格，相信上级管理者会公正评价自己的成果、给予公平的回报，那么讨价还价现象就会减少。

7.1.5　模拟事业部制的价值

模拟事业部制的绩效导向特性里面包含着一组相互冲突的矛盾，其根源来自人为设计的部门核算机制。有了这个模拟的核算系统，就能让其像事业部制部门那样形成较强的绩效导向，但人为设计的机制同时又会产生内部讨价还价的副作用。

在管理恰当、能够控制内部讨价还价不过度泛滥的情况下，模拟事业部制能够将庞大而复杂的业务划分为相对规模更小、更加简单的组织，从而提高该业务的绩效水平。有了这样的部门化模式，原来中大规模企业中一些无法处理好的矛盾、无法有效设计的组织就能有一个可行的解决方案了。

7.2　模拟事业部制的成果质量特性之二：经济性

7.2.1　主动设计的绩效指标提高了经济性

企业中那些缺乏天然独立的市场绩效指标体系的工作领域，包括生产制造、供应链、内部服务、中长期研究等，长期存在经济性难以管控的问题。最重要的原因就是不易衡量它们的产出和成本，在没有经过针对性组织设计的情况下，强烈依赖管理者个人的特性，遇到效率意识高的管理者效果就会不错，遇到效率意识低的管理者也很难干预。

模拟事业部制通过人为设计的绩效指标体系，为这些老大难问题提供了很好的管控基础，企业可以在可衡量的基础上进行更高水平的精细化管理，极大地提升效率与组织经济性水平。

如果和事业部制部门相比，可能模拟事业部制部门达不到那么高的经济性，但是在事业部制无法应用的这些领域，采纳模拟事业部制之前和之后，就有可能显示出很大的经济性水平差异来，这个差额就是模拟事业部制带来的经济性贡献。

模拟事业部制的设计初衷就是在难以管理的领域寻求更优秀的绩效与效率管理方案。

7.2.2　讨价还价的成本

模拟事业部制可能会导致内部讨价还价，这个过程对企业内部考核，特别是被考核对象来说很重要，然而对客户来说却是毫无意义的。从企业外部来看这是一个不创造价值的过程，其消耗的成本降低了企业的产出效率，降低了组织经济性。

组织能在多大程度上抑制内部讨价还价的程度，决定了模拟事业部制部门的经济性水平，当讨价还价变得十分严重时，组织就会因为经济性太差而变得效率低下、竞争力不足。

7.2.3　设计部门规则的成本

模拟事业部制需要其上级管理者来设计部门边界，设定它的内部价格政策、核算标准等。

当这些规则质量不够高时，模拟事业部制部门与上下游部门之间就容易出现扯皮现象，需要投入很多的管理资源来协调它们，造成管理成本高、经济性差。

而当我们追求高质量的内部规则时，这些规则的设计本身就需要投入优质的管理资源，带来的成本也不容小觑。

7.2.4　在企业内适度使用

各种模拟事业部制可能的适用领域，往往是令很多管理者非常头痛的老大难领域，如果不花精力认真设计好相关的组织机制，这些业务领域就会源源不断地产生麻烦。同时，模拟事业部制存在经济性较差的风险，有可能消耗上级管理者较多的工作精力，因此不适合无差异地大范围推广，要控制其应用范围和领域。

很多企业曾经尝试导入日本"经营之圣"——稻盛和夫使用的"阿米巴模式"，但实际上成功的并不多。在中国企业里，那些没有外部独立市场的"阿米巴"单元，基本上就是一种模拟事业部制部门，那么它就需要设计部门边界、内部交易条件，还可能带来内部讨价还价，造成较高的内部管理成本。如果企业全面推广这种低经济性的组织方式，整个企业的效率就会被降低。

"阿米巴"组织之所以能够在日本京瓷公司取得巨大成功，重要的原因是日本企业的文化有效抑制了企业内部的讨价还价，同时，日本京瓷公司各个"阿米巴"的经营利润并不作为"阿米巴"成员收入的基数，员工的收入主要还是采用年功序列制，即资历工资制。在这种情况下，"阿米巴"事实上并不是严格意义上的模拟事业部制部门。

模拟事业部制只能在其收益大于管理成本的时候才适合使用，企业对其使用范围、组织层级要有较严格的控制。模拟事业部制到底应该用还是不应该用，评判的基线就是经济性。

7.3　模拟事业部制的成果质量特性之三：培养管理者

7.3.1　有机会领导一定规模的独立核算部门

模拟事业部制部门设立之后，它会是一个具有一定规模的、边界相对清晰的、独立核算的业务部门。这将为其管理团队提供一个不错的工作机会，管理者根据其内部客户，也就是下游部门的需求组织生产，提供它们需要的产品和服务，通过内部价格政策，取得模拟事业部制部门的收入，扣除自己的运营成本之后，核算出利润。

在日常工作过程中，模拟事业部制部门的管理者和事业部制部门的管理者非常相似，都有一个独立的工作空间任其施展自己的经营才华，根据成果考察业绩。这对管理者成长来说是个不错的机会。

7.3.2　内部讨价还价空间降低了外部压力

和事业部制部门一样，模拟事业部制部门也要承担考核压力，当工作遇到困难的时候，管理者必须积极寻求解决方案，调动各种可能的资源与力量，以达成预设的目标。

和事业部制部门不一样的是，模拟事业部制部门的管理者可能考虑的选择方案里面，包含了让上级管理者修订内部交易规则的内容。比如，某个餐厅在面临经营压力时，可能会考虑调整菜品、改善服务、增加广告宣传等各种改善策略，而当这个餐厅是某个机构面向内部服务的部门时，他们就可以考虑一个特别的方案——向其上级管理者展示各种客观困难，请求上级管理者调整结算价格，或者免除某些成本等。

内部讨价还价是模拟事业部制部门的管理者在遇到困难时，非常有效的一种解决方案。一旦采用这种解决方案，管理者就能立刻解决当前的问题，也恰恰是这种快速解决问题的方案，令管理者不再需要承担巨大的经营压力，破坏了《华为基本法》中强调的"无依赖的市场压力传递"，使得管理者无须面对残酷的市场规则，进而失去了最有价值的成长机会。

无论多成功的军事演习，都不可能造就伟大的将军。管理者培养的最佳方案，是让他到真正的市场竞争中历练，这样，优秀的领导者才会凸显出来。

7.3.3　管理者成长道路上的一个机会

没有退路就是胜利之路，而模拟事业部制是一个留有退路的部门化机制，所以说它的管理者成长机会不如事业部制。

然而，作为管理者成长过程中的一个环节，而不是最终阶段，模拟事业部制还是值得肯定的，最起码会比职能制和团队制更有利于培养管理者。初级管理者在提升和发展的过程中，通过模拟事业部制部门的工作，能够在一个目标和边界都比较清晰的工作领域内，调配人、财、物，根据环境变化不断进行决策，并观察决策结果，同时对下属进行领导和协调，这样也能得到一个不错的成长机会。

管理过模拟事业部制部门的人，今后还需要再去承担事业部制部门管理者的工作，才能最终成熟起来。有过模拟事业部制部门的管理经验，对其未来成长为事业部制部门的管理者，会有非常大的帮助。

7.4　模拟事业部制的运转水平特性之一：有效决策

7.4.1　蕴含着高水平决策的可能

发明模拟事业部制的初衷，就是希望在那些不适用事业部制的工作领域获得事业部制的机制优势，其中特别重要的就是在决策方面的机制优势。当管理者为模拟事业部制部门设计了模拟收入、模拟成本、模拟利润等核算指标后，就可以据此对其部门管理者进行考核与评价。而模拟事业部制部门的管理者就要在较清晰的、模拟的绩效责任的压力下进行决策，这和事业部制的决策环境很相似。

因此，设计良好的市场模拟机制，能够引导模拟事业部制部门的管理者在划定的机制边界内理性经营，模拟事业部制也就有可能获得和事业部制部门非常类似的决策性能。从决策动力、决策领域、决策效率、决策质量、决策执行这些维度来看，模拟事业部制都有可能类似于事业部制，获得不错的表现。

7.4.2   内部心态下的决策依赖

企业的各级管理者都清楚，模拟事业部制部门的绩效指标是模拟市场情况设计出来的，不是真实的。对于"头脑灵活"的模拟事业部制部门的管理者来说，这就是可以进行运作的工作空间，他们知道，如果自己的经营决策没有带来好的结果，还有一条隐蔽的出路，就是去请求上级修改考核规则。

这样的行为，很像孩子在遇到困难时求助于家长，当家长解决了孩子当下的难题时，也给其内心植入了"可以依赖"的基本观念。模拟事业部制在决策方面最大的问题，就是其部门管理者有可能形成依赖心理，降低了他们在决策过程中的责任感，从而做出留有退路的决策，最终导致整个决策体系的水平下降。

比如，一个提供物流服务的组织，在向外部客户投标时，就会严格按照招标要求设计服务方案，为了赢得订单不得不仔细计算成本、降低报价，决策及时、细致、快速，决策水平很高；而向内部客户提交服务方案时，就有可能时间上拖延一点，价格上抬高一点，要求上放松一点，这时的决策动力、效率、质量都会差一些。长期如此，组织的决策能力就完全不一样了。甚至，有很多完全对内服务的组织，没有勇气到外部市场去参与竞争，他们知道，长期的低水平决策导致自身的经营能力下降，已经适应不了高压力的决策场景了。

7.4.3   部门视角的决策博弈

模拟事业部组织的管理者相信，上级管理者、上下游合作部门都会观察自己部门的运转情况，以便判断当初设定的内部交易政策是否有必要进行调整。为了让这种判断有利于自己，模拟事业部制部门可能会做出一些特别的举措，主要目的不是为自己的业务进行决策，而是要让企业的各级管理者"感觉到交易政策太苛刻了，应该给他们一些补偿"。

例如，有些内部服务部门不敢更新办公设备，不敢发太高的奖金，不敢组织超过其他部门消费规格的团建活动，以免上级管理者认为自己"太富有"，哪怕这种"富有"是源自部门效率，也还是担心"露富"会影响未来的内部交易政策。

这种博弈甚至会导致模拟事业部制部门有意控制自己的效率和业绩提升的

节奏，他们会一点点释放惊喜，以免拉高其他人对自己的期望值，避免出现对自己不利的内部结算政策调整。

这种博弈思想的存在，会令模拟事业部制部门成员在决策时动作走样，做出狭隘的部门"理性"决策，从而导致整个公司利益受损。

7.4.4　建设低依赖、低博弈的内部决策环境

模拟事业部制蕴含了高水平决策的可能性，同时又面临着决策依赖、决策博弈的风险，如果能充分利用它的机制优势，避开其机制劣势，企业就能通过模拟事业部制获得良好的组织绩效。这里的关键是要在企业内部建设低依赖、低博弈的决策环境，这就需要做好以下五个方面的事情：

第一，模拟核算规则能够反映部门业务实质。

第二，避免含糊不清的核算规则。

第三，保持部门核算机制较强的稳定性。

第四，强调制度刚性，避免机制执行上的软弱。

第五，部门领导者及管理团队为结果承担直接责任。

7.5　模拟事业部制的运转水平特性之二：促进协同

7.5.1　高度灵活的部门目标

和事业部制相比，模拟事业部制的部门目标不是来自外部市场，而是来自企业内部的管理设计。从这个目标的差异就可以看出，模拟事业部制部门不是用来直接盈利的，它的组织角色是为企业盈利部门提供支持的，也就是一线业务部门常说的"协同配套部门"。模拟事业部制部门怎样才算达到目标了，不是自己说了算，而是得听取一线业务部门或上级管理者的说法，因此它的部门目标是不独立的，要根据企业的市场竞争策略和盈利部门的支撑需求来设计。

对模拟事业部制部门目标设计结果产生影响的因素非常多，例如，企业对模拟事业部制部门的职责分配、部门规模、企业期待的管理精细化程度、目前的核算能力、设计者的管理意图、上下游部门的意见等。这样就使得看起来功能类似的模拟事业部制部门，在不同的企业，被定义的部门目标差异可能非常大。模拟事业部制部门的目标是没有标准答案的，只要支持了盈利部门的发

展、满足了企业管理要求就算是恰当的。

不管采用什么样的目标设计方案，模拟事业部制都会设计出针对其部门的总体考核目标，意味着它和事业部制部门一样，一定会有清晰明确的目标。

因为不同企业和组织设计者的能力有差异，设计出来的目标也会不一样。设计水平高的，更容易驱使模拟事业部制部门达到企业的绩效预期；设计水平低的，可能会将部门引到设计者意想不到的歧途，带来不良的后果。

综上所述，模拟事业部制要求一定要有清晰明确的目标，且这个目标是模拟市场机制、基于协同责任而设立的，恰当的目标会牵引模拟事业部制部门达成高质量的内部协同，但同时也存在目标设计不当导致协同失败的风险。

7.5.2　基于模拟核算规则开发下属单元与成员的目标

如果说事业部制是建立在核算思想上的部门化机制，模拟事业部制就是往这个方向上更进了一步。模拟事业部制部门的目标一旦确定下来了，不仅会对它和上下游部门的协同提升有价值，还会对部门内下属单元与成员的目标梳理有帮助，大多数情况下，这种目标梳理的逻辑和配套核算规则是可以往下延伸的。

因此，建设模拟事业部制有利于提高企业的核算意愿与素养，有利于促进下属单元与成员的目标与责权清晰化，提高协同工作的效率。

7.5.3　上下游部门之间的协同与博弈

模拟事业部制部门承担着企业端到端业务流程中某些环节的责任，一般来说会有上下游的同级单位，只有大家有效协作，才能保证业务流程的高效运转。模拟事业部制的发明初衷，就是希望通过模拟指标的设计和核算，将流程中的部门责任边界勾勒出来，使上下游部门的衔接能做得更好、整体协同水平更高。在华为公司中，内部服务、生产制造、供应链管理等领域的模拟事业部制部门也都实现了这样的协同目标，证明这是提高企业内部流程协同水平的可行方案。

另外，也应该注意到模拟事业部制里包含了部门间的矛盾与博弈。很多时候，模拟事业部制部门的收入关联着下游部门的核算成本，它的成本关联着上游部门的收入，因此上下游部门有可能存在很强的"业绩拔河"的冲动。

甚至在和同级部门沟通时，模拟事业部制部门都要时刻营造一个"良好的形象"：我们没有空间了，我们的水分都挤干净了，我们部门过得很艰难，你们的部门过得比我好！千万不能引起同级部门的妒忌，如果他们去上级管理者那里表达了对我们不利的意见，终将导致我们的内部交易政策变差。这种情况下，同级部门之间的博弈成为组织内核，部门间的交流就有可能包含大量的"杂音"，受到内部政策影响的部门与成员会想办法巧妙地传递有利于自己的"信息"，真正导向协同水平提升的沟通反而变得稀少。

在这种情况下，管理者不得不花费时间和精力，来为模拟事业部制部门设定边界，推动相关部门的合作，协调它们之间的优先权，解决它们之间的博弈与争端。

7.5.4　公关式的向上沟通

模拟事业部制部门清醒地认识到，上级管理者的认知直接决定了自己部门的核算价格与政策。因此，任何与上级的沟通都不能掉以轻心，都要想办法让上级管理者制定出有利于自己的政策。

这种内部公关的动机导致了模拟事业部制部门不可能坦率地和上级沟通，无论话语上采用了多少"打开窗户说亮话""我们要直接简单地沟通""我们毫无保留"这样的语句，都不能避免这个机制带来的不坦诚。坦诚只能是某个管理者的个人特质，模拟事业部制作为一种机制，驱动着其管理者在对上沟通时必须做好公关工作。

模拟事业部制的内部核算机制越是复杂多变，这种向上级的内部公关现象就越严重；内部核算机制越是透明稳定，模拟事业部制部门的管理者就越会认为向上级的公关活动不会产生什么效果，进而减少这种努力，令沟通回归本源。

模拟事业部制部门的管理者要想长期获得成功，思想上必须绷紧两根弦：一是如何做好部门工作，达到上级设定的考核标准；二是如何有效讨价还价，让考核标准对自己更加有利。前一个是企业管理者设计模拟事业部制部门的初衷，后一个是这种部门化模式的副作用。

7.6　模拟事业部制的运转水平特性之三：接纳创新

7.6.1　积极接纳促进绩效达成的创新

在接纳创新方面，模拟事业部制和事业部制比较接近。

对有利于自身改善工作、提高业绩的新技术、新方法、新工具，模拟事业部制部门都会有较强的积极性，都会接纳。

对于当下不产生明显绩效变化，却要耗费当期资源的创新，模拟事业部制部门的接纳度往往是不足的。这方面，它和事业部制部门一样，会体现出急功近利、缺乏战略耐心的特点来，对于那些需要较长周期才能有收益的创新，会犹豫不决。

7.6.2　排斥带来不利政策的创新

尽管这种场景不多，但是有可能某种创新的引入，会影响内部的价格政策。比如，某种新工艺的引入会有利于控制成本，那么模拟事业部制引入这种技术之后就很可能会被要求降低结算价格，这样将使得部门面临收益减少的风险。当出现这样的冲突时，模拟事业部制部门优先考虑的不是新技术如何落地，而是如何保护自己的政策利益。

这时，模拟事业部制部门会漠视、抵制创新。企业管理者在发现这种冲突之后，应该制定相关的应对策略，避免这种情况的发生。

7.6.3　中长期创新的组织方案

模拟事业部制的机制关键是设计模拟考核指标，让那些不好衡量和评价的工作变得更容易考核，进而有助于授权和管理。这种组织设计理念可以应用在非常广阔的工作领域中，其中也包含那些不容易衡量当下绩效的中长期创新。

当我们能够为中长期创新开发出针对性的模拟绩效指标时，就有可能实现对规模非常大的中长期创新的有效管理，而这是组织管理一直没有解决好的难题。

许多企业都会遇到这个难题：用怎样的部门化模式来承载大规模中长期创新？

在模拟事业部制发明出来之前，我们可以考虑的基础部门化模式有三种，分别是职能制、团队制和事业部制，根据我们之前用苹果树组织结构评价模型对它们进行分析的结果来看，这三种部门化模式都难担此大任。职能制只能在稳定且高度标准化的情况下才能做大规模，显然创新工作不可能稳定和标准化；团队制无法承载大规模团队，倒是可以支撑小规模的创新；事业部制有很强的盈利导向，只有短期能盈利的创新它才会接纳，对于中长期创新是无法接受的。职能制、团队制、事业部制对于中长期创新来说，都不是非常适合的部门化模式，而模拟事业部制因为有着非常灵活的内部政策，有可能成为大规模中长期创新比较恰当的部门化模式。

我们对大规模中长期创新工作进行梳理和分解，找出阶段性的工作目标，将之设立为模拟市场的评价指标，作为该部门的考核目标，并以此目标为核心来组织人员和工作，这时，就可以开始用模拟事业部制来管理中长期创新工作了。从这个视角来看，模拟事业部制在接纳中长期创新方面，有着前面讨论过的三种基础部门化模式无可比拟的优势。

7.7 模拟事业部制的基础特性之一：清晰性

7.7.1 天然的不清晰与人造的清晰性

正是因为有些支撑性工作的清晰性不足，我们才想出"模拟"的办法来，之所以不清晰，很大程度上是由于工作在某个特定阶段自然属性的成果不清晰导致的。

在会计被发明和推广使用之前，高水平的过程和成果核算几乎是不可能的。没有精确的利润核算作为基础，就无法发明出事业部制。所以在 1900 年之前几乎没有大规模的企业，自然就不存在支撑性业务规模过大的问题，也就不需要面对较大规模的支撑性业务清晰性不足的困境。

这种支撑性业务成果不清晰的矛盾是企业规模扩大之后才凸显出来的，是一个"高级"的矛盾，小规模的企业即使存在这样的问题，矛盾也不那么明显。企业只要扩大规模，这样的问题就会变得越来越严重。这是企业发展道路上需要面对的"成长烦恼"。

为了解决无市场目标且规模较大而难以管理的问题，我们将一些支撑性业务拆分出来，并将拆分后的小单元建设成独立的部门。这里就遇到一个困难，这个支撑性业务作为业务实现的中间阶段，其阶段性成就与绩效如何表达，作为一个独立部门怎么知道它做得好还是不好？

为了解决这个难题，人们发明了内部结算政策。给这种天然不清晰的阶段性成果赋予一定程度的人造的清晰性，然而正是这种人造的清晰性，成了模拟事业部制最重要的底层特性，对其运转水平与成果质量产生了决定性的影响。

7.7.2　人造清晰性的价值

模拟事业部制提高了其部门目标的清晰性，进而就能提高权责的清晰性，令组织和相关工作的边界变得清晰起来，授权变得可行。这就让部门管理者获得了较为充分的决策动力和权限，决策质量会变得更高，同时也有动力追求更高的协同工作效率，能够接纳对部门绩效改进有价值的创新。提高目标清晰性带来的这些运转水平层面的特性，会进一步促进部门获得比采纳模拟事业部制之前更好的绩效导向和经济性，也更有利于管理者独立承担责任和成长。也就是说，模拟事业部制提高了部门目标的清晰性，带来了诸多的组织优势。

7.7.3　人为设计给组织机制造成的风险

模拟事业部制的清晰性是人为设计的，它具有人为干预、人为调节的可能性，甚至不稳定性。这使得模拟事业部制有比较大的讨价还价的风险，会降低组织的决策性能与协同质量，甚至回避创新，从而破坏绩效产出质量，增加内耗。

在模拟事业部制部门中，人们对以往企业调整政策为自己减少困难、带来收益的兜底行为印象会很深刻，当他们下次再遇到困难的时候，首先考虑的是让上级管理者调整政策，而不是自己积极应对。只要自己面对的经营压力变大，就想顶起内部政策这个"泄压阀"，这是人之常情。

某个大型石油企业开采部门的管理者说：我们每天都在认真开采石油，至于亏损，是因为国家油价的变化，我们什么也没做错，因此全部的亏损都应该上级买单。

遇到经营压力之后，模拟事业部制部门会先寻求内部政策调整的可能性，在这里会形成和上级管理者之间的拉锯战。这一方面使得管理层不得不在这些政策模糊地带投入大量时间精力，另一方面也使得这里成了经营压力的泄压阀，会让部门的管理者总是盼望救援的出现，从而影响其工作的动力与决心。

模拟事业部制的人造清晰性蕴含了一组矛盾在这个机制当中，既有建设的力量，也有破坏的力量，要想用好它就需要管理者尽可能降低内部讨价还价的预期和冲动。

7.8　模拟事业部制的基础特性之二和三：稳定性与适应性

7.8.1　内部政策对稳定性的影响

在内部政策清晰稳定的情况下，模拟事业部制部门能保持比较高的稳定性。然而，一旦内部交易政策调整，模拟事业部制部门就不可避免地要进行调整，内部交易政策的不稳定性会传递到模拟事业部制部门中来。

不同的企业，组织之间的衔接以及核算的要求差异非常大，因此内部交易政策的稳定性差异也会非常大，有些企业的模拟事业部制部门相对非常稳定，有些企业的模拟事业部制部门稳定性却很差，甚至在同一个企业中，既有稳定性高的模拟事业部制部门，也有稳定性低的模拟事业部制部门。

在不涉及原则性的问题时，内部交易政策没有最佳方案，只有恰当的方案，因此在可变可不变的情形下，管理者应该尽量保持模拟事业部制部门相关政策的稳定性，避免动荡的政策导致动荡的组织，影响其效率和成果。

7.8.2　内部政策对适应性的影响

当模拟事业部制部门有较高的稳定性时，它的目标往往是比较清晰的，遇到外部环境变化时，其管理者就要想办法进行适应性调整，此时模拟事业部制部门会体现出较强的适应性来。如果模拟事业部制部门的管理者发现，能够让上级调整相关政策，给自己部门多算点收入，少算点成本，也能消除经营压力，人之常情是会倾向于走容易的道路。

当模拟事业部制部门发现"家长"靠不住时，它就只能靠自己，此时我们会看到一个积极应对外部变化、适应性较强的部门；当模拟事业部制部门能够依赖上级摆平外部困难时，我们就会看到一个僵化、行动迟缓、适应性非常差的部门。

7.8.3　坚定或者软弱的管理

我们看到，模拟事业部制部门的稳定性与适应性都会受到内部政策的直接影响，软弱的管理导致稳定性和适应性都比较差，而坚定的管理会带来较强的稳定性与适应性。

事业部制是一个以核算为基础的部门化模式，而模拟事业部制是一个以内部政策为基础的部门化模式，这种底层差异使得模拟事业部制具有更强的可塑性，也使其基础特性有很大的上下浮动空间，因此其运转水平和成果质量也同步会有较大的上下浮动空间。

内部交易政策是模拟事业部制这种部门化机制的地基，坚定或者软弱的管理，决定了地基的牢靠程度，进而影响整个组织的性能。

7.9 模拟事业部制适用的工作类型

模拟事业部制是在组织规模扩大之后遇到支撑性业务不易管理的难题时，所采纳的一种差强人意的部门化模式，它是人们发明出来的一种组织结构次优方案。这种部门化模式要求高质量的内部交易机制设计、强有力的内部管理支撑，否则就会出现内部讨价还价问题，并产生一系列的不良影响。如果某项工作可以采用事业部制、职能制或者团队制，就应该优先考虑这三种基础的部门化模式，只有这三种模式无法有效组织的时候，才开始考虑模拟事业部制。在这种思路下，我们可以看出来模拟事业部制在四种类型的工作中的适用程度（如图 7-1 所示）。

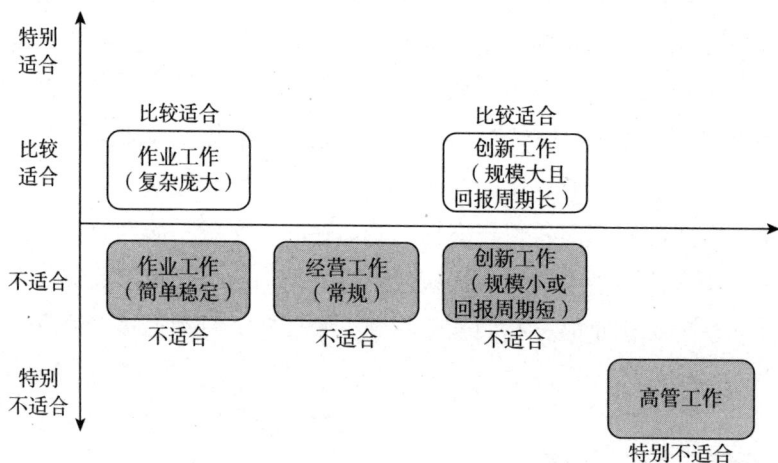

图 7-1　模拟事业部制适用的工作类型

首先，高层管理工作特别不适合采用这种模式，因为高层管理者必须面向外部市场，没有人给他们设计内部核算指标或者内部交易政策。高层管理工作不存在"模拟"的可能性，必须直面市场压力，获取市场收益，只适合采用团队制。

其次，如果特别适合采纳其他的基础部门化模式，就不要采用模拟事业部制：

a）简单、稳定的作业类工作，特别适合采用职能制；

b）经营工作如果有外部独立市场，特别适合采用事业部制；

c）有清晰目标市场的、回报周期比较短的创新工作，特别适合采用事业部制；

d）小规模创新工作，特别适合采用团队制。

除此之外，还有两个小类的工作：

a）复杂庞大的作业类工作；

b）规模大且回报周期长的创新工作。

这两类工作，因为规模太大、标准化程度低，不适合采用职能制与团队制；因为没有外部市场，也不适合采用事业部制。于是，只好试试模拟事业部制。

采用了模拟事业部制，并不见得就能让复杂庞大的作业工作、大规模长周期的创新工作变得易于管理，然而我们确实观察到很多企业成功地做到了。比如，华为 2012 实验室，就是非常成功的模拟事业部制应用案例。

模拟事业部制是一种高度开放的部门化模式，其内部政策的设计质量直接决定了组织质量。因此，对于这两类比较适合采用模拟事业部制的工作而言，最终组织运行的质量到底如何，其不确定性非常高。内部机制设计好了，模拟事业部制部门就能运转好，设计不好就是混乱之源。然而，当企业规模大了，出现了庞大而低标准化的作业类工作、大规模长周期的创新工作时，模拟事业部制提供了一个很有价值的组织建设方案，用它能做到其他组织模式做不到的事情。可见，模拟事业部制能够为组织深度赋能，但其自身的组织机制运转也需要较强的管理能力，就像火箭可以赋予人们摆脱地心引力的能力，但发射火箭需要强大的基础能力一样。

7.10　模拟事业部制适用的组织场景

7.10.1　适用于规模较大、标准化程度低、无独立外部市场的业务

模拟事业部制受到内部政策的影响，有巨大的不确定性，这是组织设计中难度比较大的一种部门化设计方法。

人们之所以还要发明这种部门化模式，是因为有些业务领域没有天生恰当的组织机制。对于那些规模较大、标准化程度比较低、没有独立外部市场的业务领域，职能制、团队制、事业部制都无法适用，而设计恰当的模拟事业部制可以为其提供有效的组织机制支撑。

在较大规模的企业中，内部服务、生产制造、供应链管理、内部培训、长线研究这些业务领域，模拟事业部制能够发挥其机制优势，现实企业中也有不少成功的案例。

7.10.2　部门化模式的最后手段

当企业决定要自己承担某项工作，并选择对应的部门化模式时，不应该一开始就考虑采用模拟事业部制，而是在其他部门化模式都走不通的情况下，最后再考虑。

选择部门化模式的顺序应该是：

第一，团队制可以用吗？

首先判断这是不是一个临时性的小规模任务。假如用一个小规模团队能解决问题，就配置一个团队。假如是一个小规模团队无法达成的目标，那么再考虑下一步。

第二，事业部制可以用吗？

在团队制行不通的情况下，可以考虑组建利润中心。假如能够用事业部制构建独立核算的业务部门，就采用这种方案。如果没有外部独立市场，无法清晰核算，就要考虑其他方案。

第三，职能制还能起作用吗？

在规模还不是非常大的情况下，职能制或许还能满足要求。如果规模太大无法采用职能制，那么最后再考虑模拟事业部制。

第四，尝试设计模拟事业部制的方案。

在团队制、事业部制和职能制都不适用的情况下，模拟事业部制作为最后的手段才会被尝试采用。

7.11　灵活应用模拟事业部制

7.11.1　投入与产出的逻辑不一致

因为模拟事业部制部门不是一个直接面对外部市场的部门，所以其部门产出也不是最终意义上的产出。作为一个支撑者，模拟事业部制部门不应该追求自己独立的产出最优，而是应该追求其所服务的整体业务部门产出最优。

就像肝脏和人体的关系，如果把肝脏视为一个模拟事业部，我们希望它能够健康，能够支撑人体的运转，但是我们不希望肝脏自己有一个更具野心的发展目标，比如，长成"全国最大的肝脏"，这是不利于身体健康的。

同样的道理，培训部门不是要成为全国最优秀的企业培训部，仓储部门也不是要成为全行业最好的仓储机构。我们投入资源发展模拟事业部制部门，是为了整个业务的成功，而不是模拟事业部制部门自己的成功。正是因为这种投入和产出的逻辑不一致，所以模拟事业部制部门是不能任其自己发展的，它的上级管理者必须为它制定有效的内部政策，将它引导到所支撑的产出部门的业绩目标上去。

7.11.2　当好内部政策的设计师

和其他的部门化模式不一样，模拟事业部制十分依赖管理者的人为设计，可以说有什么样的内部交易政策，就有什么样的模拟事业部制部门。

高度可塑性成了模拟事业部制独特、巨大的优势，内部政策就成了这个部门化模式的编辑器，管理者可以按照自己的愿望来设计这个非常独特的组织。就像是坐火车旅行的人，虽然能看到沿途的风景，但自己无法选择；自己开车的人，可以编辑自己的路径，但相应的前提是要掌握驾驶的技术，要承担驾驶不当的事故风险。

管理者如果能当好内部政策的设计师，就能释放出模拟事业部制潜在的组织力量来。

7.11.3　灵活的部门设计

在什么领域、设计多大范围和多大规模的模拟事业部制部门，这是非常灵活的。

第一，以某个内部业务流程为基础，设计模拟事业部制部门。例如，产品开发与设计、生产制造、采购、仓储、物流等，将这些内部流程责任单位设置为模拟事业部制部门，是有很多成功案例的。就像华为机器有限公司，就是把华为公司的生产制造流程责任单位独立出来，设置为一个模拟事业部制部门，将它注册为一个独立法人公司，华为公司内部将它们称为服务型事业部（Service Business Group，SBG）。

第二，以某项职能为基础，设计模拟事业部制部门。比如，将研发职能、培训职能、内部行政服务职能的责任单位独立出来，成立一个模拟事业部制部门。很多企业设立的培训中心就属于一个这样的组织。

第三，汇合某个产品、区域、客户的相关职能，设计模拟事业部制部门。比如，将A产品和D产品的生产汇集在一起成立模拟事业部制部门，但是B产品和C产品的生产不在这里面。这样的话，模拟事业部制部门的设计就可以非常细腻、灵活，不必在某种职能上采取一刀切的做法。

7.11.4　需要一个好的运动员来引领游戏

内部政策成就了模拟事业部制部门，也成了它的"阿喀琉斯之踵"——一个不可能完全规避的弱点，即可能导向内部讨价还价的风险。

为了对抗模拟事业部制的这个天然机制缺陷，有一种从机制外部解决的思路，就是找到恰当的人来担任管理者。就像是一辆特别的赛车，需要找一位特别的赛车手一样。

模拟事业部制部门的管理者必须是一位"好的运动员"，他最好能拥有三个特点：

第一，积极奋进，能够败而不馁。当他带领的部门遇到困难的时候，不会立刻抱怨内部政策的缺陷，而是再次努力"进攻"。如果缺乏这种特质，遇到困难就寻求内部政策的支持，这个模拟事业部制部门就会对上级救援形成依赖，从而成为一个软弱的代名词。

第二，自我约束，能够互相忍让。模拟事业部制部门一定会面向内部上下游的部门开展工作，发生一些摩擦和碰撞是必然的。不能自我约束与忍让的管理者，会将各种小事情放大成工作矛盾与障碍。很多模拟事业部制部门都要求绝对清晰的工作边界，一方面这是不可能实现的，另一方面太过于清晰的边界也会带来极高的管理成本。在部门边界存在一定程度模糊的现实情况下，自我约束、相互忍让是令模拟事业部制部门能够有效运转的润滑剂。

第三，球队意识，能够把自己的利益——包括个人经济报酬，交给上级去处理。很多情况下，内部讨价还价的底层动力来自管理者为自己争取利益的意识。虽然，追求个人利益并不算过错，但是在模拟事业部制部门运转过程中，这会带来更多的内部讨价还价风险。如果管理者有较好的球队意识，有更强的责任感，能够把企业整体的成功放在自己部门、个人的成功之前，模拟事业部制的弊端就能得到非常好的抑制。

现实情况下，我们必须正视模拟事业部制的不完美，学习如何扩大它的适用范围。对于规模庞大而复杂的企业来说，模拟事业部制是一种特别值得考虑的部门化模式。

第8章

网络制

管理者设计组织结构的时候，通常会有一个企业边界，边界里面属于企业管辖和控制的范围，这是管理者可以进行组织设计的地盘，而边界外面就不属于企业管理者可以随便安排的范畴了，传统的做法是不能在企业之外进行组织结构设计的。然而，现在这种界限变得有点模糊了，很多企业的组织设计开始跨越这个边界。将所有外部力量都视为可能被调用的资源，恰当地选择、利用外部力量，对组织成功有巨大的价值。仅仅局限在企业产权边界之内来考虑经营管理工作，已经显得有点狭隘了，我们需要在内外部一体的格局下设计组织。这种跨越企业边界的组织设计，就是网络制。

买来的组织能力

网络制，也可以称为虚拟网络制，是用签订合同的方式，将部分组织职责外包给市场上的其他机构，通过购买的方式获得相关能力，达到企业自己拥有相应能力的效果。网络制本质上是供应商关系管理。

为什么会出现网络制呢？其实我们可以反过来看，假如某个企业不需要外购任何其他企业的能力，什么都自己来做，这在现代社会显得更加难以理解。随着社会分工的不断发展，企业界使用网络制的范围越来越广，程度越来越深。

网络制的案例比比皆是。苹果公司将其电子设备的生产制造功能基本上都外包出去了，比较著名的承包方之一就是富士康公司；台积电公司作为世界上领先的芯片代工厂，几乎为所有高端芯片企业提供代工服务，包括苹果、高通、英特尔、联发科、英伟达、华为、阿里、中兴等；传统业务领域中的耐克公司，将生产制造都外包出去了；以品牌建设为核心的宝洁公司，将广告创意和制作都外包出去了；从这些案例中，我们可以看到，代工，也就是网络制组织取得的巨大成功。

也有外包出了问题的。比如，波音公司，从波音 777 型飞机开始采用外包模式，到生产波音 787 型飞机时，外包率高达 70%。波音公司自己只负责制造尾翼和总装，网络制的外包公司分布在美国的 14 个州以及美国之外的 11 个国家和地区。然而，这个大规模外包出现了很多的不可控因素，日本富士公司制造的机翼翼盒零部件出现质量问题，重新设计多花了半年时间；意大利的外包公司在项目进展一段时间之后被发现质量低劣、进度严重拖延，波音不得不高价全盘接收，派出大队人马"紧急灭火"，最终导致波音 787 型飞机延期 3 年交付，损失高达几十亿美元。

可见，网络制虽然被广泛采用，但同时也存在控制力不足的风险。

网络制强调共创价值

只要是网络制组织，就一定伴随着企业的采购行为。

那么，是不是所有的采购行为都可以被认为是网络制组织呢？企业到门口买了一颗螺丝钉，这算是将门口的五金店纳入网络制组织范畴了吗？

如果将一切采购都泛化为网络制，就会使得网络制无处不在、无所不包，反而令我们不知从何处进行考虑了。买一颗螺丝钉当然不算网络制，但是如果我们和五金店签订了项目零星材料供货协议，从此附近的项目部就把这个五金店视为我们的零星材料仓库，项目部不再建设仓库了，这时就可以将五金店视为是一个网络制组织了。

是不是买得多就算网络制呢？比如，我们搬迁办公场所，购置了1000万元的家具，这算是一次采购，还是算网络制组织呢？虽然采购金额大，但这是一次性采购，也不合适当作网络制组织来对待。

这里的差异是什么呢？

如果要找根源的话，采购行为重视的是交易，而网络制组织重视的是价值共创。如果我们准备和对方共创价值，双方有长期共同发展的打算，那么就可以视为网络制组织；如果仅仅是一项交易，一手交钱一手交货，就应该是纯粹的采购行为。

纯粹采购重视的是通过市场交易获得商品与服务，网络制虽然包含在采购与供应链的整体范围之中，但它重视的是获取对方的业务能力。这是一个模糊的边界，有些时候很难非黑即白地进行判断，但这个边界至少可以帮助我们构建起思考的框架，让我们明白不是一切采购都应该当作网络制组织来考虑，也明白网络制组织其实得来不易。网络制相当于要和对方"结婚"，只是企业合作没有"一夫一妻制"的伦理约束而已。

网络制使得企业更脆弱了吗

美国制裁华为公司的手段之一，就是从华为公司的网络制下手，野蛮切断了台积电等企业与华为公司在芯片代工方面的业务往来，这给华为公司带来了巨大的困难，荣耀业务的出售、营收规模的大幅度下滑，都是基于这个原因。除了华为公司之外，还有几百家中国企业在美国政府的实体清单中，面临着和华为公司一样的供应链被切断的困难。

在这种危机的渲染下，我们感受到网络制天然较强的不可控性，有一种不能将命脉牢牢抓在自己手里的感觉。"自力更生、艰苦创业"，就是为了避免这种脆弱性，让我们有自己命运的主动权。

这么看来，网络制是让企业变得更加脆弱了吗？

事实上，一切都自力更生，都自给自足是小农经济，和大工业生产的基本要求是不一致的。网络制让企业能够通过外购能力，做到那些原本做不到的事情。如果一切都从头开始，华为公司可能永远无法生产出一台手机来。正是能够购买外部能力，才使得企业有能力把握更大的市场机会。极端的自给自足，会让我们无法参与现代市场竞争，连去面对风险的资格都会被取消。世界上任何事情都有利弊，我们要做的是用好网络制的优势，管控好网络制带来的风险。

网络制快速、可靠地为企业赋能

在快鱼吃慢鱼的世界里，就算是自己有能力做到的事情，网络制也可以令企业快速获得能力，从而提高市场反应速度。比如，企业扩大规模，可以通过自己建设厂房、购买设备、招募员工的方式，这个周期往往需要数月甚至数年，而采用生产外包的方式，很快就能投产。网络制能够实现快速反应，缩短能力储备周期，为企业争取到的就是产品更早上市、更快满足客户需求的业务机会。

除了速度，网络制还可以提高企业能力建设的可靠性。外包买入的能力一般都是经过验证的可靠的能力，而自己新建设的能力却不一定可靠。从可靠性角度来看，网络制能够比较轻松地保障市场均衡水平，能够有效降低企业新建能力的探索成本。

1990 年，迈克尔·波特教授在《国家竞争优势》一书中首次提出产业集群的概念，认为地理上集中的，围绕核心产业的相关联企业、机构集群能够带来巨大的产业竞争优势。这种优势在具体企业的表现，就是它能够通过网络制从上下游企业快速、可靠地为自己赋能。

越南有比中国更便宜的劳动力，吸引了一批中国企业将制造部门转移到越南。然而，很多企业发现，虽然越南工厂人力成本低，但是总成本并不低，因为越南的产业链成熟度远不如中国。比如，一个模具坏了，在国内只要打个电话，园区内的模具工厂两小时就能解决问题，在越南说不定要停工一周。越南的产业链成熟度不足，就使得企业在外部买不到所需的相关能力，导致内部效率降低。当企业处于良好的产业环境中，能够轻松通过网络制赋能时，就会变得更强大。

网络制降低了企业的资产投入与管理复杂度

通过网络制，企业不必自建非核心能力的业务部门，能够更加聚焦在自己的强项上面。就算是企业自己可以快速、可靠建设的能力，也不见得自己建设就是最佳的方案。因为，庞大的非核心能力体系，会占用大量的资源，特别是管理资源，会带来更大的内部业务复杂度，降低经营效率。

苹果公司创立之初，其产品都是自己生产制造的，这已经成为公司内核的一部分。无论是硬件还是软件，乔布斯都喜欢保持绝对的控制权，而运营自己的制造部门就是维持这种控制的关键。对于把公司这些关键部分外包出去的想法，早期的乔布斯深恶痛绝，他一直对工厂十分痴迷，对端到端的控制模式近乎狂热。但这种模式不仅需要在制造端投入重资产，还带来了巨大的管理负担。

1997 年，苹果公司在加利福尼亚州的萨克拉门托市（Sacramento）、爱尔兰的科克市（Cork）和新加坡都有自己的工厂。按照设想，三家工厂生产相同的主板，组装相同的产品，然后在各自的市场上（美国、欧洲和亚洲）销售。然而实际情况并没有这么理想，有的时候一批 PowerBook 在新加坡组装了一部分，然后运输到科克安装其他组件，再返回新加坡完成最后的组装，最后送往美国销售，整个过程混乱不堪，成本极高。

为了提高效率，1996 年，苹果公司把其位于科罗拉多州泉谷（Fountain）的主板工厂出售给了代工厂 SCI，并签署了 SCI 供应电路板的外包协议。一年后，苹果公司把其位于荷兰的电路板工厂卖给了合约电子制造商新加坡大众电子（NatSteel Electronics），并再次签署了外包协议。1998 年，库克加入苹果，把 PowerBook 的生产外包给了中国台湾的合约电子制造商广达（Quanta）。这仅仅是一个开始，在后来的几年内，库克加快了苹果的外包进程，直至苹果公司几乎不再直接制造任何产品。

乔布斯通过外包来提升效率的意愿让很多人感到惊讶。那些人对乔布斯的印象还停留在一个"冲动鲁莽的、脑子里只有'活着就要改变世界'的想法的年轻人"，而不是一个统筹确保工作表中的事情都落地的人。"他成了一名管理者，既不是光做不想的执行者，又不是光想不做的梦想家。这让我感到惊喜。"帮助乔布斯回到苹果的独立董事埃德·伍拉德（Ed.Woolard）说道。[1]

苹果公司的外包成功是千万个归核式发展的案例之一。通过网络制实施外包能够令企业集中精力塑造核心竞争力，不被非核心业务牵绊，不会分散资源与精力，可以让企业变得更加强壮。

[1] 卡尼.蒂姆·库克传 [M].北京：中信出版集团，2019.

组织结构设计的第一步

尽管存在控制力不足的挑战，也不管人们喜欢或者不喜欢，网络制作为组织能力构建的基本规则，在企业界的应用广度和深度都将越来越强。回避网络制，一切都自建的思想和社会化大生产的时代精神格格不入。

我们的问题不是要不要采用网络制，而是如何用好网络制，在哪些领域采用网络制，以及如何强化企业的核心能力，保持产业控制力。

组织结构设计的第一步，是对产业环境进行审视和判断，考虑哪些能力是可以外包的，哪些能力是必须自建的，外包的风险能否控制。在产业环境审视的基础上，先确定自建的能力范围，再开始考虑要如何设计内部组织结构。

我们不仅不能回避网络制，还要优先采纳、积极应用这种策略，将它作为整个组织结构设计最先考虑的步骤。

8.1　网络制的成果质量特性之一：绩效导向

8.1.1　促进聚核发展与关键绩效

通过网络制得到的某种能力，从组织建设的角度来看，与其说是建立，不如说是放弃。管理者如果打算从外部购买这种能力，当然就是选择放弃了自己建设和拥有相应的组织。

这种主动放弃包含了积极经营的心态。采纳网络制，放弃某些自建组织，实际上是在引导企业聚核发展，促进企业分辨哪些是自己要做好的事情，哪些是可以请第三方来做的事情。因此，网络制促使企业确定自己的关键绩效，不在自己的非战略领域消耗战略资源，通过放弃来支持发展。

从整体绩效的角度来看，网络制通过采购层面的决策——"自己干或者买"来导向整体绩效，这种绩效导向的定性属性比较强，和事业部制那种算出总业绩、总利润的定量属性的绩效导向相比，网络制的绩效导向有时候不那么明显，不那么细腻，然而却是非常积极、非常有战略价值的。

8.1.2　提高反应速度与灵活性

大多数情况下，采购外部能力要比自身建设来得快。网络制可以帮助企业更快地实现最终经营目标，提高反应速度，这是有利于企业获得绩效成功的。

当企业不再需要相关能力的时候，能够通过解除合同快速释放资源。与常规组织关闭所带来的资产转移、人员安置工作相比，网络制的退出门槛往往要低得多。因为供应商还可以考虑将这部分产能卖给其他客户。

通过网络制，企业相应的能力获取速度快、退出门槛低，增强了经营的灵活性，经营者可以将更多的精力用于考虑绩效本身，而不是如何准备、如何退出上。

8.1.3　成本显性化带来的绩效导向

网络制是通过采购合同支撑起来的组织能力，因此天然的会对每一笔交易进行定价，这就使得采购成本显性化了，交易双方不得不密切关注成本。

绩效导向差的领域，大多数是没有清晰的绩效数据作为判断依据。网络制天然地会驱使企业管理层关注到供应链成果与成本，一旦供应链出现问题或者成本过高，很快就会反映出来，因此网络制本身有较强的绩效导向。

我们通过衡量事业部制部门独立清晰的市场收益指标，来促进它的绩效导向；通过为模拟事业部制部门制定内部交易规则，来促进它的绩效导向；针对网络制组织，我们为它拟定一个组织间的、市场化的交易合同，来促进它的绩效导向。在事业部制部门的市场合同中，我们是卖方，而在网络制组织的市场合同中，我们是买方。不管是卖方还是买方，签订市场合同的时候都要将基本的合同标的、金额、要求等条款清晰表述出来才行，而这也就造就了网络制组织较强的绩效导向特征。

8.2　网络制的成果质量特性之二：经济性

8.2.1　交易成本

网络制通过外部交易获取组织能力，而这个交易本身是存在成本的，网络制组织的经济性通过交易成本反映出来。

诺贝尔经济学奖得主罗纳德·科斯（Ronald Coase）1937 年提出交易成本理论：因为人的有限理性、投机主义、市场的不确定性与复杂性、市场被操控、信息不对称、信任成本等多种原因，导致交易过程本身存在成本。交易成本体现为搜寻成本、信息成本、议价成本、决策成本、监督成本、违约成本等诸多方面，这是市场交易必须承担的代价，那些组织内部的部门化模式是不存在市场交易成本的。

交易成本会直接影响网络制的经济性。交易成本高的时候，网络制经济性就差；交易成本低的时候，网络制经济性就高。在不同的行业、不同的交易环境下，交易成本差异非常大。越是标准化程度高、交易过程公开透明的领域，其交易成本就越低；而越是标准化程度低，交易本身越是个性化，则交易成本就越高。例如，我们通过股市购买一个公司的股票，交易成本就非常低，而如果我们通过直接交流的方式，购买一个非上市公司的股票，交易成本就非常高。

交易成本的基本水平一般不取决于某个企业，而是由整个产业的综合特性决定的。当交易成本特别高的时候，企业就不得不自己纵向整合，例如，在非洲某些地区的中资企业很难找到足够的中餐供应商，一般都需要自己建设食堂，而在国内的企业就不一定要自建食堂。

8.2.2　获得一般性的效率水平

网络制通过对外采购的方式获得能力，每一笔交易都要考虑支出和获得。在公平的市场环境下，企业以产品或服务方式买到的组织能力，既不应该高于也不应该低于自己的出价。单笔交易可能会存在差异，从中长期来看，总体的付出与获得应该是趋于一致的。

市场定义了网络制组织的效率水平。从企业角度来看，采纳网络制意味着寻求市场一般水平的效率。企业拥有所谓的竞争能力，就在于它可以在一定范围和程度上实现企业内部的经济性高于市场水平，做不到这一点的企业就会因为没有利润而倒闭。我们不应该通过网络制寻求超过市场水平的经济性与高效率，不必苛求网络制要像事业部制那样的效率领先，纯粹靠买是买不来高效率企业的，因为我们能买到的，竞争对手一般也能买到。

我们能要求的是，通过网络制避免职能制的低效率问题，甚至这种外部交易关系往往比模拟事业部制的内部交易关系有更高水平的经济性。事实上，很多企业发现内部有诸多的业务运转水平低于市场一般性标准，自己并不擅长这部分工作，内部运转成本远高于外购。大多数企业不是因为网络制组织太多而伤害了经济性，恰恰是因为网络制使用不足而损害了经济性。

8.2.3 轻资产与低管理复杂度带来的经济性

网络制通过外购能力，就能减少内部建设的负担，一个直接的影响就是企业不用在这个领域投资了，这将带来轻资产运行的效果。例如，苹果将制造业务外包给富士康，就不用出资建设制造车间，不用购买相关设备，这些重资产投入都变成可变成本了，这将给苹果带来更高的资产回报水平，从而提高了整个公司的经济性。

外包不只是省了直接投资，还降低了企业的管理复杂度，从而提升管理效率。因为外包，管理者可以不再为自己不擅长的事情操心。假如乔布斯要不断处理制造领域的各种麻烦，必定会影响他开发跨时代的产品。这种做减法的企业瘦身，也会显性提高企业的经营效率，提高整个企业的经济性水平。

8.2.4 供应链管理能力带来的影响

同样是买东西，不同的人买到的，可能其价格、品质、要求都不一样。外包工作效率必然受到企业供应链管理能力的影响，因此网络制会引导企业重视供应链管理。高水平的供应链管理能力会给网络制组织带来较高的经济性，反之亦然。

有人将商场比喻成战场，或许是有点夸张了，但是经营者之间存在对抗的力量，却是不可回避的。网络制组织要求企业的供应链管理部门处理好商业伙伴之间的关系和冲突，利用好市场带来的积极力量，规避市场中的消极因素，这对企业经营成功有巨大影响。

这也就意味着，网络制组织的经济性存在很大的调节空间，企业可以通过自身努力获得更高水平的经济性，令强大的供应链整合能力成为竞争优势；同样的供应商，没管理好就会变成一个麻烦。在很多企业中，采购系统对供应商的报价非常重视，对于它与自己的互补性、协同性，以及后续的管理都不太重视，如果供应商不满足要求就倾向于换掉它们，而不是通过管理供应商获得持续改善。不断地更换供应商并不能带来更高的协作水平，导致一些企业换完了市场上的所有供应商之后，精疲力竭地回来自建能力。高水平的供应链管理不仅会仔细筛选最合适的供应商，还会持续不断地管理供应商绩效，提高供需双方的协同水平。因此，我们也能看到，在同一个产业中，有些企业通过外包方式运转得很好，有些企业却整天处于供应链"救火"的状态。

8.3   网络制的成果质量特性之三：培养管理者

两种类型的供应链或采购部门

网络制将企业内部和外部链接起来，企业当然要有机构和人员来承担这种链接责任，通常就是供应链或采购部门。

一般来说，供应链或采购部门有可能采用两种部门化模式，一种是职能制，另一种是模拟事业部制。当企业对外的采购量不是非常大，相应的供应链或采购部门规模也比较小的时候，职能制是恰当的。当采购量变大，供应链或采购部门的规模也大起来之后，职能制就会带来部门墙、难协调、高内耗等问题，给其他上下游部门带来协同障碍，这时候就应该考虑采用模拟事业部制了。

网络制组织在培养管理者方面没有自己独立的特性，要么和职能制相同，要么和模拟事业部制相同。

8.4   网络制的运转水平特性之一：有效决策

8.4.1   通过合同完成批量决策

一个外包合同通常都有很多条款，里面必须预先考虑到各种可能的情况，也要商定对应的应对策略。很多合同中定义的工作内容都是关于业务本身的，比如，供应品质、数量、规格、批次等，即使没有外包，这些工作也是要做的。区别在于，如果不外包，就可以不用这么着急整理出来，写到合同文本中去，为了完成这个外包的合同，双方不得不提前将一系列供应链决策定义下来，形成批量决策。从这个角度来看，网络制推动了一系列决策的清晰化，使得这些决策能够有相对高的质量。

有时，因为考虑不周全，使得外包合同存在一些漏洞，双方就会发生矛盾、纠纷。那么下一次，双方大概率会完善合同条款，也就是说，这种批量决策会不断完善。因此，网络制能够保障供应链决策质量在一定的基准水平之上，在那些内部管理比较混乱的企业中，这甚至是决策领先的部分。

8.4.2   合同外的决策容易受阻，反应缓慢

网络制通过交易合同将外部机构的能力输入到自己企业中来，交易合同成

了合作双方的决策桥梁。这使得企业不能像内部部门那样传递工作决策，无法对供应链合作机构进行直接决策，不能给供应商下命令，业务前后端的衔接相对比较固化。

假如企业接到一个紧急订单，需要各部门加班赶进度，对内可以快速决策，对外就不一定了。如果当时签了紧急订单条款，就可以按照紧急订单条款来执行；如果没有这样的条款，就需要和供应商协商是否能够改变交货数量、时间等相关合同条款，一般来说，对方需要一个回复周期，还不见得会接受修改交货条款的动议。

网络制下，合同之外的临时决策是受到合同阻隔的，相对内部部门而言，反应会比较迟缓。

8.4.3　内部腐败带来决策质量低下的风险

在工业化水平不断提升的产业环境下，买方市场是社会常态，特别是企业打算外包的非核心业务，往往是供大于求的市场状况。供应商为了获得订单和较好的合同条款，很可能会把相关采购决策人视为公关对象，投其所好，甚至违法行贿。

企业采购通常是腐败现象最严重的领域，采购岗位责任人被企业诉诸法律的现象屡见不鲜，甚至有些私人企业为规避风险，会安排老板的家属来负责采购工作。

出现采购腐败之后，采购部门就有可能会牺牲组织利益去获取个人不当收益，从组织角度来看就有可能导致低水平、低质量，甚至错误的决策。

8.5　网络制的运转水平特性之二：促进协同

8.5.1　各怀利益目标的沟通

网络制组织是外部企业，对方和我们进行交易，其基本动机是获取商业利益。尽管交易双方都知道合作共赢是大前提，但是在具体的交易过程中，二者不可避免地存在各自的利益诉求。一般来说，买方总是希望价格低一点，卖方总是希望价格高一点，双方必然要讨价还价。除了价格，质量、服务、保障等各个维度的要素都存在讨价还价的空间，交易双方只有在这样一组矛盾中找到平衡，才能形成交易合同。这就是网络制组织的基本沟通环境。

在各怀利益目标、全面讨价还价的情形下，像内部组织一样毫无保留地坦诚沟通是很困难的，除非建立了长期信任关系，否则就不应该有这样的期望。相反，相互博弈是这里的常见规则，大多数沟通都是为博弈而进行的，谁要是在交易过程中完全相信对方的话，就可能会得到"太过于天真"的"赞誉"。

8.5.2　高昂的沟通成本

因为基础利益导向不一致，合同双方不会轻易向对方亮底牌，就不容易有真正意义上的沟通。在每天发生的无数交易中，相互蒙蔽、相互欺骗的现象比比皆是，企业为此要建立专门的市场调研部门、合同部门、法务部门来避免自己在交易过程中受损。这些部门或职能的存在，是为了保障网络制组织而在沟通方面的基本投入，其成本就是网络制组织的沟通成本。与其他的内部组织相比，这种成本是相当高昂的。

这些沟通成本属于交易成本的一部分，最终是要计入采购成本的。在总沟通成本较高的情况下，如果采购数量比较大，企业就有可能摊薄沟通成本，令采购的单价在可接受的范围之内。

当然，双方的经营理念与声誉、良好的合作关系、有序的市场与法律环境等要素都有可能降低这种沟通成本，令市场中的交易者受益。

8.5.3　基于长期合作关系与高度信任的高效沟通

不是所有的网络制组织都在尔虞我诈地进行沟通，有一些供应链体系有长期稳定的合作关系，相互之间能产生非常高质量的沟通。这方面日本企业有很多好的案例，一些企业合作时间非常长，甚至是从双方的"爷爷辈"就开始合作了，大家在一条船上，一荣俱荣、一损俱损，因此有非常高的信任关系，这时，这种网络制组织之间的交流就会非常顺畅。

也有人注意到华人亲属之间的供应商关系，他们因为有家族亲属的关系基础，相互之间高度信任，"澳洲的大姨给美国的小叔子下单，让国内的外甥备货"，这一系列操作简单高效，沟通效率极高。

剔除这些特殊场景，供应链企业高效沟通的基本逻辑，就是企业要和自己的供应链伙伴建立长期、互信的业务关系。一般来说，建设这种长期、互信关系的主动方是采购方，企业如果以买方的主动权优势去压迫供应商，动不动就威胁更换供应商，在每一笔订单上都要求市面最低价，那么供应商自然就不会信任这样的客户，更不会痴心单方面建立长期的合作关系。从共赢的角度出发来建设网络制组织，在选择时甄别供应商，在利益上善待供应商，在过程中管理供应商，那么长期、信任的关系是有可能建立起来的。有了高质量的合作关系，买方和卖方有了一致性的长期利益，供应商具有较强的安全感，就不害怕暴露问题，就会有更强的共同改进意愿，沟通就变得容易、积极起来了。

我们看到，网络制在促进协同方面的特性具有很强的可塑性，因为基础交易关系的差异而不同：当双方建设起长期、信任的合作关系时，网络制是促进协同的；当缺乏良好的合作关系时，网络制是阻碍沟通的。

8.6 网络制的运转水平特性之三：接纳创新

8.6.1 基于交易利益接纳创新

为什么供应链企业愿意成为我们的网络制组织呢？当然是为了在这个交易中追求商业利益。如果挣不到钱，再动听的话他们都没有耐心听。如果能挣更多钱，他们就会花更多的心思考虑我们的需求，会考虑做出更大的努力来配合我们的经营，其中就包括创新。

2018 年年初，vivo 发布了全球首款搭载屏幕指纹识别技术的手机——vivo X20Plus UD，这是 vivo 在手机产品创新方面的大胜仗，然而这个大胜仗并不是 vivo 独立打出来的。vivo 产品经理韩伯啸在接受采访时表示："屏幕指纹我们搞了很久了，应该是聚集了全球最强的供应商，包括美国、中国台湾地区最强的 IC 和算法的供应商，韩国企业提供最好的屏幕，这屏跟一般的屏相比更薄一点、透光率更高一些，他们还不能贴合，裸机要送到中国南昌去贴。"韩伯啸透露，在项目还没有落地和量产的情况下，为了让供应商能持续投入，他们提前把指纹 IC 预定了二三十万的数量，在还没有成型和实践的情况下就做这件事情，这是冒着直接报废的巨大风险的。[1]

在屏内指纹产品首发的案例中，我们看到了多个 vivo 供应商协同创新的场

---

[1] 蓝天. 揭秘 vivo 首发屏幕指纹手机背后：行业瓶颈期更大胆拥抱创新 [EB/OL].https://laoyaoba.com/n/667166.

景，之所以他们愿意和 vivo 而不是其他手机厂商协同开发这项新技术，是因为 vivo 提前锁定了二三十万的产量，降低了供应商的研发风险，保障了他们的利益。

可见，当有利于网络制组织盈利时，接纳创新就会很容易发生，否则就不一定了。

8.6.2　作为独立企业接纳创新

当我们从采购方的角度来看待供应商时，他们属于网络制组织，如果从供应商自己的角度来看，他们是一个个的独立机构。

供应商作为独立机构，无论是否得到我们的订单，是否成为我们的网络制组织，他们都需要对自己负责，需要关注外部环境的变化，因此会有接纳创新的内驱力。每个机构都明白，在现代产业环境下，不创新很难保证客户愿意与自己建立长期的合作关系。

当然，不同的机构因其各自巨大的差异，最终在接纳创新方面的表现也各不相同，也有可能某个供应商的上面有一个大型机构作为"妈妈"保护着它，可以任性，不会积极创新，但仅从网络制组织是一个独立机构的角度来看，这一属性是有利于接纳创新的。

8.7　网络制的基础特性之一：清晰性

8.7.1　独立的机构

网络制组织本质上是一家独立机构，只是和我们做生意而已，从这一点来看，他们和我们是两个市场主体，之间有着天然的边界，二者的资产、人员、关系、权责都十分清晰。如果双方没有一个合作的合同，二者基本上就没有什么关系了。

正是这种完全割裂的清晰性，使得网络制组织在运转水平方面的特性与其他内部组织都不一样，其决策、沟通、接纳创新的基本动机都源于一个独立经营者的利益与发展，都是从独立经营者的理性经营角度看待问题，从而进一步影响成果质量层面的特性。

8.7.2　合同的清晰性可塑

两个完全独立的合同主体，本应有天然的清晰性，然而，在签署合同之后，却有可能变得不清晰了。合同是人为设计的交易关系，原则上应该把交易标的、双方权责、金额、支付方式等各种交易条款清晰定义出来，而实际情况中，有很多的交易合同并不十分清晰，导致合同主体之间的权责关系、工作关系混淆在一起。相比产品型的合同而言，服务型的交易合同这种情况更加明显。

这种合同混乱带来了网络制组织之间的清晰性下降，有可能给交易双方都带来风险和损失。比如，因为合同条款不清晰，无法定义交货的及时性，导致采购方断货，生产停顿，造成经营损失；也有可能因为对采购款项支付定义不清晰，导致供应商不能及时回款，从而出现资金回笼困难的风险和损失。

合同不清晰带来的问题数不胜数，它的清晰性是可以通过交易各方的工作进行主动塑造的。恰恰是这种可塑的清晰性，导致不同情况下的网络制组织拥有差异巨大的基础特性，进而在运转与成果层面出现巨大差异。

有些企业发现别人运用得很好的业务外包策略，自己却用不好；也有些企业发现，和某些供应商能实现良性的外部业务运转，和另一些就不行。差异的关键就是能不能建立起良好的交易合同关系，能不能通过交易合同构建起优秀的网络制组织。

8.8　网络制的基础特性之二和三：稳定性与适应性

8.8.1　稳定性低而适应性高的基础特性

当一个供应商准备在自己公司的内部餐厅招待客户时，陪同的成员总会觉得餐厅菜品的味道不够好，开发新菜品太慢，菜单上的所有菜品都吃腻了。作为职能制或者模拟事业部制的内部餐厅，总体上稳定性都比较高。

当大家改变想法，准备去外面的餐厅招待客户时，选择去哪一家餐厅又是一个难题，因为可选择的地方实在是太多了！站在采购者的角度，我们看到外部餐厅的菜品、服务、环境更新都非常快，组织的适应性非常强，头痛的问题是晚了订不到合适的位子，这就意味着稳定性低。聪明的接待人员，会挑选一些餐厅，和他们签订一个长期合作协议，可以得到更低的价格、更好的服务，以及优先选择餐位的待遇，这就有点像是网络制组织了。招待客人的时候，就会优先考虑自己的签约餐厅。

因为是供应商，网络制组织有独立经营的生存压力和危机感，必须跟随市场的变化进行及时调整，天生具有较强的适应性。

因为是供应商，它完全独立于主体企业，我们很难直接去控制或者干预对方，对其最主要的影响就集中在双方的交易合同上。因此，网络制组织的稳定性受到诸多要素的影响：合同的稳定性、双方履约的意愿、双方的履约能力、相关监管政策、外部交易条件等。这些要素中任意一个不稳定，都会直接导致网络制组织不稳定。网络制组织有比较低的稳定性，这种基础特征源于买卖关系。

正是这种低稳定性和高适应性，令企业可以通过网络制快速部署能力，实现能力聚合，更快速、更集中地导向核心绩效，提高组织的产出能力。当不需要这些能力的时候，又可以快速退出，退出的代价和门槛都比较低，有时候企业可能仅仅因为 1% 的价格差异而选择另一家供应商，具有极大的灵活性。

另外，过低的稳定性容易导致供应商缺乏安全感，不能坚持长期主义，会有太多短视的行为。从单笔交易来看这个问题可能不太要紧，但从组织能力维度来看，这会导致某项组织能力非常不稳定。很多企业没有处理好这个问题，发现外包公司很难管，决策不好协同，不好沟通，也不能支持我们创新，整天就盯着钱，当然绩效就不会太好，会耗费很多精力。甚至有些企业就此放弃了外包，不愿意采用网络制，宁愿自己建设这些能力，哪怕要耗费资源，哪怕要处理很多麻烦。

8.8.2　长期、互信的合作能提升稳定性

如果将采购等同于网络制组织，交易的低稳定性就会传递给网络制组织，使得网络制组织所承载的能力稳定性也很低，变成企业能力链条中可靠性、可控性都比较差的脆弱环节。这个基础特性不改变，那么网络制在运转水平和成果质量方面的优势就很难释放出来。

我们要尽可能避免网络制在稳定性方面的特性滑向交易方向，不能让供应链企业整天思考如何挣得当下生意里的最后一个铜板，要引导供应商和我们共创未来，为了光明的未来发展相互匹配的能力。

虽然网络制组织是通过交易合同连接起来的，但是评价网络制组织是不能以当下的合同为基准的，因为我们真正要的是网络制组织所承载的能力，要在企业能力构建的整体框架下审视网络制组织是否满足要求。这时候，网络制组

织和企业内部部门一样，都是我们服务客户的贡献者。因此，我们要主动提高网络制组织的稳定性！

什么情况下网络制组织会有较高的稳定性呢？就是合作双方都愿意稳定、都相信能够稳定！这里的关键要素是"意愿"与"信心"，显然这二者都超越了合同，它们既不会包含在合同文本里面，也无法核定出一个价格来！它们的建设周期很长，破坏却是一瞬间的事情，需要双方共同珍惜、保护。

8.8.3　如何获得高的合作意愿

意愿，第一重要的不是培养，而是选择！企业必须选择合适的供应商作为网络制组织的承载体。什么样的供应商是合适的呢？

首先，要看战略是否匹配。在选择网络制组织时，必须要认真审视对方的发展战略，对其主营业务、核心优势、经营意图等要素进行综合评价。就像是婚姻，如果选错了对象，无论怎样努力都过不好日子。很多企业选择供应商只有一个标准，就是谁最便宜选谁，如此一来，对方是不是有意愿和我们建立长期的业务关系，就不好说了。有时候最便宜的供应商是准备退出该业务领域的企业，做的就是一锤子买卖，哪里还有长期考虑。

其次，要看能力是否匹配。为什么那么多企业要找台积电代工芯片，就是因为它能力强。企业选择代工对象，必定要审视对方的能力是否满足未来的要求。当然，我们也要认识到，能力很多时候是边合作边匹配的，就像20世纪80年代我国刚刚改革开放的时候，诸多的跨国公司寻找中国企业作为合作伙伴，那时的中国企业普遍能力较差，如果严格要求就没什么企业可选择了。我们要将能力发展，特别是在采购方的指引下发展能力的可能性考虑进来。市值超过200亿元的中小板上市企业奥瑞金公司，作为红牛在中国的易拉罐供应商，双方已经合作了近30年，但在刚开始的时候，奥瑞金甚至连一个易拉罐都没有制造出来过，但是他们承诺马上引进国外先进制罐设备，会跟随红牛的需求建设能力。

最后，在战略和能力都匹配的情况下，才可以真正讨论合作意愿。除了台积电那样具有绝对话语权、无可替代的行业地位的供应商，大多数情况下，意愿的主动权掌握在采购方手里。采购方有长期合作意愿的时候，供应商大多数情况下会拥护。为了给供应商带来更大的吸引力，采购方应该保障一定规模的采购量。采购规模不够大的时候，与其分散向多家不重视自己的供应商采购，不如集中向一家重视我们的供应商采购，通过集中采购份额来提高供应商的合作意愿。

8.8.4　如何获得高的合作信心

信心，需要长期的培养和呵护！信心一旦建立起来了，就会产生巨大的力量，就能抵御强大的外部攻击。同时，信心又非常脆弱，很容易从内部瓦解。怎样建立网络制组织的合作信心呢？

首先，不能用威胁代替管理。很多采购方喜欢威胁、恐吓供应商，动不动就表示要更换供应商，并认为这是采购方的权力，甚至认为这是最有效的工作策略。比如，今年不降本10%就换掉你，不押款20%就换掉你，不配合做新产品开发就换掉你，甚至我们检查你的环境不合格也会换掉你！这种情况下，供应商每天胆战心惊，是没有信心长期合作的，更不会为我们做长线的能力建设和储备。

只要是合作，就会出问题。好的合作是，出了问题首先想到的不是要换掉对方，而是和对方一起面对和解决。更进一步的做法是在日常合作中加强管理，将问题消灭在没有发生之前，而不是等着问题出现再来追责。在这种情况下，合作方就会逐步建立起长期合作的信心来，就敢于为这个合作进行长线投入。

其次，要保护供应商的基本利益。社会上已经形成了一种"甲方爸爸"的不良风气，就是采购方经常无视供应商的利益，肆意践踏。比如，毫无道理地延迟付款，甚至将之视为采购部门的业绩——"我们又为公司现金流做了贡献"；有些采购方虽然表示要长期合作，但每一个订单都要求和市场最低价对齐；甚至有些采购方将自己在经营中的困难直接转嫁给供应商。在这些伤害供应商利益的行为下，供应商缺乏长期合作的信心，也就不足为奇了。

最后，主动建设供应商协作关系。企业界主动建设客户关系的意识普遍比较强，但主动建设供应商关系的意识却普遍比较弱。很多企业都有客户服务中心，设立了400、800客户服务热线，但是很少听到有建立供应商服务热线的。很多供应商要想在采购方办成一件事情，必须在各种部门墙、玻璃门之间奔波，没有人真正关心它们。不少人认为这是合理的，谁让供应商想卖东西给我、想挣我的钱，这是供应商该付出的对等代价。在供应商付出这些代价的时候，就会消耗他们宝贵的长期合作信心，会让我们得到一个性能更差的网络制组织，最终这些代价还是要由企业自己承担的，而且是更大的代价。

8.8.5 打造高稳定、高适应的网络制组织

网络制组织的稳定性与适应性受到合作关系很大的影响。通过针对性的工作，管理者有可能建设出高质量的合作关系，实现网络制组织稳定性和适应性"双高"的优质平衡。

高稳定性能够让网络制组织突破交易合同的表层关系，超越单纯交易的短期利益诉求，构建起更深层次的协同关系，成为联合发展的价值共创体。这样一来，网络制组织的基本运营状态就完全不一样了，就会从整个供应链建设的角度来考虑各项决策，双方的沟通也就更加坦率、高效，不会抱着"只是一个供应商"的态度去拒绝整体创新，也就会极大地改善运转水平的三个主要特性。运转水平的提升，自然会在成果质量上表现出来，会带来更高水平的经营绩效和经济性。

从这个角度来看，富士康拥有苹果公司这样的客户，是一大幸事，同时苹果公司拥有富士康这样的网络制组织，也是一大幸事！

8.9 网络制适用的工作类型

在四种类型的工作中，网络制适用于哪些方面，不适用于哪些方面，我们可以将它们汇总起来（如图 8-1 所示）。

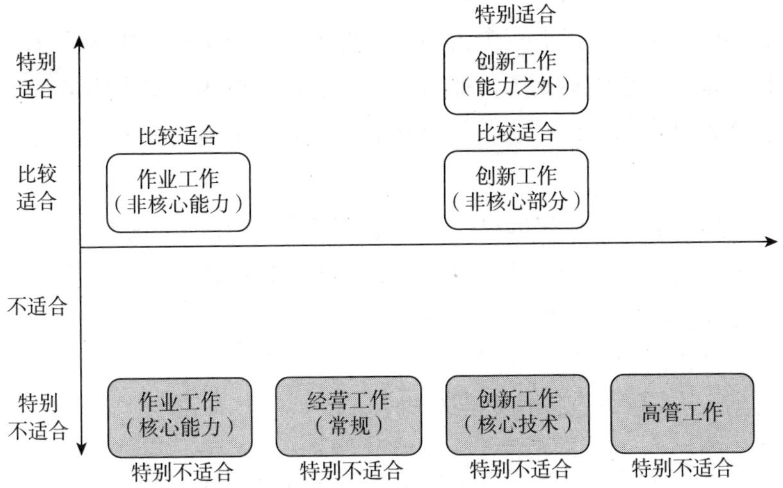

图 8-1 网络制适用的工作类型

8.9.1   非核心作业能力外包

苹果公司的各种智能设备风靡全球，然而没有一台设备是自己生产的；耐克公司的服装同样都来自代工厂。世界优秀的企业中，通过网络制获取外部能力的现象数不胜数。

非核心作业能力外包已经是现代产业分工无法对抗的现实了。如果反过来，要求苹果公司自己生产每一台设备，这将会给苹果公司带来极大的困难。外包使得企业能够将精力投入到自己的核心作业能力中，更好地满足客户需求。

所谓的非核心作业能力，是针对自己的产业定位而言的，并不是指"非常容易的事情"。华为公司曾经将芯片设计作为自己的核心作业能力，把芯片制造作为非核心作业能力外包给台积电。台积电作为世界最大的芯片代工厂，在美国政府的野蛮干预下，断供了华为公司芯片代工，华为公司立刻就失去了高端芯片的供应来源。华为公司并不是认为芯片制造是件容易的事情才选择外包，而是没有预料到美国政府如此疯狂的打压政策，当时只是判定芯片制造不是自己的核心业务而已。

是否外包某项具体的作业工作，不是看其难易程度，而是看它是否被纳入企业的核心作业能力范畴。

8.9.2   核心作业能力特别不适合外包

试想一下，苹果公司如果将产品设计、iOS 系统这些业务也外包出去，它将得到怎样的结果？假设有一个公司能够提供苹果公司所需的全部核心作业能力，而且苹果公司也购买到了，那么当苹果公司在市场上要击垮诺基亚、摩托罗拉这些老牌巨头的时候，这些公司会不惜一切代价地买到苹果公司所采购的全部能力。

当核心作业能力可以采购时，其他企业当然也会去买，最终大家都会买到一份相同的能力，这种能力就不再会成为自己的核心竞争力了。将自己的核心作业能力建立在网络制的基础上，和在沙滩上建设大厦是一样的危险。

8.9.3   创新工作可以选择性地部分外包

就像是核心作业能力一样，那些定义为自己核心技术能力的创新工作同样是不适合外包的，否则这些创新也将成为行业里"共同的秘密"，企业无法依靠它为自己带来独特的竞争优势。

非核心的创新工作可以外包。这种方式在软件、医药等大规模创新行业里面已经被广泛使用了，印度的软件外包业务就是一个非常明显的例子。

通过网络制将非核心的创新工作包出去，不是减弱了企业的创新能力，恰恰相反是增强了企业的创新能力。早期 IBM 公司就是通过这样的方式，获得了个人 PC 市场的入场券，如果要求 IBM 像苹果一样进行前期创新准备，自己开发操作系统，可能 IBM 永远也卖不出去一台个人电脑。

有一些创新工作，是企业自己能力之外的事情，但又是企业需要完成的任务，这时就应该努力找到有能力做这些事情的供应商，然后选择买进这些能力。比如，华为公司在管理创新方面的成果，绝大多数都是通过网络制组织得到了第三方的支撑，这大大提高了华为公司管理能力提升的效果和效率。如果华为公司选择自己摸索，其试错的成本和代价，一定会远远超过所支付的顾问服务费用，而其成效也一定会远远落后于现在。

8.9.4　高管工作和经营工作无法外包

显而易见，高管工作是无法外包的，因为灵魂是买不来的。总不能把董事长、总经理、副总经理这些工作外包给别人吧，那叫傀儡。

经营工作是企业通过努力达成自己的经营成果的过程，从逻辑上来讲，也是无法采用网络制的。哪怕是做个转手生意，也是自己的经营，企业无法让渡经营主体的身份，外包经营工作只是一个逻辑悖论，一个有语病的句子。

8.10　网络制适用的组织场景

8.10.1　快速部署非核心业务能力

网络制组织的建设方式是"买、买、买"，常规情况下，买总是比自己做要来得容易、便捷。因此当需要快速部署某种能力的时候，网络制就是非常适宜的解决方案了。

买的方式是有风险的，因为某些情况下很可能就买不到了。为了避免这种稳定性较低带来的业务风险，企业要尽量避免核心竞争力采用网络制，而是在非核心业务能力方面应用它。

8.10.2　不适合用于承载核心竞争力

网络制和企业那些需要高度稳定的事项是不相符的，特别不适合用来承载企业的核心竞争力。如果说核心竞争力是企业特有的、其他企业难以模仿的能力，那么显然就不是这种能够买来的能力，我们当然不希望在这方面控制乏力、受制于人。除了少数具有排他性条款或其他特殊性条款的协议，绝大多数网络制组织都难以成为企业核心竞争力的来源。

8.10.3　供应市场相对成熟、规范

好的交易离不开好的市场。采纳网络制不仅要考虑企业内部因素，也要考虑企业外部环境，特别是供应市场的基本状态。

如果市场很不成熟，供应商都比较弱，市场也不规范，通过网络制就很可能买不到我们想要的稳定能力。比如，很多企业在中国的工厂可以外包非核心业务，而同样的工厂设到东南亚、非洲这些配套产业不完善的区域之后，很多业务就无法采取外包的方式，就需要自己建设相关能力，这是由外部市场环境决定的。

产业配套越成熟的地方，外包方式就越兴盛，企业就越容易聚焦在核心业务领域，这也是为什么产业发达地区创业成功率更高的原因。

8.11　为我所用、助我腾飞

8.11.1　解放思想，世界为我所用

安全是人们的基本偏好。大家都喜欢自己的事业是可控的，喜欢"自力更生"，哪怕需要"艰苦创业"！依赖他人总会令人内心不安。网络制恰好就是天生的低可控性业务模式，签完合作协议之后，我们难以获知合作方内心正在琢磨什么！

因为会带来组织控制风险，使得网络制的采纳与应用严重不足。

很多企业家脑海里的第一念头是：能自己干的尽量自己干。甚至不少企业以自己能够贯穿全产业链而感到自豪。更加极端的例子是，一些企业规模扩大之后就有"上下游延伸""企业办社会"的冲动，试图将各种相关联的业务，乃至社区服务都纳入企业业务中来。

要认识到，企业在其核心能力范围内深耕更容易取得竞争成功，业务越分散越容易造成虚弱，越聚焦越可能领先。企业管理者有必要严肃审视哪些是自己的核心业务，哪些属于非核心业务，能不能选择网络制将非核心业务外包出去。通过不断做减法，集中优秀资源，提高核心竞争力。

现阶段网络制在企业界使用不足，最大的障碍是管理者的意识。

8.11.2　强化供应链管理能力

相比采购市场，企业通常更关心自己的销售市场。多数情况下，企业进行市场研究默认是针对客户的市场研究，以至于很多企业忽略了采购市场的研究。显而易见，我们的供应商正在对同一市场进行研究，正在把采购企业当作客户仔细研究，这常常导致采购方处于劣势。究其根源，就是企业的资源投入向销售市场倾斜，导致自己在采购市场的竞争力不足。

如果企业能够像重视目标客户一样重视供应链，强化供应链的管理能力，管好供应链伙伴，那么企业将有更强的能力和信心扩大网络制的业务范畴。

8.11.3　管理业务连续性风险

基于组织的边界，很容易看出来网络制组织是外部机构，是一种交易关系，我们可以非常灵活地调整。然而，从业务实现的链条来看，特别是从业务连续性的角度来看，网络制组织和内部组织有着同等分量的影响。在分工越来越细的工业体系下，供应链是业务连续性的基本保障，一旦供应链出现困难，企业绩效立刻就会受到影响，甚至会导致企业休克、倒闭。此时，网络制组织的低稳定性就变成了一个巨大的业务连续性风险。

只要采用网络制，就必须评估它所产生的风险，有针对性地制定风险管理策略。例如，设定恰当的库存、选择多家供应商、定期进行供应商评估、部分自己生产等，当风险发生的时候，才能够保障企业良性经营。

如果管理不好业务连续性的风险，就无法获得网络制带来的业务聚合优势。

8.11.4　尽量让网络制组织具备可替代性

对供应商的依赖性与可替代性是网络制必须面对的关键矛盾。无论当下的合作关系是多么的紧密和融洽，企业都要意识到对供应商形成依赖的风险。从供应商的角度来看，如果采购方对自己形成依赖，就会保障订单持续，也能获取更优的谈判地位，因此这种博弈是企业经营中必然存在的。

企业要从产品研发、多类型零部件适配、供应商发展与培养、部分自己供应等多个可能的维度着手，令供应商具备可替代性。这是采纳和使用网络制必须重视的地方，可以避免给企业发展带来障碍和困难。

8.11.5　寻求产业控制能力

一方面我们寻求供应商的可替代性，不希望他们在产业中有太强的话语权，另一方面要寻求自己在产业中的控制能力。

网络制能够让企业剥离非核心业务，那么保留下来的核心业务就要尽可能强大。拥有产业控制能力的企业，在外包交易中就能有较强的主动权，能够选择最适合自己的供应商，得到最恰当的交易合同，网络制对这个企业来说就显得非常友好！

比如，苹果公司拥有极强的产业控制力，它能让台积电每次都把最佳的产能优先配置给自己。如果是一个弱势企业，台积电显然就不会全力配合它。小米在创业初期，就经历了非常困难的供应商开发阶段，想采购手机零配件还要去给供应商做很多说服工作，让供应商相信自己的长期采购能力。

产业控制力对网络制的运行有巨大影响，但是寻求产业控制力本身并不在网络制的日常工作过程中，从网络制的角度来看，这是"功夫在诗外"的那一部分。

8.11.6　建立信任关系

网络制组织倾向长期交易，因此要尽可能降低交易过程中的猜忌和内耗，建设起互信关系。企业应该认识到，自己与供应商的良好信任，可以提高网络制组织的运行水平，进而让企业整体的经营水平更高。

在市场经济环境下，买方市场比较常见，大多数时候供应商都显得比较积极主动，很多企业也被这种氛围影响了，觉得自己作为甲方天然拥有特权，经常压迫、挤压供应商，客观上主动破坏了与供应商的信任关系。比如，采购或者财务部门，找各种理由推迟向供应商付款，借此获得自己更加良好的现金流表现，这种行为在很多公司被视为是"聪明的"做法，甚至成为了这些部门的业绩，而这种行为对供应商信任关系的破坏，往往不在部门管理者的考虑范围之内。

有意识地时常考察自己和供应商的信任关系，主动建设和供应商的信任关系，是优秀供应链管理的基础，是网络制组织释放出更大力量的前提。

8.11.7　打通合作企业信息流

在常规作业过程中，如果建立起和供应商之间的企业间信息系统（Interorganizational Information Systems，IOIS），让各个合作方能够准确、及时地得到相关信息，将会大大提高网络制组织的效率。

例如，丰田公司能够做到高质量、低成本的重要原因就是实现了按需生产，整个生产过程做到零库存。零库存的基础，就是丰田和供应商之间运转良好的信息系统，将丰田的生产信息实时传递到供应商手中，供应商能够根据要求及时、准确地将材料送达指定地点。这种高质量的协同关系，为丰田公司带来了最终市场的领先优势。

让信息流跨越企业边界，跟随业务流自然的特性，能够促进网络制组织和企业其他内部组织间的协同，给双方都带来更大的价值。

第 9 章

矩阵制

基础部门化模式

前面我们分别讨论了职能制、团队制、事业部制与模拟事业部制，这四种组织模式是目前为止企业能够使用的全部类型的基础性部门化模式。这些模式都是人类的伟大发明，未来我们很有可能还会发明其他的基础性部门化模式。

当我们设立一家企业的时候，我们至少要用到这四种基础性部门化模式的一种，任何一种都不采纳的企业是不存在的。我们也可以在一家企业中使用多种基础性的部门化模式，甚至四种全都采纳，也是完全可以的。

叠加使用多种部门化模式

一个企业可以同时采纳多种部门化模式，甚至可以在企业的同一个部门中同时叠加使用多种部门化模式。例如，我们在部门设计中既采纳了职能制也采纳了事业部制，这样就形成了矩阵制组织（如图9-1所示）。

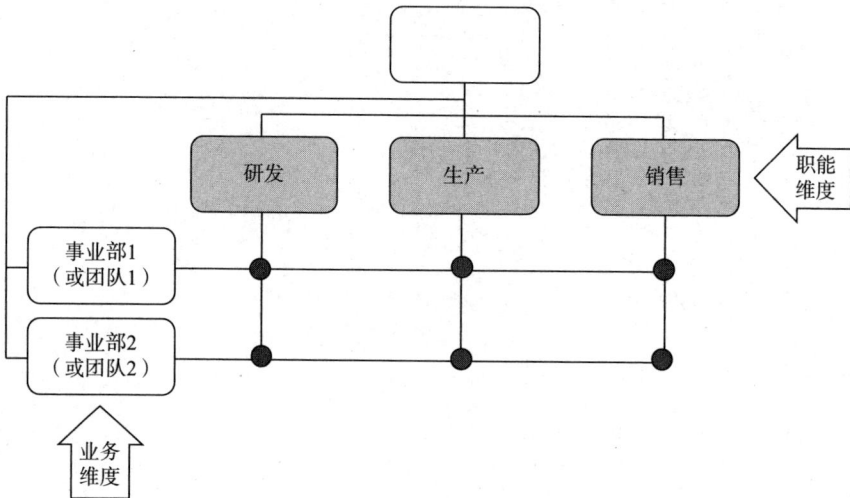

图9-1　矩阵制组织示例

矩阵制是叠加使用基础部门化模式产生的，不存在不采纳基础部门化模式而独立存在的矩阵制。矩阵制是把已经发明出来的四种基础部门化模式，进行了更加复杂的叠加应用。矩阵制可以是四种基础部门化模式中的任意两种、三种或四种模式叠加，也可以是同一种部门化模式的不同维度叠加，比如，某家电公司下属的省区子公司都是地区事业部制组织，同时又有电冰箱、洗衣机这样的产品事业部制组织，那么广东省电冰箱的业务部门、浙江省洗衣机业务部门就属于地区和产品事业部叠加的矩阵制部门。

　　矩阵可以是二维的，也可以是三维、四维或者更多维度的，比如，华为公司就有地区、产品、客户维度的事业部制组织，再加上职能维度，就产生了四维矩阵制组织。

　　矩阵制的基本特点

　　因为同时存在两个或更多部门维度的交织，矩阵会形成二元或多元权力结构，一个矩阵结构中的岗位需要同时向两个甚至更多维度的上级汇报工作。

　　从上往下看，矩阵制组织中的多元权力有可能损害统一指挥的基本组织原则，因为多个部门条线会向下属发出工作指令，在矩阵的交汇点上就有可能出现不一致的指令，势必会带来混乱。从下往上看，矩阵制组织中的"多头员工"需要同时应付多个上级，就一件事情向多个上级汇报，这会给他们带来巨大的困扰。矩阵结构的这种天然冲突，会给企业带来巨大的协调成本，严重时可能导致矩阵制组织几乎无法运行。

　　混乱是对规则的破坏，它的另一面就是灵活。矩阵制的多维结构就天然地具有灵活性，在复杂的组织场景下，在需要快速变革，需要特别的灵活性与适应性时，矩阵制就会体现出高效率的优势来。矩阵制打破了一维部门的边界，使得一维部门中的优秀人才可以被其他维度调用，这样可以令优秀、稀缺人才在企业内部流动起来，有助于解决优秀人才不足的问题，提高人才的效率与价值。

　　临时性矩阵组织

　　人们最早是在临时性的任务上采用矩阵组织。当出现了一项临时任务时，专门为此建立一个常设部门显得成本过高，于是从各个部门抽调一些人员组成一个项目组（团队制部门），在任务达成之后解散项目组，项目成员又回到各自的部门中去。

　　基于团队制的灵活性，使得临时性的矩阵组织应用非常灵活、广泛，很多人甚至认为团队制（有时候被表述为项目制）就是矩阵制。这是一种误解，因为团队制也可以用于建设永久性的团队组织，或者建立非矩阵的一维团队组织。比如，企业的高层管理团队，或者一个球队，都是典型的团队制部门，却不是矩阵结构。

　　在临时性的矩阵结构中，其成员在矩阵存续的阶段，可以暂时性地脱离自己原来的部门，主要接受项目组织的领导，此时矩阵组织多头领导的弊端就不会太严重。

　　临时性矩阵组织的适用面非常广，可以在不同类型、不同规模的项目中使用：当项目规模比较小时，临时性矩阵在项目维度可以采用团队制；面对中大规模项目时，临时性矩阵在项目维度可以采用事业部制或模拟事业部制。我们看到，在一些大型工程领域，临时性项目组织的规模一般都非常庞大。

临时性矩阵组织是为了完成项目或项目群的目标而设立的，项目结束后就会解散，但这种部门化模式在企业中是长期存在的。

永久性矩阵组织

矩阵结构还有另一种情况：矩阵的各个维度都是永久性的部门，并不会因为某项具体任务结束就解散矩阵结构，而是以矩阵结构的组织形态长期持续经营。这种结构在地方比较普遍，比如，各地的教育部门，一个维度是要接受上级教育部门的管理，另一个维度也要接受本地政府的管理。

这种结构和人员都相对稳定的矩阵结构，没有一个明显的项目维度作为阶段性的内部责权关系主线，所以就不得不面对多维度组织关系可能带来的混乱问题，其运行的复杂性和难度都远远超过临时性的矩阵组织。

作为一种常态化的组织形式，永久性矩阵组织的优势和劣势都非常明显，有非常明确的适宜场景，用好了会给企业带来巨大的经营成就，用不好就会将企业带入泥潭。本章讨论矩阵制将主要围绕永久性矩阵结构展开。

9.1　矩阵制的成果质量特性之一：绩效导向

9.1.1　蕴含了多种可能

矩阵制组织是叠加多种基础性部门化模式而产生的，而每种基础性部门化模式在绩效导向方面都有各自的特性，矩阵制在绩效导向方面的特性，当然也会以它所包含的基础性部门化模式的绩效导向特性为基础。

职能制侧重于导向努力，绩效导向比较弱；团队制和事业部制的绩效导向相对比较强；模拟事业部制的绩效导向存在较大的可塑性。大多数情况下，一个矩阵制组织至少会包含团队制、事业部制或模拟事业部制三种类型中的一种。绝大多数矩阵制组织中都不止一种部门化模式，这使得矩阵制组织蕴含了绩效导向的各种可能，最终一个具体矩阵结构的绩效导向特性也就有各种可能，既可能有绩效导向较强的矩阵制组织，也可能有绩效导向较弱的矩阵制组织。

9.1.2　多个维度指向同一个目标

无论矩阵制组织有多少个维度，都必须努力使它们指向同一个战略愿景与目标。如果不同维度指向不同的目标，那么整个组织的绩效导向就是混乱的。如果我们能够确定整体方向，并据此相对清晰地定义矩阵制组织中的各个部门和岗位，让他们都指向共同的战略与目标，那么这个矩阵制组织就会有较强的绩效导向。

9.1.3　配套绩效管理机制建设

矩阵制组织包含了绩效导向的各种可能，最终决定其组织的绩效导向是强还是弱，关键影响要素是在矩阵结构上建立的绩效管理机制。优秀的绩效管理机制会带来绩效导向强的矩阵制组织，不良的绩效管理机制只会带来混乱的矩阵制组织。

矩阵制组织中优秀的绩效管理机制至少要做到以下几点：

第一，高水平的战略管理。除非企业清醒地认识到自己要追逐的机会是什么，能够明确企业的战略愿景、目标和路径，否则矩阵结构中不同维度的组织在遇到冲突与矛盾的时候，就没有一个可用于校准的共同标准。

第二，清晰的组织绩效管理体系。战略目标如果能够进一步细化为矩阵制组织不同维度的绩效目标与任务，实现绩效在组织中层层分解，那么这个过程就是各部门业务的系统性事先推演与协同，可以让矩阵制组织内各部门之间的矛盾提前暴露出来，通过事前管理减少实际业务运转过程中的摩擦。

同时，组织绩效管理体系还能够持续监督各个部门的业绩进展情况，假如某些部门的工作进度滞后，某些领域出现变化，其他部门能够及时进行系统性调整，令整个矩阵制组织做到动态平衡。

第三，从组织绩效延伸到个人绩效管理。这种系统性的延伸，使得个人绩效成为矩阵制组织整个绩效管理的末梢，让员工能够在个人任务中有效融合多维业务需求，在绩效计划阶段就能实现大多数的任务协同，减少多维管理带来的冲突。

9.2　矩阵制的成果质量特性之二：经济性

9.2.1　自主与灵活的代价

在矩阵结构中，岗位是职能制或团队制、事业部制等不同维度组织的交汇点，需要满足多个维度的工作要求，接受、消化、统筹多维的工作指令，然后采取恰当的行动。这样一来，岗位采取何种行动，就不可能事先全部规定好，必须留下足够大的自主空间，以便岗位能够将多维指令加工成一个恰当的行动方案。

与严格的行为规范和标准要求相比，工作岗位上的这种自主空间与灵活安排，需要付出资源与效率的代价，因此，矩阵制组织的经济性自然就比较差。

9.2.2　较多的沟通与协调

矩阵制组织不能像直线结构那样由上级直接对下属发布指令，因为下属会接到不同上级的指令。矩阵结构的良好运行，要求各个维度进行良好沟通，在沟通的基础上各个组织维度进行协同作业，这就迫使矩阵管理者要投入大量的时间在沟通协调上，从而导致决策效率下降、组织运行成本上升。

许多矩阵制组织的管理者抱怨，他们每周要花超过两天的时间在会议上，但是会议内容只有 50% 跟他们的工作相关。这就是高运行成本。

总体来看，矩阵结构是经济性比较差的结构，因此采纳矩阵结构时要非常谨慎。矩阵制组织要求企业有较高的人均效率，以便它能支付起高昂的组织运行成本。

9.3　矩阵制的成果质量特性之三：培养管理者

9.3.1　更大的困难带来更大的成长

在永久性的矩阵结构中，一般都会有事业部制或模拟事业部制的维度。

如果是包含事业部制的矩阵制组织，其事业部制维度的组织仍然要像一个常规的独立事业部制部门那样，对经营业绩承担责任。和非矩阵制组织中的事业部制部门不一样的地方，是它没有完整的资源与决策权力。这就使得矩阵制组织的管理者必须面临比常规事业部制管理者更严峻的挑战，据此也就能获得更好的成长机会，得到更大的成长。

同样的情况，如果矩阵结构不包含事业部制，而是包含了模拟事业部制，那么这个矩阵结构就比常规的模拟事业部制更能培养出优秀管理者。

总的来说，矩阵结构使得它比内部的任何一个维度都更困难，因此与自己内部最适合培养管理者的那个部门化模式相比，它还能提供更多的让管理者发挥的机会。

9.3.2　视野宽广的管理者

矩阵制组织任何一个维度上的管理者都明白，自己向下属提出工作要求的时候，下属同时还面临着其他维度的管理，因此必须考虑到下属在其他维度上的处境，这就要求管理者去理解其他管理维度的状况。

那些没有宽广的视角，"烟囱式"发展的管理者很难在矩阵组织中取得成就。为了得到更多维度的工作经验，矩阵结构向内部管理者提出了跨领域的工作经验要求，这必然促进管理者进行职务轮换，到不同的维度上任职，走之字形的发展道路。这也是矩阵制组织能够提供的独特的管理者培养方案。

这对管理者来说是巨大的挑战，但对组织来说却是巨大的收益。矩阵制组织能够收获一大批具有宽广视野的管理者，拥有充足的中高层管理者的后备力量。

9.3.3　灵活性带来的员工成长机会

矩阵结构中，常规的岗位会受到两个或更多维度的管理，这就要求员工更加灵活、主动，能根据实际情况安排工作。可见，矩阵制组织中的岗位会获得较大的自主决策空间，员工在这种环境下，就更容易成长为管理者。

9.4　矩阵制的运转水平特性之一：有效决策

9.4.1　决策难题

决策是矩阵制组织面临的难题。矩阵多维交织的结构下，一个决策会对其关联的所有维度都产生影响，而这些影响又可能再产生次一级的影响，经过多维的力量牵引之后，各级管理者会发现，他做出的决策所能影响到的范围远超过自己管辖的领域。

因为决策产生的影响高度复杂，使得管理者的决策忧虑加重，出现决策不断向组织上层转移的风险。一旦决策层级上升，决策链条就变长了，决策沟通也变得复杂了，当然决策的反应也就变得缓慢了，最终决策的效率就低下了。

在缺乏有效配套机制的情况下，矩阵结构的自然属性会使其决策变得迟钝、低效。这方面，我们在矩阵结构的某些组织中能够轻易感受到。这些组织对效率低下的容忍度相对比较高，而企业一旦效率低下就会被市场淘汰，这也是矩阵结构在企业中出现比较晚的重要原因。企业界在近几十年才学着如何解决这个难题。

9.4.2　向一线授权

在职能制、团队制、事业部制和模拟事业部制中，只要规模不超过各自承载的边界，不向一线充分授权，上级管理者通过不断发布指令，是可以令组织运转的，无非是运转水平的高低问题。而矩阵制如果不向一线授权，受多维牵制、决策上升等影响，大概率就会陷入一个决策泥潭。

为了实现高效率的决策，矩阵制组织应该让决策在尽可能低的层级上做出。是否能够避免决策不断上升，是否能让一线业务人员得到充足的决策授权，关系到矩阵制组织在市场竞争中的生死存亡。

向一线授权，并不是简单地跟一线成员讲一声，而是必须对决策进行分类和分析，提前定义好哪些类型的决策交给哪些层级的岗位来承担，决策完成后要及时告知相关的对象，并对决策质量进行周期性评价，以便改善和提升决策水平。通过建立起事前授权、事中控制、事后决策评价的闭环系统，才有可能实现向一线授权。

9.4.3　内部信息系统的支撑

矩阵制组织能否实现有效决策，取决于它能否实现向一线授权，而能否成功向一线授权，又取决于是否能获得内部信息系统的有效支撑。

向一线授权，不能让一线成员只拥有权力，还要让其承担责任；更重要的是要拥有正确决策的能力。所谓决策的能力，一方面是对一线决策者的个人素质提出要求，另一方面是对公司内部信息系统提出要求。正确决策的前提是决策者获得了所需的完整信息，到底能不能把一线所需的决策信息传递到位，这对公司信息系统是一个挑战。

总的来说，矩阵制组织的自然属性是不利于有效决策的，在恰当的机制支撑下，矩阵制组织有可能会较好地做到有效决策。这里的关键是能不能成功实现向一线授权，背后需要进行授权配套机制建设。

9.5 矩阵制的运转水平特性之二：促进协同

9.5.1 交汇带来交流

矩阵制组织天生拥有丰富的沟通和交流特点。矩阵结构是通过多个基础部门化模式叠加而成的，必然会产生大量的交汇点，这些交汇点自然会接收到来个各个维度的信息，沟通和交流因此而变得十分丰富。

9.5.2 必须让大家理解整体任务

虽然矩阵制组织中的成员会从交汇的各个维度接触到大量的信息，但是并不一定就能搞清楚整体的任务到底是什么。因为矩阵制组织相对庞大，其成员无法像团队制那样，仅仅通过社交沟通就能搞清楚整体任务。

矩阵制组织必须以正式的方式，将整体任务和目标传递给每一位矩阵制组织成员，做不到这一点，矩阵制组织就会因沟通不足给之后的协作带来困难。

9.5.3 界定岗位任务并不容易

相对整体任务而言，要想确保矩阵制组织中的每个岗位都能够理解自己的任务就更不容易。这要求矩阵相关维度能够就每一个交汇点进行沟通，并共同确定其工作职责与目标。这对岗位管理提出了非常精细的要求，也是对企业基础管理能力的要求。

在岗位职责定义不清晰的矩阵结构中，不仅基层单位的工作效率会降低，还会产生大量的内部矛盾与冲突，给上级管理者造成沉重的协调负担。

9.5.4 沟通的负担

和非矩阵结构相比，矩阵这种交叉结构对沟通的需求会强很多，同时也创造了更多的沟通机会。沟通的质量会严重影响矩阵结构的运行质量。

我们不能简单地说矩阵制组织在促进协同方面是好还是不好，这种好或不好完全依赖管理者在组织沟通方面的设计与安排，它蕴含着各种可能。

当矩阵制组织沟通不畅时，其效率就会严重下降。就算在沟通良好的情况下，矩阵制组织内的成员也会感觉到较重的沟通负担。一种明显的感受就是企业内的任何会议都能与自己扯上一点关系，被迫整天参加各个维度无穷无尽的会议。曾经有一个大规模矩阵制企业的管理者打趣说："我们白天都是用来扯皮的，只有晚上才能工作"。

9.6　矩阵制的运转水平特性之三：接纳创新

最具创新基因的组织

多维部门条线交织构成了矩阵结构，使得这种组织模式天然容易产生混乱，而混乱的另一面就是思想的开放。矩阵带来的多维交织，使得任何维度的部门体系都不能封闭自己，它们被迫向其他维度开放，被其他维度牵扯。这样一来，各种市场、技术、产品的相关思想就必然会交汇起来，大家相互启发，创新思想就悄然而生了。

任何一种基础性部门化模式都不如矩阵制模式对新思想的接纳性强，在系统性创新方面，矩阵制比职能制、团队制、事业部制和模拟事业部制都有更大的优势。甚至，人们之所以接纳矩阵制与生俱来的组织结构混乱，付出那么多努力去构建配套机制，以便能约束住这一多维牵扯的组织，最大的收益之一，就在于这种组织的创新能力极强。

9.7　矩阵制的基础特性之一：清晰性

9.7.1　天生的不清晰

矩阵结构天生就是不清晰的，他有着多维度相互牵扯导致的不清晰基因。所有矩阵交汇节点上的成员，都面临多种职权关系，他们有多个上级，要向不同的领导汇报同一项工作，并分别得到多位领导的支持；他们可能有下属，但是对那些同样在矩阵中的下属，并没有完整的管理权限，却要全面承担这些下属工作带来的后果。

可见，在矩阵制组织中，没有一个岗位是完全清晰的。甚至，矩阵制组织的建设和运行，就是在和这种天生的不清晰性做抗争。抗争胜利了，就能收获大规模矩阵结构带来的创新性与灵活性的价值溢出；抗争失败了，就只会收获混乱与高成本。

9.7.2 管理矩阵的不清晰

任何组织，如果责权不清晰，就不可能会有高绩效。矩阵制部门化模式和其他基础性部门化模式的巨大差异，就在于其基础特性不那么僵化，可塑性非常强。在天然属性混乱与不清晰的情况下，通过有效的管理，可以大幅度提高矩阵制组织的清晰性。

管理好矩阵制组织，要求在十分清晰的整体目标下，将系统性注入各个交织的部门维度里面去，使得每个有侧重点的组织条线在对下属岗位赋予责权的时候，都能考虑到矩阵结构中其他单位的相互关联，完整清晰地定义这些岗位的责权关系。

岗位责权关系的清晰性是整个矩阵结构清晰性的基石，必须成为矩阵制组织清晰性管理的重点。在矩阵制组织中，要为每个岗位设计书面的岗位说明书，并将各岗位说明书汇总，集合矩阵制组织的各个维度一起进行系统化审视，确保这些岗位的责权设计能够满足所有维度的要求。

9.7.3 正向、横向与逆向的清晰性定义

乍看起来，矩阵制组织的责权清晰性比工作关系清晰性更强一些。事实上，在矩阵制组织中，各岗位成员在理解自己的基本责任与权力之后，就具体如何开展工作，需要有较高的灵活性与自主性，否则他们就很难在差异化的具体场景中，很好地实现各个维度的工作意图。站在从上往下的正向组织权力角度来看，工作关系的定义既要清晰，又不能太清晰，必须给岗位成员留有自主工作的空间。

在矩阵结构中，当从上往下的正向权力和平级之间的横向协同能够达成一致时，才能获得各个岗位的责权清晰性。而工作关系的清晰性，还需要有从下往上的逆向求助，也就是说在具体工作要如何开展时，很大一部分原因是作为下属的岗位向矩阵制组织中不同维度的上级发起了求助信号。在正向和横向的基础上，逆向求助信息最后实现了工作关系清晰性的完整定义。

矩阵制组织为了实现良好运转，需要给各级岗位设计横向协同和逆向求助的路径，并通过流程把这些路径显性化，不至于被淹没在正向的权力体系中。

9.8　矩阵制的基础特性之二和三：稳定性与适应性

9.8.1　不确定的稳定性

矩阵制组织的稳定性是比较强还是比较弱呢？这是个不容易回答的问题。

受到多维力量的牵引，每一个矩阵制组织中的岗位都要做关于自己的"力平衡"分析。这里的难点在于，每个维度上的牵引力量都有可能发生变化。对矩阵制组织来说，当这些施加在岗位上的力量总体处于平衡状态时，组织稳定性是比较高的；一旦这些力量不平衡了，组织的稳定性就比较低了。

因此，矩阵结构的稳定性差异非常大，这取决于矩阵本身的设计。不过，看到这种随时都可能被打破的矩阵平衡，我们也明白，总体来说矩阵制组织注定不是那种十分稳定的结构。

9.8.2　管理矩阵的稳定性与适应性

矩阵制与其他基础性部门化模式最大的差异，就是它的基础特性本身具有很强的可塑性。这种可塑性会传递到矩阵制组织的运转层面和成果层面，也就是说，如果我们能通过机制建设让矩阵制组织获得一个较好的基础特性，就有可能获得一个运转水平较高的矩阵制组织，并有可能产出高质量的成果。

当我们选择采用矩阵制组织之后，就必须努力管理其内部各个维度的力量，当这些力量达到一个较好的平衡时，就意味着企业对矩阵各个维度的管理能力达到了一个不错的水平，那么矩阵制组织就能获得一个较好的稳定性，同时这种管理能力也会让组织有较好的适应性。

为了应对外部环境的不断变化，矩阵制组织的末端——那些与外部关联的岗位，当然需要通过不断调整自己来适应环境。因为矩阵制组织中的基层岗位拥有较强的灵活性与自主性，所以他们能够自主采取调整动作，这些调整动作向内就形成了矩阵制组织各个维度的传导力量，当企业能够很好地应对这些力量与变化时，就获得了较好的稳定性与适应性平衡。

9.9　矩阵制适用的工作类型

正是因为有些工作不用矩阵制就无法组织好，所以我们发明了矩阵制，但是它也有很多问题，不能泛化使用，我们可以汇总一下矩阵制在不同类型工作中的适用程度（如图 9-2 所示）。

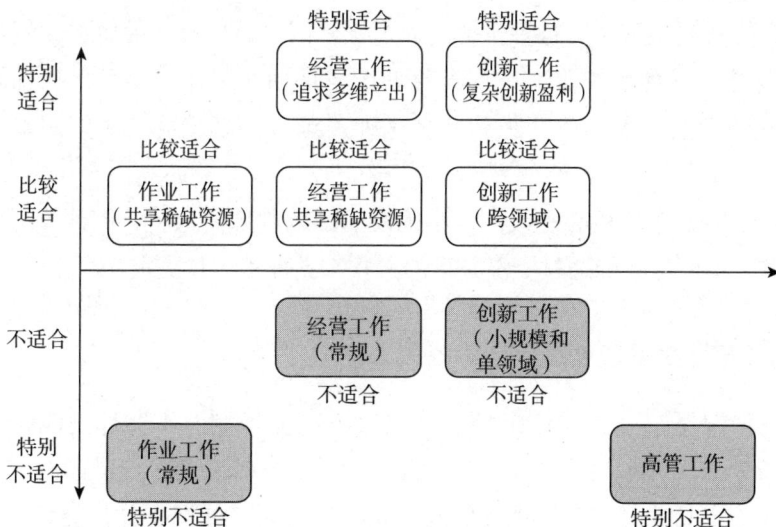

图 9-2 矩阵制适用的工作类型

9.9.1 不适合用于常规的高管、经营与作业工作

矩阵制不适合用于常规的高管、经营与作业工作。

特别是在 1960 年 NASA（美国航空航天管理局）成功大规模使用矩阵制模式之前，人们尝试使用矩阵模式只是从不同部门抽调一些人组成一个小规模团队，应用团队制的灵活性快速达成一些特定目标。除了这种小范围使用矩阵制之外，当时人们甚至认为矩阵制本身是存在逻辑矛盾的，它会带来多头管理，破坏统一指挥，在清晰性、稳定性、适应性上都是难以达成良好状态的，不适合用于常规工作，应该严格控制它的使用领域。

无论怎么扩展，矩阵制都不能作为高层管理工作的组织方案，一致性的高层管理组织可以成为下属矩阵制组织的协调与统领机构，而一个自己都不一致的高层管理组织，分裂的风险更大。

与作业工作相比，经营工作的核算更加细致一些，使得它在面对矩阵制的混乱时，承受能力相对强一点，毕竟各个维度还有自己的账要算，还能考核评价它们，能够通过核算清晰化的办法降低矩阵制带来的多维冲突。

9.9.2 比较适合作业、经营或创新工作领域共享稀缺资源

矩阵制适用于共享稀缺资源的组织场景，在作业、经营与创新三种类型的工作中都能看到矩阵制的这种价值。通过矩阵制，可以有效缓解稀缺资源带来的瓶颈问题。不管是作业工作、经营工作还是创新工作，一旦出现稀缺资源无法调配的情况，大家就会想到共享这种资源，共享就需要矩阵制来承接与落地。

高层管理工作的核心是人，以小规模的团队制部门运转，因此要尽可能保障其资源，不要也不能通过资源共享的方式来支撑其工作需求。

9.9.3 非常适合追求多维产出的经营工作

常规情况下，企业的产出部门优先考虑事业部制。事业部制能够基于产品、地域、客户等不同的维度来进行部门设计，比如，基于产品的有交换机产品线、存储产品线等，基于地域的有广东省分公司、浙江省分公司等，基于客户的有中国联通业务部门、德国电信业务部门等。

选择建设哪种类型的事业部制部门，体现出企业希望追求哪一个维度的产出，而有些时候，企业希望追求多个维度的产出，同时设立产品、地域或客户维度的事业部制部门。这样的话，就形成了叠加效应：因为任何一个交易，必定要卖掉某个产品，是属于产品线的交易；任何一个交易，也必定在某个区域达成，是属于地区公司的交易；任何一个交易，还必定是与某个客户签约的，是属于客户业务部门的交易。

设计成矩阵制组织，就能很好地支持企业追求多维产出，在任何一个维度的业务上都有人认真把守。

9.9.4 非常适合依靠复杂创新盈利的创新工作

如果一方面要组织大量人员参与复杂创新，另一方面还要通过这种创新盈利的话，矩阵制的优势就非常明显。

9.9.5 大多数创新工作都可以考虑矩阵制组织

矩阵制有天生的接纳创新基因。

现代社会，创新的竞争越来越激烈，因此对专家的专业能力要求越来越高。

我们知道，专业程度越高的知识面向的领域就越狭窄，而越是狭窄的知识就越难以应用，满足客户需求的创新往往需要将多种专业知识结合起来，这样就不能是单打独斗的创新，必须通过众人合作进行创新。

从组织的角度来看，可以采用职能制的部门来积蓄、培养专业能力，采用团队制或事业部制、模拟事业部制之类的部门来追求成果，这样便形成了矩阵结构。矩阵制在创新方面的适用范围非常广阔：越是复杂程度高的创新任务，越能体现出矩阵制的优势；而很多时候，那些相对比较简单的创新任务，也是通过矩阵制建设的团队组织完成的。

矩阵制的一大特点是可塑性强，应用非常灵活，组织的规模可大可小，维度可多可少，因此，只要企业有能力设计出恰当的矩阵结构，并管理好矩阵制可能导致的混乱，大部分的创新工作都可以采纳矩阵制模式来完成。

9.9.6　小规模和单领域创新不必使用矩阵制

矩阵制并不是使用越广泛越好，毕竟它是需要付出巨大的管理努力来运转的。哪怕在创新领域，如果是一个小规模创新，或者是某个领域内部的创新，例如，职能改良，就没必要使用矩阵制这么复杂的组织方案，以便减少成本、提高效率。这时，根据实际情况，选择团队制、职能制都有可能获得更优秀的结果。

9.10　矩阵制适用的组织场景

9.10.1　不确定性带来可塑性

从苹果树组织结构评价模型的九个维度来看，矩阵制组织因为其天生的多维交织特性，使得它除了在接纳创新方面有很好的自然特性外，其余方面都是高度不确定的。

这种不确定性是从矩阵制组织的基础特性开始的，因为多种部门化模式交织在一起，使得其清晰性、稳定性、适应性都变得不那么确定。企业管理者可以通过恰当的配套机制建设，将矩阵制组织的责权清晰性梳理得比较清楚，同时通过正向权力、横向协同和逆向求助的综合机制实现较高水平的工作关系清晰性。通过对各岗位相互牵引的不同维度力量的平衡，矩阵制组织可以做到较高水平的稳定性与适应性的平衡。

如果能通过管理努力，在矩阵制组织中做到责权清晰、工作关系清晰，能实现较高水平的稳定性与适应性平衡，那么这个矩阵制组织中的成员就有很大的可能性能做到有效决策和高效沟通，加上矩阵制组织天生的接纳创新特性，矩阵制组织就有可能实现在运转水平三个领域都相对比较优秀。这样的情况下，运转良好的矩阵制组织在绩效导向和培养管理者两个维度都有较大的可能性做到优异，唯独在经济性方面存在一些问题，需要为这些管理机制与努力支付相应的费用。而这种优秀的矩阵制组织往往拥有非常强的盈利能力，能够支付起这些管理成本。

从基础特性到运转水平和成果质量，这种整体的不确定性就是矩阵制的最大特点，既带来了巨大的组织失败风险，又带来了巨大的想象空间。从积极的角度来看，矩阵制的好处就在于它留下的努力的空间。

因此，当一个要求大规模创新的大型产业机会出现，且企业用任何一种基础性部门化模式都不能把握时，就该考虑一下矩阵制了。

9.10.2 适用于部门间共享稀缺资源

有一些资源对多个部门来说都是不可或缺的，但企业总量却不足，这种情况下，企业就会考虑让各个部门共享这些稀缺资源。企业会将稀缺资源从各个部门抽调出来，集中安置到一个新的部门，当其他部门需要时，就将资源配置过去，使用完毕以后，又将资源收回到稀缺资源的主体部门。

这种共享资源的模式，在组织结构上就形成了资源条线和需求条线，交织成为矩阵制部门（如图9-3所示）。这些稀缺的资源可以是特种设备、特殊场

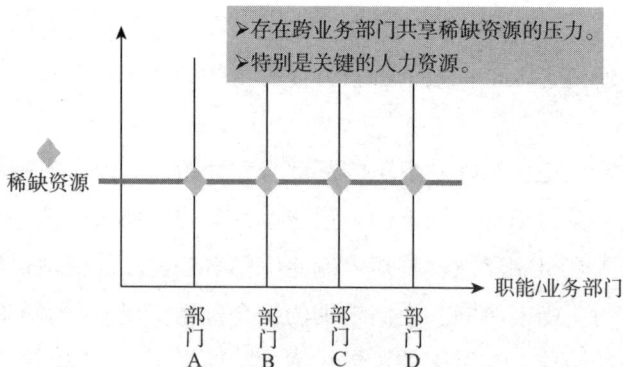

图9-3　矩阵制共享稀缺资源

所、特殊人才等，例如，华为公司曾经将成熟而优秀的技术人才集中起来，设置为"战略预备队"，根据各业务部门的需求，派往一线部门去支持业务，以矩阵制组织的方式运转。

9.10.3　适用于大规模企业的前端高效协同

大规模企业往往有很多的部门和很多的层级。如果在业务前端出现了一个恰当的业务机会，大规模企业中的某个对口业务部门就应该去把握它。假如这个机会不能由任何一个前端部门独立承接，必须由两个或者更多的前端部门协同作业，那么一种常见问题就出现了：这些需要参与协作的前端部门纷纷向自己的上级请示，能否参与协作，如何参加协作？一般来说，需要上升到一个可以覆盖全体协作部门的管理层级，才能给出相应的决策。接下来决策下达，它所要走的路径与当时向上请示的路径是一样长的。只有向上请示和向下决策的流程走完，协作才能开始，这种缓慢的响应过程，很可能令企业错失了很多好的业务机会。

效率最高的办法是前端需要协作的部门彼此能直接沟通，协作把握住业务机会。此时，就不用经历向上请示和向下决策的漫长流程。

从组织机制来看，多个前端部门直接建立工作关系让组织在纵向管理维度的基础上，又增加了横向协同的维度，这就产生了矩阵结构。矩阵结构能带来快速反应与高效协同，对规模较大，特别是管理层级较多的企业来说，是非常有价值的一种组织机制。例如，华为公司的各地代表处组织，就以矩阵制组织形态实现了产品线与客户线组织在各个地区的高效协同。

9.10.4　适用于复杂创新赢取市场的领域

迅猛的技术和产品创新，会快速颠覆并重构一个产业，同时也会释放出巨大的商业机会，造就出一批优秀的企业。如何才能成为这种把握机会的优秀企业呢？一方面是要具备复杂创新的能力，另一方面是要具备把握市场的能力。

复杂创新既难又大，不是几个人凑在一起就能完成的，通常需要不同领域的诸多专家协同工作才能实现，我们看到信息产业、材料产业、医疗产业等越来越多的产业都依赖复杂创新推动产业发展。复杂创新的承载体是组织，而非个人。

接下来的问题就是：哪种组织结构比较适合用来承担边复杂创新边挣钱的

任务呢？如果一个企业想把握复杂创新带来的产业机会，用哪种部门化模式来设计组织结构呢？我们可以尝试将所有部门化模式都拿出来进行对比分析。

第一，职能制。职能制最基础的特点是职能带来的清晰部门边界，以至于其成员的努力和发展都局限于此，甚至对企业整体绩效都不重视，当然不会重视突破职能边界之外的创新。职能制的优势是执行，而非解决新问题，当创新会威胁、颠覆其职能时，职能制部门为了保护自己，还会成为创新的阻碍力量。可见，职能制可以做一些改良，却做不了真正意义上的大创新。

第二，团队制。很多企业采用团队制的目的就是用于创新领域，然而团队制有一个短板，就是无法承载太大的规模。超过 10 人的团队，运转起来就会有点费劲，而超过 100 人的团队，几乎就是一团混乱。团队制只适合小规模创新，无法承载大规模的复杂创新。

第三，事业部制。作为一种成果与绩效导向的部门化模式，致力于成交可能的业务，获取经营业绩，其组织设计逻辑并不特别鼓励创新。如果某项创新能够提升业绩，事业部制部门就会大力支持；如果是一个长线的复杂创新，投入和产出之间的路径悠长、曲折，那么事业部制部门就会失去耐心。在创新方面，事业部制是急功近利且缺乏战略耐心的。

第四，模拟事业部制。和事业部制类似，都是导向绩效和成果的部门化模式，差异在于模拟事业部制部门的绩效和成果是内部政策确定的。企业可以把创新（特别的和长线的研究）目标设定为一种内部绩效成果，用于指引模拟事业部制部门，从而实现较大规模的复杂创新。

如果说模拟事业部制存在什么问题的话，那就是这种复杂创新的市场导向不强，仅仅依赖模拟事业部制部门，不容易实现复杂创新的市场变现。企业和纯粹的科研机构不一样，创新成果不能通过市场变现终究是无法长期生存的。

第五，网络制。网络制的本质是供应商关系，是在整个产业链中构建业务体系的一种安排，网络制组织本身并不在组织管控的边界之内。从企业成员的角度来看，网络制组织中的员工都是其他企业的成员，他们是外部人员。因此，就算网络制组织建立起了复杂创新能力，它也不属于自己企业。如果以网络制组织、也就是将供应商的复杂创新成果销售给我们的客户，此时我们作为一个独立企业只不过是经销商而已。就像街头无数销售苹果手机的商店，是不可能通过网络制实现自身创新的。

也就是说，前面讨论过的五种部门化模式都不能很好地支持企业通过复杂创新获取诱人的产业机会。如何一方面追求复杂创新，一方面要用这些创新挣来大笔利润，这种情况怎么办呢？

这种情况下，矩阵制就成了最可能的方案。矩阵制组织有可能根据当期的创新与市场要求，叠加模拟事业部制、事业部制、职能制、团队制等部门化模式，尽管需要付出较大的管理努力才能避免混乱，但终究是一条可能获得巨大成功的路径。

9.11　矩阵制组织的动态演进

9.11.1　设计的困难

采用矩阵制是企业组织结构设计的一种选择，但是矩阵结构，特别是相对复杂一点的矩阵结构，其设计难度非常大。因为矩阵制组织能否有效运转，最重要的不是令两个或更多的部门维度叠加，而是在叠加出矩阵结构之后，为它设计配套的运行机制。对于高度可塑的矩阵结构来说，配套机制才是灵魂。

然而，管理者很难同时考虑周全多维部门叠加之后的众多的变量关系，以及众多变量产生的连锁反应。无论怎么设计矩阵制组织配套机制，我们都做不到尽善尽美，组织成员常常会觉得矩阵结构存在混乱，漏洞百出，问题重重。

9.11.2　矩阵结构的动态演进

我们必须意识到，矩阵制组织的设计不是一劳永逸的，而是需要持续改进的。从某种角度来看，管理者要给矩阵结构赋予组织生命力，让它拥有不断成长和完善的能力。

"罗马不是一天建成的"，复杂的矩阵制组织也一样。在我们刚开始采纳矩阵结构的时候，可能是比较初级的，出现了问题管理者也能快速识别和处理，然后逐渐完善配套机制、改造其基本属性，从而赋予矩阵结构更高水平的清晰性、稳定性和适应性，令矩阵结构达到一个较好的平衡状态。

随着外部环境和企业战略的不断变化，我们对组织的要求也会变化。管理者需要不断审视组织结构能否有效支持战略实现，选择时机主动打破矩阵结构的平衡状态，在外部机会的牵引下构建新的平衡，这个过程必定存在一定程度的混乱，这种成长与混乱就是矩阵结构的动态演进过程。

第 10 章
矩阵制组织配套机制建设

支撑高度授权的机制

就结构本身来说，矩阵制破坏了"统一指挥""权责清晰"这些最基本的组织原则，令矩阵节点上的每一位成员都受到多头管理，显然这种结构天然地会带来混乱和冲突。

通常情况下，矩阵制不应该是组织结构设计中的第一选择，只有其他部门化模式都无法实现战略诉求，同时组织的管理能力能够支撑的时候，才有必要考虑矩阵制。

矩阵制要求企业有能力建设相应的配套机制来平衡矩阵结构引发的混乱和冲突，否则就无法获得矩阵制带来的利益与价值。矩阵制就像是开发商建好的毛坯房，要想舒适地生活，必须进行装修，配套机制建设就是矩阵制的装修。

矩阵制运行良好的必要配套机制包括：

1. 高层管理组织
2. 核算体系
3. 授权与监督机制
4. 计划与预算机制
5. 考核与评价机制
6. 业务流程体系
7. 横向与逆向组织运行机制

10.1 高层管理组织

10.1.1 无法自我调节的可能性

矩阵制包含了两个及两个以上的组织维度，在企业内交织出大量的组织节点，这些组织节点受到不同维度的领导，很可能无法实现统一指挥。在矩阵制组织中，出现这样的问题是相当普遍的。这些问题如果解决不好，就会给节点上的组织成员带来严重的行动障碍，让他们陷入这些上级命令相互冲突的两难困境中，除了围观"神仙打架"也没其他办法。这超出了作为下属的权责范围，他们没有办法确定应该遵从哪一边才算恰当。

此时，最理想的情况就是各个管理维度的"神仙们"意识到下属的困境，自己主动协调，统一对下属的命令，才会令业务前端的人员能够恰当行动。不同管理维度的部门条线在主动协调的时候，结果没法找到对大家都更为有利的方案，那么某些部门维度必须要做出牺牲。例如，项目 A 现场出现了特殊情况，很可能会延误工期，导致项目 A 组织业绩受损，如果由其他部门派出更多的人员来抢工期，虽然能保障项目 A 达成预期目标，但有可能导致其他部门工作人手不足。到底要不要调配人员到延误项目去呢？直接的人员管理部门可能就无从决策，而不同的上级部门都强烈要求优先保障自己的人力需求。到底牺牲谁的利益？此时，矩阵制不同维度的职责可能就无法自我调节了。

10.1.2　对矩阵的统一领导

矩阵制的组织逻辑包含无法自我调节的可能性，为了避免带来运转混乱，就必须要有比各个矩阵制维度组织更上一级的管理组织，能够作为最终决策的权威机构，因此，矩阵制组织上面的高层管理组织就显得十分重要。如果高层管理组织不能提供统一领导，矩阵制就会陷入自身逻辑带来的协同困境。因此，要想得到有效运转的矩阵制组织，首先要保障公司高层管理组织能够对矩阵结构的所有维度进行统一领导、统一指挥。就像十字路口上的交通警察，拥有比任何维度更高层级的车辆指挥权限，矩阵制组织中的高层管理组织也要承担起"交通警察"的角色。

10.1.3　对矩阵及企业组织的整体设计

矩阵制组织对高层管理的需求，当然不仅仅是要一个交通警察。事实上，到底要不要存在一个矩阵制组织，本身就是高层管理组织的一个决策。

从组织设计的角度来看，任何组织方式都不是企业的最终追求，它只是企业在实现战略目标过程中的手段与工具，要遵循的基本逻辑是"战略决定组织"。

企业高层管理组织必须对整个企业的组织结构做出一个整体的设计，这种设计必须是从上而下、系统进行的。那些随着业务发展自然形成的组织结构，往往都是存在诸多困难和矛盾的结构。就像一幢摩天大厦，如果没有事先的设计方案，任由建筑工人"边走边看"地自主盖起来，最终的结果可想而知。企业的组织结构要承担战略实现的重任，因此其设计权限必定是非常高的，不能授权基层人员来设计组织结构。

因此，矩阵制结构必须依赖企业高层管理组织，在整个企业的组织结构设计方案下，给出矩阵部分的设计方案，并依据这个方案构建矩阵制组织。没有高质量的整体设计，就不可能有高质量的组织结构，也就无法获得一个有效运转的矩阵制组织。

10.1.4　确定清晰的企业战略

企业高层管理组织还有责任输出战略与核心业务的定义，包括使命、愿景、目标、路径等。高层管理组织必须告诉大家"我们的业务是什么以及应该是什么"的答案。

可能有人会质疑：难道组织运转良好一定要以清晰的战略为前提吗？

事实上，我们也看到在一些直线型组织当中，企业战略与核心业务没有被清晰定义，各个部门的工作都靠核心领导者根据市场情况直接指挥，有可能其业务运转表现出来也是良性的。然而同样的情况，在矩阵制组织中就会遇到困难。直线型组织所有从上往下的命令都是单维度的，每一个上级对下属都有完整的组织权威，不会跟他人分享权力，因此管理者传递命令的速度比较快，通过直接指挥就能够让组织运行起来。

矩阵制组织中的上级对下属没有完整的组织权威，他的下属还要关心其他上级领导的要求。这使得完全依赖直接指挥，就无法让矩阵制组织运转，各个维度要给下属留下一定的调整空间，让他们能够兼容多维命令。如何让下属节点能够运用好这种灵活性呢？如何保障节点单元能够做出正确的融合行为呢？战略与核心业务的清晰化能够让矩阵中不同维度的组织明白大家是为了一个总目标在奋斗，而不是每个维度的组织各自为自己部门的小目标在奋斗，这样矩阵的各个节点就能将企业战略作为"灯塔"，作为校准、协同的基本依据，让整个组织高度灵活的同时实现方向大致正确。

10.1.5　输出企业价值观

矩阵制组织在运转过程中，需要给各个节点单元预留较大的自主权，赋予整个组织较强的灵活性，以便消化掉多维组织所产生的冲突与矛盾。

在拥有较大的自主权之后，节点单元到底该怎样行动呢？这么多节点，会不会灵活起来就各自为政了呢？如果规定不严谨，怎么保障行动的合理性呢？

这就迫切需要企业高层管理组织向全体员工输出核心价值观，为大家确立行为的基本规则。例如，华为公司强调"以客户为中心"的基本价值观，当一个前线的矩阵节点单元遇到两难处境，不知道该如何行动的时候，"以客户为中心"来安排行为，就是最恰当的，为了自己的项目、利润而欺骗客户，哪怕当时会挣到钱，华为公司员工也明白不能这么做。

越是灵活的组织，越是依赖员工有主人翁精神，就越需要有清晰的企业价值观，企业高层管理组织在这方面的责任就越是重大。

10.2　核算体系

10.2.1　赋予矩阵制组织清晰性

核算体系看起来是会计方面的工作，每个企业都会有。然而，核算体系对矩阵制却有着不同的意义与价值，整个矩阵结构能否有效运行起来，核算体系起着最基础的支撑作用。

从简单的会计学角度来看，核算就是算算账而已。从矩阵制组织多维牵扯的困境来看，核算体系是为其带来清晰性的最可靠机制。恰当的核算体系能够让矩阵制组织各个维度的边界清晰起来，如果缺乏高质量的核算，就会让矩阵结构承担多维的低清晰性责任主体叠加困境，这样必然导致混乱程度的迅速放大，进一步模糊各个矩阵结构内部单元的责任边界，从而削减他们的责任意识，产生灾难性的运转后果。

核算体系跟不上的情况下，一维的科层制组织或许还能运转，多维的矩阵制组织必定垮塌。

10.2.2　确定资源边界

核算体系首先要帮助矩阵结构内的部门进行资源核算，确定它们的资源边界，说清楚哪些资源是供哪个部门调配、使用的，谁拥有对某种资源的决策权。这些资源不仅仅是资金，还包括各种物资、设备、场地、信息，最重要的还有人力资源，因此对它们进行核算的系统也就不仅仅是财务核算，而是包含资产与人才的综合核算体系。

在资源边界清晰的基础上，核算体系还要为相关的资源确定一个"价格"，作为今后经营绩效核算的基础。

看似简单的要求，对很多企业来说却是非常大的挑战。一方面，很多共用的资源，如办公室、车间、设备等，需要为其设计恰当的分割方案；另一方面，定价的时候会存在公允性的问题，很多资源的价格并不容易确定，部门和公司之间会存在很多的分歧，比如，公司将某个厂房划入部门，是按照建设价格、净资产价格、市场现值价格，还是其他方式计算的价格，可考虑的方案非常多，存在的差异也非常大，会给内部管理带来诸多挑战。

10.2.3　收入与成本边界

什么是核算单元的收入，什么是它的成本，这是对矩阵制组织内各节点最基本的核算要求。在不同的企业中，因为业务差异，收入和成本的核算难度也各不一样。对有些企业来说，每个部门的收入和成本都是自然清晰的，无须为此做出特殊的努力，但是对矩阵结构中的复杂业务情形而言，有些情况是很难准确核算的。

例如，华为公司获得了某个海外运营商订单，这个订单包含了多个不同产品线的产品、不同级别的服务、不同模块的施工，为了获取订单，采取了非平衡的报价策略，有些竞争性产品报价非常低，而一些独特附加服务报价就会高一点，成功获得订单之后，不同的内部产品线部门、服务部门、施工部门分别应该算多少收入呢？这就是一个非常复杂的问题。同样的一个客户，如果华为公司邀请他们到中国来考察，花费了一大笔客户招待费用，这些成本怎么算呢？

我们能看到，在采用矩阵制结构的企业中，往往业务都是比较复杂的，其收入与成本核算方法都不是那么容易界定的，需要的核算机制也不是那么容易建立的，无法实现财务语言对业务的直接描述，需要仔细分析各种复杂的关系，展示出被掩盖的业务实质。

10.2.4　确定利润或收益计算方案

如果说收入和成本是需要核算体系尽量去发掘业务自然属性层面的特征，那么确定利润和收益方案就包含了更多的管理者意图在里面。对于一个相对复杂的矩阵制组织中的业务部门而言，什么是利润，并不是一件显而易见的事情。哪些费用需要部门承担，哪些不需要，有非常大的弹性。比如，采用矩阵结构的某公司在山东卖了 100 万元 A 产品，A 产品线和地区公司各记 100 万元收入，因为产品线对成本影响较大，而地区公司对成本的影响非常小，因此公司对 A 产品线采用实际成本，而对山东公司采用固定成本，目的是让 A 产品线努力控制成本，而让山东地区公司努力扩大销售，这样 A 产品线和山东地区公司在这一笔业务上的利润就会不一样。这种差异性利润或收益计算方案，在矩阵制组织中是非常合理的，可以将矩阵制组织中不同的力量引导到不同的业务关键点上去，更好地形成合力。

除了开发相对固定的利润或收益计算方案，矩阵制组织也可以采用非常灵活的机制来计算相关部门的利润和收益。例如，A 产品线组织希望在山东加大市场拓展力度，为了提高矩阵机构中山东地区公司的积极性，于是跟山东地区公司协商，如果山东公司将 100 万元货值的设备以 80 万元的折扣价卖给客户，被折扣的 20 万元不需要山东公司承担，全都由 A 产品线组织承担，方式是原本 60 万元的成本价格，产品线以 40 万元的价格和山东公司进行结算。

为了获得预期的管理意图，甚至可以为矩阵内的某些部门核算除了利润之外的其他类型的收益指标，比如，在新产品推广阶段采用收入额、新客户获取量、市场渗透率、客户试用量这样的方案，而在老产品收缩阶段可以采用资产利用率、残值价值获取、客户转换等方案。总而言之，矩阵制组织能够采用除了利润之外的各种更具针对性的收益计算方法，帮助管理者实现当期的经营管理意图，让矩阵制组织更有成效。

10.2.5　指标开发

核算体系建设中的一个重大难点在于开发出恰当的指标，以便能反映出比收入、成本、利润这些相对简单的指标更加丰富的信息。

20 世纪 90 年代之后，平衡计分卡的思想被企业界广泛接纳和应用，大家都在积极地开发财务、客户、内部流程、学习与成长四个层面的指标，尽量将业绩的驱动要素发掘出来。在这个理论框架之下，指标开发就变得更加系统、有更强的内部关联关系了。同时，通过系统性的指标来全面、深入地反映公司及各部门的业务运转情况，就变得越来越常见且重要了，慢慢地那些缺乏优秀指标体系的公司，其竞争劣势也就会凸显出来。竞争提高了企业界开发和应用指标的基准水平。

矩阵制作为复杂度比较高的部门化模式，要想有较高的运转水平，当然就需要开发出较高质量的系列指标来。就像是现代医学，为我们开发出大量的健康信息指标，一次体检就能得到数十页各项身体指标的健康报告，这对我们改善健康状况有极大的帮助。企业也是一样，需要像现代医学一样，利用指标来优化管理和运行，而采纳矩阵制的企业在这方面的需求更加迫切。

华为公司原亚太区总裁田峰在《华为访谈录》[1]中，谈到他从艾默生公司学习、引入"DSO（Days Sales Outstanding，应收账款周转天数）"指标的往事，让我们看到在企业实际经营管理中，哪怕是一个高质量指标，认识、理解、采纳、开发、应用起来也非常不容易。我们既要认识到高质量指标体系的管理价值，也要认识到它的开发非常不容易，需要投入大量的时间、精力，这就让核算体系的建设成了一个长期的艰巨任务。

10.2.6　主题报表与分析报告的开发

医生在为患者进行健康诊断的时候，往往会基于某种猜想，同时查看相关联的几个检查结果，比如，根据体温、白细胞数量、淋巴细胞数量等一系列的相关指标来判断患者是否存在被感染的问题。企业也是一样，管理者有可能通过新产品销售额、新产品投诉率、二次购买率等一系列指标来判断新产品的市场接纳度，也有可能通过主推产品的市场占有率、返修率、顾客满意度、供货周期等相关指标来判断我们的市场竞争力。也就是说，管理者需要综合利用多个维度的指标进行更加准确、清晰的判断。

这就要求核算体系不仅仅是开发出一大群零散的指标，而是要进一步将系列指标整合成不同主题的管理报表，用于反映组织的运转情况。矩阵制组织对系列报表的需求往往会比较强烈，这样就能够在混乱和问题出现之前，发现端倪并及时采取应对策略，更重要的是能够及时发现机会，实现矩阵的协同作战。

这时，核算体系就不再是一些冰冷的数字了，而是充满了机会、风险与激情的画卷，中间描绘出了矩阵制组织赢取绩效的胜利之路。

10.3　授权与监督机制

10.3.1　矩阵制更需要授权

优秀的核算体系通过定义矩阵制组织中部门的资源、收入、成本、效益等

---

[1]　田涛. 华为访谈录 [M]. 北京：中信出版社，2021.

指标，能够给矩阵制组织带来清晰性，让它们获得更明确一点的边界，令矩阵内部门的独立性有了一个良好的基础，接下来就应该进一步对它进行授权。

矩阵制组织多维牵扯，是无法通过上下级的直接指挥与命令来运转的，要想让矩阵结构运转好，必须为各个节点单位保留充分的灵活性，以便它能消化、整合不同维度的上级命令，形成恰当的工作计划与安排。这个工作计划与安排，是矩阵中的节点单位自己根据情况做出来的，它要承担这个责任，我们就要让它有对等的工作权限。

在矩阵制组织中，向下属节点部门授权不是锦上添花的事情，而是这个结构得以运转的基本要求，授权不当就无法运转好矩阵结构，这是生死攸关的大事。

10.3.2　尽可能下放日常经营管理权

德鲁克强调"目标管理"，就是希望管理者根据约定的目标，自己去调节工作安排，不需要上级每件事情都来指挥，这样才能实现高质量的经营管理。矩阵制要求管理者努力往这个方向靠近，在核算体系能够做到目标相对清晰的情况下，对下属节点单位进行充分授权，全面下放与各部门责任对等的日常经营管理的权限，令各级管理者拥有承担责任所需的组织权力。

具体应该下放哪些权力呢？这要求矩阵制组织要对各个节点单位的决策进行分析，识别出哪些权力可以下放，哪些不能下放。

首先要考虑决策的频率与数量。对于那些偶尔才有一次的决策，就不一定要下放权力，比如，建设新的办公大楼，对于一个大型地产公司来说，这可能是经常会出现的决策，而对于自己使用的企业来说，一般不会经常建设办公大楼。对于那些经常发生的决策，就应该考虑是不是有可能实现授权，比如，常规的客户拓展、产品销售、采购、生产等每天都有可能发生的决策，最好是能授权业务处于最前沿的员工进行决策。

当然，授权还要考虑决策产生的影响范围，就像发射导弹的决策肯定不能让导弹发射操作岗位的人来做一样。要根据决策影响的范围，将决策权限上升到能覆盖全部决策影响范围的岗位。比如，生产线上一个人请假，只要小组长决定就行了，5 个人请假可能要车间主任才能决定，30 个人请假或许就要厂长审批了，这是因为不同数量的人员请假所产生的影响不一样。

同时，对于产生长期影响的决策，也要上升到中高层来决策。比如，生产线要不要加班一小时的决策只对当天有影响，改变生产计划可能影响一个月，而要对生产线进行某种技术改造可能会影响几年，是否采纳某种技术路线可能会影响十几年，这些不同影响周期的决策应该在什么样的层级上做出来，不同的企业会存在一些差异，其基本原则是影响时间短的尽量将权力下放，影响时间越长的其决策权限就越要上移。

反复发生的、影响的时间和领域在可控范围的决策，将其权力下放到尽可能低，尽可能贴近业务发生的层面。华为公司强调的"班长的战争"，背后的动机就是尽量下放经营管理权力。同时，对于那些影响非常深远，影响领域会涉及多个部门的决策权力，就应谨慎下放，避免决策者因为组织层级不足导致的视野受限，降低了决策水平。

10.3.3　保持关键控制权，建立授权信心

权力下放并不是一件容易的事情，其困难不仅仅来自工作与决策分析，更重要的是，下放权力给很多上级管理者带来了超强不安全感，担心决策下放有可能导致混乱、不可控，甚至导致独立、分裂。在分权作为一种"正确趋势"的管理潮流下，很多管理者不好意思质疑，不愿意在团队中讨论这个话题，以免其他人指责自己思想落后、觉悟不足。这会进一步增强管理者分权的不安全感，导致管理者不愿意分权、也不讨论分权，这对矩阵制组织而言是完全不能接受的，不分权必然导致矩阵制的灵活性无法彰显出来，进而导致交叉命令产生的冲突会被放大。

因此，要做好分权就必须先做好集权与控制，只有这样才能让管理者拥有强大的授权信心，从而真心实意考虑授权的问题。实际上，管理者保持控制力并不需要每天盯着下属，而是要掌控关键。

对下属控制的关键包括：第一，决定下属工作的基本内容与方向，不能任由下属自己决定干什么；第二，决定下属工作的目标，鼓励下属参与目标确定过程，一旦目标确定了，就是上级体现权威性的时候了；第三，关键资源的配置权力由上级保留，包括资金、关键设备与工具等，由上级根据工作内容与目标来分配；第四，核心队伍由上级决定，包括下属部门的一把手、财务负责人、人力资源负责人、审计负责人等，上级要有任命和替换他们的权力。这样的话，基本上下属就只能在上级划定的赛道里面奔跑了，授权就开始变得可行了。

10.3.4 审计与监督

任何时候，权力都是要受监督的，企业也不例外。企业中的授权，总是和责任联系在一起，特别强调被授予某些权力之后，管理者要产出对应的业绩，却很容易忽视权力的合规性问题。这方面，政府、事业单位、国有企业的重视程度比较高，私营企业中经常会被忽视。实际上，私营企业中管理者违规的现象并不少见，滥用权力、以权谋私、岗位腐败等问题非常严重。

能挣钱、能完成业绩，但是也会违规违纪，企业对此应该严格管理吗？会不会水至清则无鱼，是不是应该睁一只眼闭一只眼，只要当下业绩是正向的就"利大于弊"吗？

在这个问题上，企业必须有鲜明的态度和坚定的立场。违规违纪破坏的是企业的基本文化与全员心理契约，无论在何种情况下，全体员工都会认真观察管理者滥用权力、徇私舞弊的影响和后果，如果大家发现公司的制度是不严肃的，边界是可以跨越的，那么今后公司的各种规则就会变成摆设，出现严重损失也就是时间问题。

因此，所有的授权都要被审计、被监督，下属的权力使用是否合规，上级管理者一定要重视，并掌握相关情况，"把权力关进笼子"，对企业而言，也是成功授权的基本保障。

10.4 计划与预算机制

《三国演义》中，火烧赤壁之后，曹操一路逃亡，留下了著名的"曹操三笑"：曹操逃到乌林之西，大笑说如果诸葛亮埋伏在此才是高招，结果赵云马上杀了出来；等慌忙逃到葫芦口，曹操二次大笑说埋伏在此方是用兵之法，结果张飞杀了出来；待曹操逃至华容道，第三次大笑引来关羽。我们佩服故事中诸葛亮用兵如神，为什么三名大将在三个关键战略位置上会适时出现呢，就是因为诸葛亮的战斗计划做得好！

计划和预算是大队人马协同作战最好的方法，工业社会正是建立在协同的基础之上的。早在 13 世纪，就出现了机械时钟，直到 19 世纪，时钟才开始普及，关键性的驱动因素是火车在欧洲的兴起，大家必须按照统一的时刻表去乘车，列车运行计划提高了整个社会的协同要求，时钟的需求增长反映出这种协同提升。

企业也是一样，计划和预算做得好，各个不同的部门和团队就能够基于计划提高协同水平！同时，计划和预算的水平也能体现出企业内不同部门的协同水平。

10.4.1　矩阵制要求高水平的内部协同

在建设矩阵制组织时，我们通过核算体系令各个部门有了清晰的边界，并授予其相应的工作权力之后，大家就可以开始工作了。这时，最大的难题是多维组织如何避免不同维度的冲突、做到高效协作。街道上的十字路口通过信号灯和交通警察来发布通行命令，这是低水平的协同，目标是不出现堵车和混乱，这样的协同水平是不可能用于一个复杂任务的。比如，完成一个大坝合龙，这种产出目标清晰的任务所需要的协同水平远超交警在十字路口的协同水平，交警指挥得再好，运输车也不知道该什么时候去运土方。

企业采纳矩阵制组织都有着非常高的经营目标，否则没必要用这么复杂、困难的部门化模式，因此矩阵制组织就必定要有非常高的协同工作水平。

10.4.2　承接战略和组织绩效

做计划的过程就是各个部门约定干什么的过程，预算是将这个过程用财务数据的方式再测算一遍，使计划更加准确、细腻。

计划和预算都指向未来的工作部署，对下阶段企业的经营管理会产生决定性影响，因此必须对其非常重视。计划和预算一定要承接战略和组织绩效，要在计划和预算中看到战略与组织绩效达成的可能性，并能清晰展现出目标实现的工作路径。

因此，计划和预算强调从上至下的过程，要求各级管理者承接上级的绩效要求。很多企业存在的问题并不是下属不愿意承接上级的绩效责任，而是企业在战略和整体绩效层面的目标不够清晰，使得下属不得不在非常宽泛的目标范围内制订工作计划和预算，这时下属就会从自身的角度进行工作安排，我们从计划和预算的角度很难发现有什么不妥之处，到最后有可能大家都达成了各自计划与预算的要求，企业却没有实现整体经营目标。

矩阵制结构具有天然的复杂性，如果不能通过计划和预算将各维度部门的工作统领在企业战略和组织绩效之下，矩阵结构的运转就难以保障恰当的效率和效果。

10.4.3　利用预算提高矩阵运转的系统性

预算是用财务语言描述工作计划，将各种行动方案标出数值来，然后汇总算账。这个过程非常烦琐，有时候很难准确对未发生的事情进行数据估值，然而它有着无可替代的价值，能够将工作计划量化表达出来。量化之后，我们对工作计划的管理就能精细很多，各种工作矛盾就能在工作开展之前暴露出来。

2012 年华为公司制定工作预算时发现，各部门汇总的收入和支出严重不平衡，从工作方针、政策、任务的层面来看，矩阵结构中的部门都是正确的，唯有通过预算能将收支不平衡的矛盾暴露出来，进而采取应对措施。通过几个月的协调、讨论、争吵和冲突，华为公司的矩阵制组织艰难地实现了预算平衡。如果不提早暴露问题，不提早面对艰难，等 2012 年年底再来面对无法挽回的失败，就来不及了。

预算作为一种强大的系统化机制，可以有效提高矩阵制组织的系统性，让整个组织带着数据在纸面模拟运转一遍，达到平衡之后，我们对它授权，令各节点单位拥有较大的灵活性才会有保障、有依据。

10.5　考核与评价机制

10.5.1　事后反馈保障高度灵活

矩阵制组织为了保持灵活，对抗混乱，良好运转，要通过高层管理注入统一的战略与价值观，通过核算体系为其内部单元注入清晰性，通过计划与预算机制注入系统性，矩阵制组织就能有一个很好的基础了。之后，我们就应该让矩阵制组织高质量地运行起来。

高质量运行矩阵制组织，意味着发挥好它最大的优点——灵活。灵活就是更少的命令与指挥，让各个单元责任人按照自己的想法去做。万一灵活性太大，导致各级管理者各自为政，走偏了道路，怎么办？考核与评价机制就是用来应对这个问题的。

考核与评价都是事后的机制。先让各级管理者去干，干完之后再来对他们做过的事情进行考核、评价，告诉他们做得怎么样，哪些方面是好的，是应该坚持的，哪些方面是需要改变的。通过持续的考核与评价，让上级不断对下属进行有效的反馈，就能对下属行为进行纠偏和校准，那么事前的控制就可以越来越少，直接的指挥和命令也可以越来越少，组织的灵活性也就更高了。

10.5.2　绩效考评：明确成功与失败的标准

考核与评价机制促使上下级对之前的工作成果进行专项交流，上级必须要告诉下属，为什么给他这样的考评结果。在这个过程中，就会让双方不断地探寻成功与失败的标准是什么，并对此形成一致性的看法。

这看起来好像没什么，似乎是非常简单的一件事情：谁还不知道成功与失败的标准呢？事实上，企业中大量的问题就来自上下级的标准不一致。任正非在 2009 年 6 月 24 日的干部培训中讲道："现在的中层最大的问题是明哲保身，都没听清楚上级讲什么，也不敢发问，回去以后也没有传达清楚，就让下面去折腾，造成工作效率的低下和浪费。不敢和领导交流讨论，不敢主动弄清楚上级对你的目标和要求是什么，就不能做干部。"可见，任正非认为当时华为公司在这方面也还有很大的差距。

对下属而言，最令自己担忧的并不是一两次的考核与评价结果不够好，而是长期搞不清楚什么是上级认为的好，不要努力干了很长一段时间，自认为很成功，很有成就，突然发现原来都干错了，上级和自己在成功的认定上差异如此之大，前面那么多的艰苦奋斗都浪费了。

10.5.3　能力考评：自我发展的目标与预期

在考核与评价机制中，除了有面向绩效的考评，还有面向能力的考评。绩效是以工作为基础的，能力是以人为基础的。通过能力考评，可以对员工的个人能力进行定义，说清楚员工目前是什么能力，可以承担什么样的工作。

能力考评对组织而言是非常有价值的。每一次能力考评都是对组织的人力资源进行的一次盘点，让管理者清晰地认识到自己所拥有的人力资源状况。很多企业会周期性地盘点自己仓库里的存货，却不对企业最具增值潜力的资源——人力资源进行盘点，同时又觉得自己企业人才不足。甚至很多企业的管理者在人才流失之后，才惊奇地发现他们在其他地方创造出了令人赞叹的成就，没想到他们有如此强的能力，在自己企业工作期间却一点都没看出来。

如果说所有企业都有可能存在员工的优秀能力未被识别的问题，那么同样的情况下，矩阵制组织付出的发展代价将是最严重的。因为矩阵制组织的灵活性，各个节点岗位有非常大的工作自主权，这些岗位上员工的能力就是矩阵制组织绩效产出的基本保障，矩阵制组织比其他类型的组织更加依赖广泛的组织成员发挥其个人能力。因此，矩阵制组织应该比其他类型的组织有更强的动力来系统性地管理好员工能力，能力考评是这项工作的基础。

能力考评对个人而言同样很有价值。通过能力考评，员工会得到被组织认可的、经系统化判断的能力刻度，这将极大地帮助员工认识自我。2000 年前古希腊人就在德尔菲神庙的门楣上刻下了"认识你自己"的箴言，现在企业对员工进行能力考评，当然会给员工带来巨大帮助。企业应该帮助员工认识到这一点，避免在被考评的情况下，个人思想出现应激反应而忽略了考评的发展价值，将之误解成是企业管理层在为难自己，给自己挑毛病。

相比其他类型的组织，矩阵制组织中蕴含的个人发展机会要丰富得多。如果员工还想提升到更高级别岗位上去，往往不会缺乏机会，关键就在于他是否能认识到自己的能力现状与差距，有针对性地进行自我提升。在机会的牵引下，能力提升的活动尽管意味着更多的挑战与压力，却因为能带来成长会令人内心充满了动力！

能力考评并不是与绩效考评完全分离的两件事情，尽管考评的主题不一样，甚至考评的过程也要分开，但是能力考评也是以员工绩效为基础的。不能认可低绩效的能力提升，能力提升必须要以绩效为基础。在能力考评过程中，员工的某项能力是否被认可，最关键的证明要素是他在工作过程中的相关成果。例如，员工提出自己有较强的客户开发能力，那么他在参加考评时，就要提交自己曾经开发过什么样的客户，处理过怎样的困难，取得过怎样的成就，离开这些基本绩效要素，能力是不会被认可的。任正非曾经说过："茶壶里的饺子，我们不承认。倒不出饺子，还占据一个茶壶就是高成本。因此，学历、认知能力、工龄、工作中的假动作、内部公关等，不能作为薪酬的评价依据。"[1]

当员工认识到能力评价要以实际工作成果为基础时，他们就会意识到只有不断挑战更难的工作，才有可能提高能力考评的结果。当日常工作中出现了困

---

[1]　黄卫伟.以奋斗者为本 [M].北京：中信出版社，2014.

难的工作时，也就意味着为能力评价积累素材的时机出现了，这将极大地鼓励员工积极面对挑战，迎难而上。

10.5.4　价值观考评：价值观的符合程度

完整的考评体系包括三个部分：绩效、能力与价值观。如果说绩效考评侧重短期，能力考评侧重中期，那么价值观考评侧重的就是长期了。价值观的考评，或者说态度的考评，是对一个人底层的思想与行为模式的判断。我们无法预测企业未来会遇到什么样的具体工作，但是我们相信价值观一致的人会和企业共同面对未来的挑战。符合企业价值观的人，长远来看就是更值得托付企业责任的人，而不符合企业价值观的人，就有可能造成长期的业务破坏。

正因为价值观导向长期责任，因此对价值观的考评也不能基于短期，更不能因为某一件事情就下定论，比如，"某人竟然随地吐痰，就是素质不高，今后不能重用"，这是非常不负责任的。华为公司对此就有非常清晰的考虑，《华为基本法》第 66 条中明确表示"工作绩效的考评侧重在绩效的改进上，宜细不宜粗；工作态度和工作能力的考评侧重在长期表现上，宜粗不宜细。"

价值观的考评，不像绩效和能力那样有相对明确的刻度，很多时候是比较模糊的，因此评价者的主观判断非常重要。比如，某位员工周末还在加班却没有完成任务，这算价值观好还是不好呢？是不能简单下结论的。因此，价值观的考评尽可能不要让一个人去评价，以避免个人喜憎的干扰。价值观的评价应该采用团队评价的方式，通过集体评议进行。

价值观评价代表上级团队对一个人的"看法"，因此会在企业内形成巨大的威慑力。对于矩阵制组织来说，这种威慑力会让成员明白，哪怕当下没有被严格监督，拥有即刻的灵活性与自主性，但最终自己做过的事情是要被"秋后算账"的。价值观评价机制能在矩阵制组织中起到相同的效果，引导内部成员更加负责、更加积极，进一步保证高度灵活的矩阵制组织不会失控。

10.6　业务流程体系

作为典型的大规模矩阵制组织，华为公司屡次强调要打造"流程化组织"，在 2018 年发布的《华为人力资源管理纲要 2.0》中，就明确提出"企业管理的目标是流程化组织建设"。鉴于"组织"这个词语拥有多重含义，这个"流程化组织"里面的"组织"不是特指组织结构，而是作为企业、公司、经营主体的代称，意思是要打造以流程为基础的经营体。这里我们应该认识到的是，作为一个组织结构以矩阵制为主体的经营体，华为公司为什么这么看重流程、这么强调流程呢？到底流程对矩阵制组织而言意味着什么？

10.6.1 流程先于组织结构

流程是指工作开展过程中各项活动的流向与顺序，即先做什么，后做什么，往后再做什么。一切企业经营活动都是天然存在工作流程的。即使吃饭这么简单的事情，也有先将食物送到嘴里，再咽下去，然后进入肠胃的流程；像建造火箭这么复杂的事情，也一样是通过研究、设计、测试、验证、采购、零部件生产、组装等一个个流程完成。可见，流程承载的是一个企业的基本业务，里面融入了企业的工作逻辑、方法与一系列的任务。正是为了这一系列的任务能够被很好地完成，我们才需要设计结构化的组织。

从经营的逻辑来看，流程的内涵是业务，企业在思考流程如何建设这一问题时，组织并不是特别重要的关注点；反过来，当我们讨论如何设计组织结构的时候，流程却是无法避开的前提条件。流程是先于组织结构的，组织必须基于流程来建设，不能有效支持流程运转的组织就不是好的组织。

10.6.2 通过流程创造价值

流程系统化地定义了公司的日常工作，从客户需求开始，一步一步地展开工作，到客户满意后结束。当流程不断运转时，企业就在创造价值了。尽管不同企业的具体流程可能不一样，但是通过流程创造价值，这一点大家都是一样的。

在大多数情况下，企业通过系统化的一组流程来完成价值创造，例如，通过研发流程创造出新产品，通过供应链流程采购原料，通过生产流程完成产品制造，通过服务流程解决售后问题等。美国生产力与质量中心（American Productivity & Quality Center，APQC）开发的跨行业的流程分类框架（Process Classification Framework，PCF），被全球诸多企业借鉴，大家在这个流程框架的基础上开发出自己企业的流程体系。

通过不断地完善流程体系，企业就能不断地完善自己的价值创造过程。对企业而言，完善流程体系是一个长期、艰苦而又非常有价值的工作。

10.6.3　流程固化最佳实践

流程是关于如何开展工作的系统性安排。针对一个工作目标，在确定了基本工作模式之后，往往会形成这项工作的方法与安排的最优方式，也就是我们常说的最佳实践。

流程的一大优势是能够将企业创造或学习到的最佳实践固化下来，让企业拥有业内最佳的工作方式。例如，华为公司 1998 年开始学习 IBM 的研发流程（IPD），通过固化 IBM 成功的研发经验，在通信领域取得了巨大的技术和产品优势，之后用了二十多年，通过源源不断地引入不同的优秀流程，让华为公司成为全球管理领先的优秀企业。

10.6.4　流程定义角色，组织承载角色

流程对具体工作提出规范性的要求，会一直要求到最小的工作任务。这些工作任务必须按照流程要求来实现，负责完成这些任务的人在流程中被定义为角色。一个流程中有哪些角色，不同角色的工作量有多大，分别需要多少人，这些都是基于工作的基本属性和规律确定的，不是管理者可以随心所欲调整的。

比如，某公司有一个业务流程，流程要求"销售角色"去和客户沟通需求、签署订单；"生产计划安排角色"承担计划工作；"采购角色"负责原料采购；"生产制造角色"生产产品；"运输角色"负责将产品送给客户。从流程运转的角度来看，这些角色是必不可少的，在流程改变之前，不能因为管理者的层级比较高就可以不遵从流程要求，否则业务就会失败。

在这个例子中，该公司有可能将不同的流程角色都设定为独立的工作岗位，这样的话就有销售岗位、计划岗位、采购岗位、生产岗位、运输岗位。如果在此基础上再进一步，将同一个岗位的人汇集起来，设立一个职能部门，这个公司就有销售部门、计划部门、采购部门、生产部门、运输部门。这时，我们看到这些组织通过承载角色，支持着流程的运转。

在同一个例子中，如果基础情况不一样，公司完全有可能采用不同的组织结构策略来支撑这个流程。比如，在创业初期，这个业务流程面对的是一个小规模业务，那么有可能将"销售角色"和"采购角色"合并在一个岗位里面，这个岗位由老板负责；将"生产计划"和"生产制造"合并在一个岗位里面，由另一个合伙人负责；然后将"运输角色"外包出去。这样一个小规模创业的

组织结构就出现了，它能够很好地支持小规模业务流程的运转，但是组织结构和上面的职能制结构差异巨大。

假如这个流程的背后是一个庞大的业务组织，每一个角色都对应了一位甚至更多的高级总监，比如，因为客户群体不一样，销售角色有面向政府客户的销售总监，有面向学校客户的销售总监，还有面向跨国公司客户的销售总监等，每个销售总监下面还可以有相应的销售组织。

从这个例子中我们能体会到，组织承载角色的具体方式是非常丰富的，这里并没有绝对正确的标准答案，而是要根据企业的实际情况进行设计。

10.6.5　流程的有效运转依赖组织结构的支撑

流程与组织结构，通过"角色"这个要素就连接起来了。组织结构应该如何设计，需要考虑如何支持流程角色完成其流程任务，以保障企业的业务流程的高效运转。

从绩效实现的视角来看，流程的优先级要高于组织结构，因此组织结构必须支撑流程运转，如果出现了矛盾，首先考虑的就是调整组织结构。

这是不是就意味着在流程面前，组织结构不太重要呢？恰恰相反，组织结构对流程支撑得好还是不好，将直接影响流程运转的有效性。

为什么有了流程还要有组织结构呢？流程不是已经定义了工作该如何开展、该有哪些流程角色吗？我们在这里还要思考的问题是：流程定义好了一切，但是流程角色不认真工作，不愿意承担责任，流程还能运转好吗？组织结构能够将企业内的权责汇总成一个个独立单元，通过有效设计，让这些权责——也就是岗位，适合企业不同级别的员工来承担，并能根据这样的结构进行人员配备、责任追踪、考核评价、综合激励，从而保障流程中的角色都能够忠于职守、尽职尽责。

从业务逻辑角度来看，流程先于组织结构，但是从重要性角度来看，二者是相辅相成、缺一不可的！组织结构如果设计不当，不能有效地支撑业务流程，就会导致流程角色履职不足、流程运转效率低下。

10.6.6　流程降低了组织的混乱与不确定性

对于矩阵制组织的建设和运转而言，流程有什么不一样的价值吗？

矩阵制组织的基础特性是多维部门交织，这样带来了更大的灵活性，因此矩阵制组织可以支撑高度复杂的流程。

也恰恰是这个灵活性，其另一面体现出来的就是无序和混乱，如果没有管理好，出现较高的混乱度，就会带来巨大的不确定性，使得矩阵制的劣势凸显出来，进而可能导致矩阵制组织的经营失败。矩阵制组织建立起来之后，就不得不和它与生俱来的混乱作斗争。

流程因为能清晰定义工作与角色，可以为整个组织注入很强的规范性与确定性，这对于矩阵制来说，是比其他部门化模式更有价值的、一个巨大的帮助。当矩阵制组织自己天然地容易混乱时，流程帮助它补上了短板。在一个流程相对成熟的企业中，矩阵制组织出现混乱的可能性非常小。在一个已经采纳矩阵制的组织当中，通过改善流程，也能够提高矩阵制结构的运转状况。

10.7　横向与逆向组织运行机制

10.7.1　组织的纵向权力基础

绝大多数企业的组织结构都有明确的上下级，在工作安排上，上级对下属有指挥和命令的权力。这种层层叠加的上下级关系，就形成了直线制的结构关系。直线制的结构关系在职能制、团队制、事业部制、模拟事业部制、矩阵制这些不同的部门化模式中都是存在的，因为只有这样才能保证整个组织在基本决策和政策方面的一致性。之所以要存在这种权力关系，是因为企业高层管理组织对整个企业经营成败承担第一责任，而下属机构与人员必须承接这个整体责任的分解任务，做不到这一点的企业就会因为责任旁落而在竞争中失败。

因此，纵向的直线权力对组织而言非常重要，是组织政令畅通的基本保障，这样组织基层单位才不会零散孤立、各自为政，才能够产生聚合的力量。

纵向直线权力依赖上级管理者来发布命令。上级发布命令当然需要收集信息、识别问题、制定决策、发布指令，这一系列工作非常消耗上级管理者的时间和精力，因此上级就很容易成为纵向直线权力系统中的拥堵点，变成了工作的瓶颈。随着组织规模不断扩大，纵向直线权力的跨度和层级不断增加，体现在组织结构上就是管理幅度和层级不断增加，组织逐渐变得反应迟缓、效率低下。也正是这样，寻求更加灵活的组织结构方案就会成为大规模企业的迫切需求，这也使得矩阵制成为大规模创新组织必要的部门化模式，哪怕它天然存在混乱的风险。

10.7.2　矩阵制特有的横向运行机制

矩阵制组织需要强有力的直线纵向权力支撑，但是规模大了之后，会带来僵化与呆板的风险。这时，矩阵制基于其多维结构的天然特点，就可以将其横向运行的机制优势体现出来了（如图 10-1 所示）。

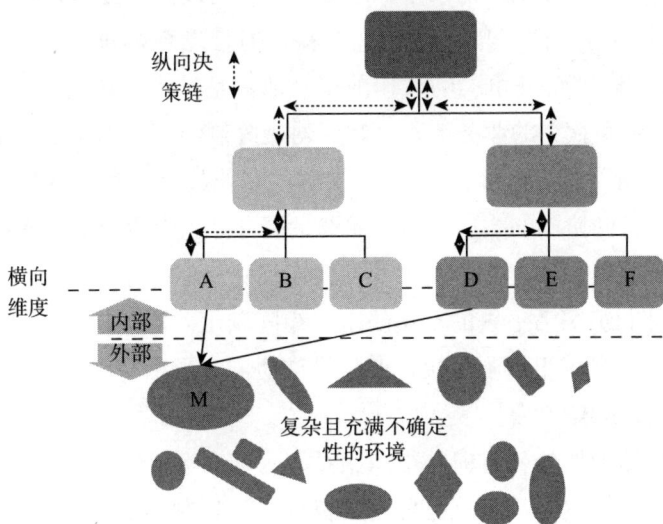

图 10-1　矩阵制的横向运行机制

从图 10-1 中我们看到，一个常规的直线型组织，在面对复杂且充满不确定性的环境时，需要快速决策。如果部门 A 和部门 D 识别到一个业务机会 M，这两个部门需要协同工作才能获得市场成功。此时，部门 A 和部门 D 分别需要向自己的上级请示协同工作方案，这个方案需要同时对两个部门有管辖权的上级管理者才能审批，然后再从两条线将决策指令下达到部门 A 和部门 D，此时整个决策流已经在企业内部转了好大一圈了。

假如部门 A 和部门 D 能够自己横向协同，二者直接沟通交流，不需要请示上级，那么决策链路就会缩短很多，其间的信息传递失真、速度缓慢、成本增加等一系列问题就都不存在了，这就是横向运行机制的魅力。拥有横向运行机制的企业其灵活决策、快速反应的能力必定远超过只能纵向运转的企业，市场竞争结果不言而喻。

华为公司有一个著名的"铁三角"机制，就是让负责客户界面的 AR（Account Responsibility，客户经理 / 系统部部长），负责产品和解决方案的 SR（Solution Responsibility，产品 / 服务解决方案经理），以及负责交付的 FR（Full Responsibility，交付管理 / 订单履行经理），组成"铁三角"形式的作战单元，他们在业务的不同阶段以不同的阵型协同作战。这个"铁三角"作战单元本身并不是一个实体组织，不属于职能制、团队制、事业部制、模拟事业部制中的任何一种部门化模式，它是几个前端部门中的成员在一线高效横向协同的运行机制。

很多企业学习"铁三角"的先进经验，但是发现很难学好。学习"铁三角"，首先要理解"铁三角"的运作前提，那就是华为公司的矩阵制组织以及 LTC（从线索到回款）的业务流程，缺乏对矩阵制组织和 LTC 流程的了解而单独学习"铁三角"，当然难以学成。如果这些企业放弃"铁三角"，考虑自己在哪些地方存在横向协同的改进机会，或许是更有可能成功的变革策略。

对于矩阵制组织而言，开发配套的横向运行机制并不是一件锦上添花的事情，而是矩阵制组织活下去的基本要求。矩阵制承载了结构复杂的成本，如果这些花费巨大的多维组织不能快速产生横向协同，那么这些成本就无处分摊，反而会削弱组织的竞争力。

矩阵制虽然天然地就有横向组织联系，为横向运行机制的开发带来了非常好的便利条件，但这不等于就已经有了横向运行机制。从华为公司"铁三角"机制我们就能体会到，"铁三角"机制不是天然存在于华为公司的矩阵制组织当中的，但华为公司矩阵制组织的横向结构令这种协同机制很容易实现，其他企业借鉴的时候会觉得很难，差别并不在显性的"铁三角"作战单元上，也不是其他企业没有这"三个人"，而是没有支撑的横向组织与运行机制。

矩阵制组织要仔细分析哪些横向部门存在较高的协同价值却缺乏协同的实践，而不是将所有的横向部门都协同进来。在实际业务中，华为公司的"铁三角"不是严格意义的三个人，可以有更多的人，这是一个横向协同工作的逻辑概念，到底需要哪些人进来不是绝对固定的，关键是看需要哪些人协同作战。

矩阵制组织在识别出关键的横向协同需求之后，根据业务情况来开发横向运行机制，看看到底是什么问题阻碍了横向协同。薄弱的协同意识、严格部门化的考核、协同导向性不足的评价、混乱的流程等因素都有可能阻碍横向协作。只要找到问题的症结，就能针对性地开发工作策略。

10.7.3　逆向运行机制

一般来说，组织中的逆向活动是下属向上级请示、报告，因为存在层级关系，所以下属不能对上级进行安排、命令，就算是有事情要请示上级，上级也不一定会批准，无论什么原因，只要没得到批准下属就不能行动。因为这种问题而白白浪费资源、错失时机的故事数不胜数，几乎每天都在发生。

1981 年，詹·卡尔森上任北欧航空公司总裁，当时北欧航空年亏损高达上千万美元。在他上任之前，公司高层为了挽救公司，从上往下系统性开展成本管理，但是扭亏乏力。詹·卡尔森找到了真正的问题症结——"关键时刻"。北欧航空能否盈利取决于客户是否满意，而客户是否满意取决于客户与一线员工接触的短暂时间，这就是提升客户满意的"关键时刻"。在这个"关键时刻"，一线员工是没有时间请示、报告的，他们必须得到充分的授权，能够根据实际情况灵活处置。向一线授权后，第一年北欧航空公司财务绩效就增加了 8000 万美元，1983 年《财富》杂志将北欧航空评为"全球最佳商务航空公司"。詹·卡尔森后来将这个成功经验写成《关键时刻 MOT》一书，销售量突破 100 万册，成为全球各大企业学习的热门书籍。

强调"关键时刻"的经营价值，是要求企业的最前端能够快速识别和把握稍纵即逝的业务机会，而它的最大障碍恰恰就是组织本身，纵向权力系统让一线难以快速行动。对组织来说，提高一线的授权水平，对抗庞大臃肿的后台带来的行动迟缓，是保持竞争力的基本要求。对于矩阵制组织来说，极强的复杂性使得这项要求更加急迫。

在缺乏配套机制的情况下，矩阵制组织很容易产生多头领导问题，对一线员工来说这是一个灾难性的工作障碍，不知道该听谁的指挥才好，一会儿向左，一会儿向右，最后发现不管向左还是向右都做错了，命令混乱令他们抓狂。

如果能对一线进行充分授权，让前端组织成员根据实际情况采取应对策略，那么就会规避决策链路过长、反应迟钝的问题。例如，有些餐饮企业授权服务员可以根据自己的判断给客户免单，无须请示任何人，这样客户满意度就会高起来。加大向一线授权的策略对于北欧航空、上述餐饮企业这样的服务型业务来说是可行的，然而该策略对于业务特性有要求，不能是太复杂的业务。如果是一个复杂的通信系统，客户说我需要这么改一下，前端业务人员也像北欧航空的服务人员那样立刻答应、满足客户，后面通信系统的技术性缺陷可能就会带来巨大的业务风险。

前端授权策略能解决快速反应的问题，但不能解决前端人员能力不足的问题，对于简单业务会立竿见影，对于复杂业务就不那么好用了。面向复杂业务，必须在向前端授权的基础上，进一步向前端赋能。

如果建立起逆向运行机制，能够让一线根据工作困难提出支持要求，后台机构响应一线的要求，这样自然就会提高组织的战斗能力。

华为公司提出"让听得到炮火声的人呼唤炮火"，就是希望自己的矩阵制组织能产生这样的逆向运行机制。

2009年1月16日，华为公司内刊《管理优化》第324期刊登了任正非的讲话"谁来呼唤炮火　如何及时提供炮火支援"，其中说道："我司正面临流程与组织整改的时机。我们已明确变革要以作战需求为中心，后方平台（包括设在前线的非直接作战部队）要及时、准确地满足前线的需求。我们机构设置的目的，就是为作战，作战的目的，是为了取得利润。平台的客户就是前方作战部队，作战部队不需要的，就是多余的。后方平台是以支持前方为中心，按需要多少支持，来设立相应的组织，而且要提高后方业务的综合度，减少平台部门设置，减少内部协调，及时准确地服务前方。"

逆向运行机制让上级听下属的调度，这看起来是违反组织权力逻辑的，但是会令组织变得更加灵活、机动，组织能力能够精准指向业务关键点，提高竞争能力。

逆向运行机制并不否定组织的直线纵向权力，也不会颠覆各级管理者的绩效责任，而是令组织运行更加高效。

事实上，这种机制对前端组织成员提出了更高的要求，要求他们必须能够准确地发掘出业务关键点，如果不能有效提出需求，后端就无法针对性调配资源与能力，整个战斗就失去焦点了。可见，这种能力赋予也是压力赋予。

同时，更重大的改变在组织中后台，逆向运行机制要求他们改变原来发布命令的工作方式，要听从一线的工作需求，全面导向支持一线。这对于后端的部门设置、响应机制、授权机制都提出了新的挑战。事实上，因为矩阵制组织天生的灵活性，它能够比其他部门化模式更适应逆向运行机制，产生更强的工作成效。

横向和逆向运行机制，都是在直线纵向权力的基础上建立起来的，不是否定直线权力与责任，而是为了更好地使用权力、承担责任而建设的附加机制，最终评价矩阵制组织的横向与逆向运行机制是否优良的标准就是组织成果与效率。

第 11 章

为组织结构开发部门化方案

利用苹果树组织结构评价模型，可以深化我们对六种基本部门化模式的理解，更好地掌握它们的特性。在这个基础上，我们就能根据企业的实际情况，着手设计恰当的部门化组合策略，开发出一个能有效支撑战略实现的组织结构。

部门化设计是企业组织结构设计中的一个环节，尽管它非常重要，却不是组织结构设计的全部。完整的组织结构设计工作，至少要包含四个显性的步骤，部门化设计是其中的第二个步骤。

组织结构设计的四大步骤

步骤一：组织结构设计的前提——确定组织战略与目标

步骤二：组织结构的高阶设计——部门化方案设计

步骤三：组织结构的详细设计——部门运营规则设计

步骤四：组织结构设计实施与落地

这四个步骤有着逻辑上的先后顺序，环环相扣，前一个步骤的工作输出是后一个步骤的工作输入（如图 11-1 所示）。

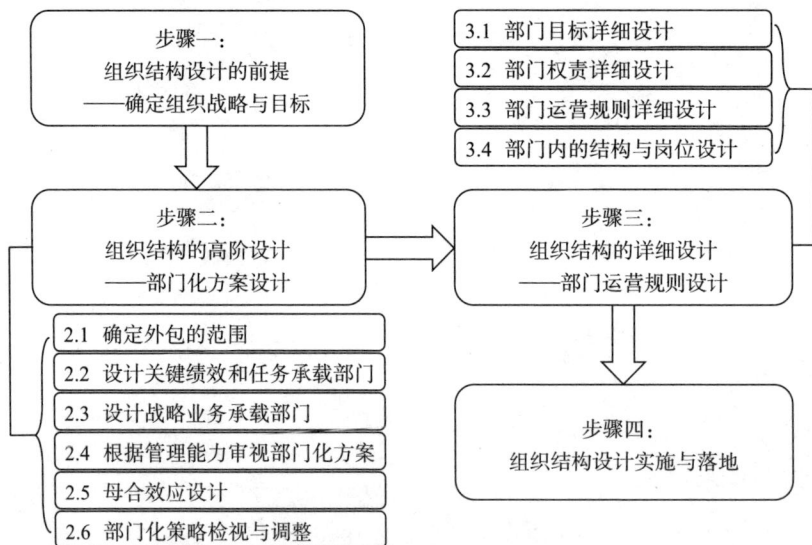

图 11-1　组织结构设计的步骤

在实际的组织结构设计过程中，存在很多不完善的、简化的设计现象，甚至有些企业把组织结构设计等同于步骤二的部门化方案设计，认为画出大致的部门结构图就算完成组织结构设计了，当然这种情况下部门化方案的质量一般也不会高。

本书的重心侧重于步骤二的部门化方案设计领域，这既不意味着部门化设计是组织结构设计的唯一重点，也不意味着其他步骤不重要，要想得到高质量的组织结构，四个步骤都很重要。我们如果希望做好第二步骤的工作，就必须将它放在完整的链条中考虑，不能割裂、独立地开展部门化设计。

11.1 组织结构设计的前提——确定组织战略与目标

对管理者而言，组织结构设计是一项派生性工作，企业不是为了组织结构而设计组织结构的，组织结构是工具而非目的。组织结构要如何设计，其根本性的决定因素是企业的经营战略与目标。在进行组织结构设计前，要先确定企业的经营战略与目标，不能扎实做好这个前期准备工作，组织结构设计工作就无法有效开展。

当然，企业确立高质量的经营战略与目标并不是一件容易的事情，需要开展系统性的工作。

11.1.1 产业趋势判断

企业的经营战略源自管理者对未来产业趋势的基本判断。这种判断是在管理者对世界发展的综合认知下产生的，涉及的信息维度非常广阔。管理者吸纳来自各种渠道的综合信息，经过复杂加工，形成判断，即使在信息环境类似的情况下，不同管理者形成的趋势判断有可能差异都会非常大。

比如，1994 年身为对冲基金公司员工的贝佐斯得到了整个产业界公开的信息——网络使用量以 2300% 的速度实现年增长，贝佐斯判断出互联网书籍销售量提高的趋势，毅然辞去高薪职位开办了亚马逊。同年，乔布斯的判断是人们对高性能电脑设备存在巨量需求的趋势，比尔·盖茨判断的则是 Windows 操作系统的广泛应用趋势，王石判断出中国地产市场的迅猛发展趋势……

管理者对产业趋势做出独特的判断，发掘出其中独特的商业机会，为企业找到一个独特的发展空间，这是企业发展的第一基础。

11.1.2 明确战略意图

发掘出潜在的商业机会之后，管理者将对如何把握机会形成基本的战略意图，确定企业要在这个机会中获得什么，大概怎样去获得。

在很多企业的使命中，都能读出战略意图的轮廓来。

苹果公司曾经的使命是："让每人拥有一台计算机"，看得出来，他们想卖计算机设备！

迪士尼公司的使命是："使人们过得快活"，这不正是看中了娱乐市场的商业机会吗？

通用电气最早的使命是："让世界亮起来"，多么直白地表达了要卖电灯的打算！

很容易看到那些著名企业在不断调整自己的使命，一个使命的生命周期并不是很长，有时候人们会疑惑，使命不应该是那种坚持很久很久的东西吗？为什么会经常调整呢？究其原因，就是企业发现产业变化了，需要追逐的商业机会变化了，必须调整战略意图了，当然使命也要随之变化了。

使命只是一种高度精练的表达，我们更加重视的是实质上的企业战略意图，这令一个企业开始成为它自己。

11.1.3　内外部环境分析

如果用画一幅画来类比，趋势判断和战略意图就属于勾勒轮廓，还只是一个大样子，要想得到一幅栩栩如生的佳作，还有很多细节要完善。在开展具体的工作之前，就有必要对企业当下的内外部环境进行全面的分析，以便在实际工作中利用好机会，并规避风险。

内外部环境分析有不少工具，其中 SWOT 分析可能是企业界传播最广泛的环境分析工具，很多管理者都非常熟悉它。通过内外部环境分析，将机会、威胁、优势、劣势识别出来，就能在知己知彼的状态下安排工作了。

11.1.4　经营目标与路径

对内外部环境都基本了解之后，企业就可以制定出清晰的经营目标了。高质量的目标往往是多个维度的，既包含量化的 KPI 指标，也可能包含定性的指标，各个指标之间存在明显的内部逻辑关系，很多管理者都采用平衡计分卡式的四层次指标体系来结构化描述和管理自己的经营目标。

目标的清晰化得来不易，对组织来说也是至关重要的，有了这个基础，我们才有可能真正对组织进行精细化的定义。

在目标的基础上更进一步,我们还要将如何实现经营目标的路径规划出来,知道目标不是空想,不是随便定的数字。完成经营路径规划,管理者才会真正知道接下来要安排怎样的人去干怎样的事情,组织设计才能有明确的指导。

11.2　部门化模式选择:组织结构高阶设计

组织结构高阶设计的目标是完成主体的部门化设计,为企业组织结构搭建起一个框架来,就像建一座高楼要先搭建起框架结构一样。设计师在设计大楼的框架结构时,会仔细计算大楼的承重、高度、地基、抗风、抗震等一系列要素,然后得出楼房框架的结构建设要求。然而,很多企业在开展组织的结构设计工作时,却经常草率从事,随便设计一下就完了,尽管有时候一个组织承载的人员数量比一个大楼要多得多。

在组织当中,部门就好比这个框架的柱子与横梁,它们是组织的承重结构,要能担负起组织的经营责任,我们必须在充分考虑相关影响因素的基础上,系统性地进行组织结构的部门化设计。

前期的基础准备工作定义了组织的战略、目标和路径,接下来就可以开展部门化的设计工作了。

11.2.1　定义关键绩效

部门化设计的第一步是定义组织的关键绩效,搞清楚对企业来说做好哪些方面的工作、产出哪些方面的成果是最重要的。当我们定义出对企业经营成功有重要影响的关键绩效之后,就能针对性很强地开展部门化设计工作,让部门能够承载关键绩效责任。

比如,对华为公司来说,制造和销售优秀通信设备是关键绩效,因此在部门化设计过程中,就可能要考虑从产品的维度来设置部门,这些部门要担负起"优秀产品"的绩效责任来;换个维度看,全世界买电信设备的运营商总共就几百家,华为公司在每个运营商的绩效也很关键,必须一个一个客户去攻坚克难,这就意味着在部门化设计中可能要考虑从客户维度来设置部门,他们的部门责任是保证客户维度的绩效能够达成;华为公司的业务遍布全球,在各个区域都有构建本地化资源、服务本地客户、获取经营成果的要求,也就意味着,除了产品和客户维度，地域维度的绩效同样非常重要，建设地域维度的部门也应该纳入公司部门化设计的考虑之中，让地域性质的部门来承载地域经营绩效。

对企业来说，关键绩效的定义是独特的、个性化的，即使是相互竞争的同类型企业，其关键绩效的定义也会不一样，甚至同一个企业在不同的阶段，其关键绩效的定义也会存在差异。

在关键绩效的分析与定义过程中，我们要从上往下，探究到底。先从整个企业的绩效开始，然后将它分解为几个主要模块，再将大一点的绩效模块进一步分解开来，层层探究，直至业务最小单元层面。例如，一个连锁百货公司，整个公司的绩效可以分解到各个区域公司，而每个区域公司的绩效又可以分解到门店，每个门店进一步分解到服装、玩具、电器等品类部门，每个品类部门还能将其分解到卖场货架单元。通过关键绩效的分解，我们就能发掘出企业关键绩效实现的每一个环节，在部门化设计的过程中，要针对每一个绩效责任层设计恰当的部门，让部门绩效责任能够层层支撑，最终承载整个企业的绩效。

11.2.2　定义战略业务

业务的产生与发展有其生命周期，并呈现为一条生命周期曲线，在这条曲线上，有初创期、成长期、成熟期、衰退期。企业经营虽然不能对抗业务的生命周期，但却可以管理它们。特别是在现有业务进入衰退期之前，就要着手培育那些符合未来趋势、有利于企业达成中长期目标的战略业务，在原业务逐渐老化的过程中，发展出新的业务来。这也就意味着，在同一个经营阶段，企业可能会有多个处于不同生命周期的业务。处于生命周期早期的、追求未来的战略业务，与处于生命周期中后期的、追求利润的当下业务，它们所需要的管理支持系统不完全一致，如果依靠当下业务进行延长线式的发展，可能永远无法跃迁到战略业务的轨道上去。这时候就要为战略业务构建一个独立的业务部门。

有时候管理者会担心未来还不太清晰，战略业务目前还太薄弱，假如用现有的成熟业务部门去兼顾发展战略业务，是不是能够既充分利用了现有优势业务资源，又培育了战略业务，产生一举两得的效果呢？实践证明，这是很难做到的，新老业务兼顾的方式往往导致创新业务被成熟业务扼杀在摇篮中。一个著名的案例就是柯达公司，在其胶卷业务如日中天的20世纪90年代，柯达数码相机业务就已经萌芽了，但是在佳能、尼康这些没有胶卷业务的数码相机企业大跨越发展时，柯达数码相机业务事实上被胶卷业务牢牢束缚，柯达作为世界上最早发明数码相机的企业，最后却败在了数码相机的崛起上。

业务要想成功，需要得到系统性的组织支撑，也就是在结构、人才、机制等方面形成高质量的内部一致性平衡。然而，成熟的盈利性业务与战略性业务所要求的组织内部一致性平衡是不一样的，如果将两类业务纳入同一个部门，就会导致相对薄弱的战略性业务无法竞争过当下的盈利性业务，得不到自己发展所需的内部平衡条件，无法快速成长。

为了避免战略业务在内部竞争中被扼杀，管理者需要清晰定义企业的每一个战略业务，并确保所有的战略业务在企业组织结构中都有恰当的部门来承载。

定义战略业务就要求在企业整体的业务规划中，将战略业务追寻的机会、中长期目标、发展里程碑以及当下的发展目标都确定下来，特别是有多个处于不同阶段的战略业务时，要悉心考虑到每一个战略业务的独特要求，这是为它们设计恰当部门的基本前提。

11.2.3　确定关键任务与外包业务

定义关键绩效是考虑当下的经营责任，定义战略业务则是考虑未来的发展要求，二者加到一起，管理者就能够看出组织责任的整体轮廓，划分出粗线条的责任边界来。但是，这个责任边界并不等于组织建设的范围，组织要在此基础上确定哪些工作准备自己完成，哪些可以用外包的方式委托第三方完成。部门化设计时要先考虑组织中网络制的覆盖范围，这将决定企业自己要建设哪些组织能力，要有多大规模的组织。

一般情况下，企业自己可做可不做的、能找到恰当供应商的事情，都应该优先考虑外包，这样企业就可以将资源集中到关键任务上来，有助于强化企业的战略优势与竞争力。

确定好外包的业务范畴后，企业必须自己做好的关键任务就凸显出来了，这将是之后开展部门化设计的重点领域。

11.2.4　支撑性业务规划与外包

定义了关键绩效与战略业务、确立了关键任务之后，组织的主线与重点就清晰了，但是还不完善，还要考虑支撑性任务，就像是军队中要有战士打仗、也要有炊事员做饭一样。

确定了关键任务，管理者接下来就要考虑如何完成这些任务，以及为了完成这些任务需要有哪些支撑性的业务。例如，华为公司要服务全球范围的运营商客户，大量员工为此要进行跨国旅行，这带来了一个非常重要的支撑性业务——签证办理，虽然办理签证不是直接完成的关键任务，但它是关键任务达成的重要支撑，因此华为公司设有专门的签证办理部门来承载这项支撑性业务，这样的部门在其他企业是不常见的。当然，也有很多比较常见的支撑性业务，比如，行政服务、餐饮服务、车队等。

每个企业的情况都不一样，关键任务的差异也会很大，因此每个企业的支撑性业务也注定是个性化的。识别出这些支撑性业务，对它们做出专项的规划，就会使得组织的整体任务变得丰满和完善。此时，我们需要对全部的支撑性业务进行一次外包审视，将可做可不做的、能够找到恰当供应商的支撑性业务外包出去。至此，我们才真正确定了部门化方案要支持的全部任务，组织的部门化设计才能正式展开。

11.2.5　业务复杂度与规模评价

基于关键绩效与战略业务，我们能确定关键任务和支撑性任务，两项任务汇总起来并剔除外包业务，就是部门化设计要承载的全部任务。到底选择什么样的部门化模式来承载这些任务呢？在选择之前，我们要对这些任务进行业务复杂度和规模评价。

复杂度和规模之所以重要，是因为它们会对组织的清晰性产生直接的影响：业务复杂度越低，规模越小，组织天然的清晰性就越高；相反，业务复杂度越高，规模越大，组织的清晰性就可能受到挑战。而清晰性作为组织的基础特性，将对组织的运转和成果产生巨大影响。因此，对于复杂度和规模不一样的业务，部门化模式的选择就要差异化对待。

分别以复杂度和规模为纵轴和横轴，我们能画出一个矩阵，在上面标识出复杂度与规模不同的情况下，可能选择的部门化模式有哪些（如图 11-2 所示）。

第一象限，复杂度低且规模小的业务很常见，一般的小手工业都是这种情况，比如，蛋糕店、轮胎店等。这种业务可以根据劳动分工采用职能制，例如，蛋糕店有人专门负责采购，有人专门负责烘焙，有人专门负责门店销售，通过职能分工实现高效率运转。也有可能采用团队制，大家共同应对一个业务

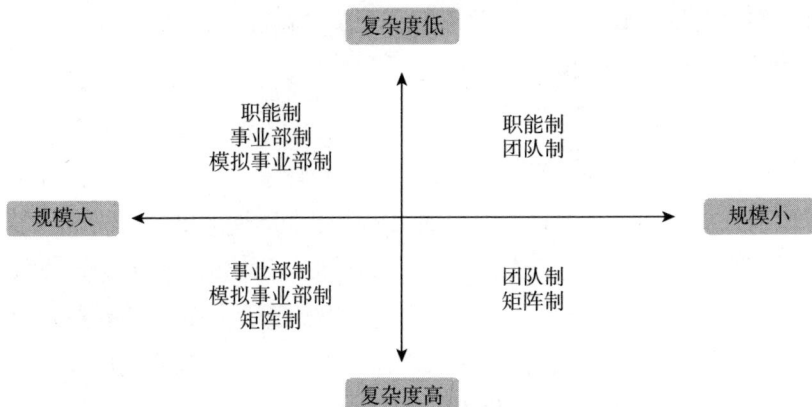

图 11-2　部门化模式选择矩阵

难题，就像是两个伙计一起为客户维修、更换汽车轮胎。复杂度低、规模小的业务不需要太复杂的组织，通过职能制或团队制既能实现目标，又可以避免过高的组织成本。

第二象限，复杂度低的业务如果规模扩大了，很多情况下还是可以采用职能制模式的，就像大型汽车生产厂，尽管规模很大，但是每个职能要干的事情非常清晰，大家在稳定的系统内能够有条不紊地高效协作。假如这个业务是有独立市场的，就可以考虑将它设计成事业部制部门，通过独立核算提高业务管理水平。对于那些没有独立市场的业务，规模扩大之后，还可以考虑采用模拟事业部制，通过人为设计，提高组织清晰性，避免职能制的部门隔阂问题。

第四象限，复杂度高、规模小的业务，首先可以考虑采用团队制的模式，少数人围绕着任务目标灵活机动地安排工作，可以应对非常复杂的任务。比如，企业的高层管理，就是一个小型团队承担企业经营管理最复杂的决策任务。有些时候，完成这个复杂任务需要从不同的部门抽调人员出来，形成原部门和新部门两个维度的矩阵结构，也是比较常见的部门化设计策略。

第三象限，复杂度高的业务，如果规模扩大了，团队制就会无法承载，就需要对部门机制进行调整。此时，优先考虑事业部制，如果能够设计成责任、权力清晰的事业部制部门，就能对它进行较高水平的授权，规模扩大就不会成为管理障碍。对于那些业务复杂、规模较大，但是没有独立外部目标市场的业务，可以考虑将它们设计成为模拟事业部制部门，通过管理者主动赋予其模拟绩效指标来提高组织清晰性。对于特别复杂的业务，可能需要在事业部制或模拟事业部制的基础上构建矩阵制组织，通过矩阵制的设计，让组织具有更强的可塑性。当然也要意识到，从事业部制到模拟事业部制，再到矩阵制，对企业管理能力的要求会越来越高。

11.2.6　基础管理能力评价

不同的部门化模式，其性能与特征不一样，同时它们对企业基础管理能力的要求也不一样。就像不同的建筑技术，对基础工业的要求也有差异一样，没有成熟的钢铁技术，就无法建设以钢筋水泥为支撑的摩天大楼。企业在设计部门化方案的时候，必须要评估自己的管理能力是否能支持相应的部门化模式，当基础管理能力不能支撑所选择的部门化模式时，组织结构就无法真正构建起来。

组织管理能力越弱，就越应该考虑网络制的方案，通过外包的方式减少组织的管理负担。当然，组织管理能力强的企业，通过外包剥离非核心业务，进一步将优势资源集中到核心业务上，也是非常值得肯定的。

在自建部门的情况下，对管理能力要求最低的部门化模式是团队制，只要能确定明确的任务、成员和团队负责人，就可以组建团队制部门了，甚至在做不到定量的情况下，这个任务都可以是定性的。比如，原始人组成一个小团队去狩猎，任务就是狩猎，一群人在头领的带领下，就是事实上的团队制了。当然，不同的团队制部门，差异是非常大的，一个原始人的狩猎组织可以用团队制，一个世界500强企业的董事会也可以用团队制，显然这两个团队制部门所释放出来的能力有着天壤之别。要想用好团队制、打造高水平的团队制部门，组织的基础管理能力也要提高，特别是在目标设计上，团队整体目标和个体目标越清晰，之间的系统性越强，对阶段性成果的反馈越准确、及时，团队间的沟通水平越高，团队制部门的水平就越高。这些要求包含了战略管理能力、绩效管理能力、核算能力、信息化能力、团队负责人的领导力、成员沟通能力等。

如果采用职能制，就会要求企业有劳动分工与专业化生产的能力，因为只有恰当的劳动分工才能设计出恰当的职能制部门，只有拥有相应的专业化生产能力才能让职能制部门实际运转起来。职能制部门很容易带来部门墙的问题，如果企业能提高分工合理性、内部核算与信息沟通能力、内部成员的协作意识、部门负责人的领导力，就有可能减少部门墙的影响，令职能制的运转水平更高。

当企业有能力在业务概念上区隔出独立的目标市场，并清晰定义所投入的资源，最终能核算出其收入、利润等指标时，就有可能采用事业部制了。这显然对企业的战略管理能力、市场管理能力、包含财务核算在内的综合核算能力都提出了要求。事业部制可以让授权成为可能，当然也对企业的权责关系管理能力提出了要求。

事业部制的本质是对成果与责任的精细化管理，而这些成果最终还是要通过工作来实现的，这就意味着在事业部制部门内，最少要包含团队制或职能制中的一种，很多时候这两种部门化模式都会在事业部制部门中出现，这意味着职能制或团队制所需的基础管理能力也要包含到相应的事业部制部门中去。

模拟事业部制是在无独立目标市场的业务领域、无法采用事业部制的情况下，仿照事业部制来设计模拟市场绩效的一种部门化模式，因此它提出了比事业部制更高的管理能力要求，强调内部模拟市场交易机制的设计，这是团队制、职能制和事业部制都不要求的。如果一个企业没有成功运转过事业部制部门，建议不要轻易构建模拟事业部制部门。经历过事业部制的磨炼，企业拥有了事业部制的相关基础能力之后，还需要对准备采纳模拟事业部制的业务进行深入研究，依据其业务特性找到恰当的模拟市场考核方案，这就要求企业具备对相关业务深刻洞察的能力，找到上下游之间切割绩效的可行方案。这个交易机制的设计水平，将会直接影响模拟事业部制部门未来的运转水平。

对组织管理能力要求最高的部门化模式是矩阵制，其详细要求在上一章"矩阵制组织配套机制建设"中有过讨论，这里就不再赘述。

在部门化方案设计过程中，管理者要评估自身的基础管理能力，避免设计出自己无法承接落地的部门化方案，世界上并不存在放之四海皆准的最佳部门化方案，适合企业的才是最好的。

11.2.7　整合部门化方案与母合优势设计

在前面的一系列工作开展过程中，管理者的脑海中必然会出现很多的部门化思绪，闪现出各种部门化设计的灵感，现在该是将它们都整合到一起的时候了。在这个阶段，管理者初步设计出整合的部门化方案，根据自身管理能力，为各项任务选择恰当的部门化模式，确保整体的部门设计方案能够支撑战略与目标的实现。

所谓整合并不是简单地拼到一起，管理者从任务的角度梳理出可能的部门化设计方案后，还需要系统性地审视组织设计中是否有产生母合优势的机会。母合优势最早是美国学者迈克尔·古尔德（Michael Goold）和安德鲁·坎贝尔（Andrew Campbell）在集团公司的多元化业务互补战略中提出的概念，强调集团公司通过整合下属分子公司的共性业务而产生的优势。例如，海尔、美的这些大型家电集团拥有庞大的产品线组织，包括冰箱、空调、洗衣机等，这些产品线组织在品牌、制造、采购、渠道等诸多方面都产生了母合优势，令整个集团获得了整合的竞争力，使得单产品线的家电企业几乎无法参与竞争。1987年，小天鹅洗衣机率先在全国推出第一台全自动洗衣机，它的产品技术和质量都是很不错的，品牌也广受认可，然而它只有洗衣机的单一产品线，不可能获得大型家电集团那样的母合优势，到2018年还是被美的收购了。基于这种逻辑，我们可以预测在技术和需求发生较大变化之前，家电行业很难再出现单一产品线的成功企业。

母合优势的概念借鉴到一般性的组织结构设计中也是非常有价值的。只要企业的主要任务超过了一项，就有产生母合优势的可能性。很多企业将不同的产品部门设置为利润中心，同时又将产品部门的采购、制造、仓储、物流等功能汇总到公司性的平台部门中，以便产生母合优势，它并不一定要求企业是集团公司，常规的企业也有可能通过恰当的整合设计获得母合优势。组织结构在最后的整合设计阶段，就要进行母合效应的专项分析，发掘可能的母合优势，并以此来形成整合的部门化设计方案。

母合优势是在组织初步设计完成的基础上，通过进一步优化设计而获得的，因此每个企业的母合优势设计都有其独特的个性。例如，大多数企业都存在差旅管理的需求，阿里巴巴公司的基本部门化策略是通过外包服务满足这个需求，而华为公司在这方面的部门化策略是建设全公司统一的差旅服务平台部门，两个企业在这里的部门化策略差异非常大，但是从各自的组织系统来看运转得都非常好。

通过整合设计，最终企业的部门化方案就能获得较强的整体性，不再是一大堆部门的零散状态。

11.2.8　部门化策略检视与评审

所有的设计都需要进行专项的检视和评审，组织结构的部门化设计也一样。所谓评审是指对设计所做的正式的、综合性的和系统性的审查，以检视设计方案是否满足要求，识别其中的问题，并提出解决办法。为了避免设计人员沉浸在自己的思想中难以自拔，评审团队和设计团队的成员构成要有差异，必须有一些非组织结构设计人员参与评审，才有可能获得令人信服的评审意见。

很多企业在流程设计、楼房设计这些工作中都会进行设计评审，偏偏却不对组织结构设计进行评审。一个非常重要的原因，是评审很容易体现为一种批评性活动，而组织结构设计常常是企业最高管理层亲自操刀的，如果高层管理者不专门提出评审要求，其他人没有相应的职权来推动这项工作。

世界上不存在完美的设计方案。有效的部门化策略检视和评审，能让我们深入了解方案有哪些优缺点，能在多大程度上支撑战略与目标的达成，什么时候必须进行哪些调整。因此，部门化方案的检视和评审应该是一个长期、持续的工作，这项工作一方面是部门化方案设计的最终环节，同时又是部门化方案再设计的启动环节，它将部门化设计变成了一个首尾相连的工作循环，这就是组织结构提升的螺旋式上升通道。

11.3　部门化设计之后：组织结构详细设计

完成部门化方案设计之后，企业就得出了组织结构的高阶设计成果。从几何图形的视角来看，这个成果看起来就像是一些框框和线条的组合，很多企业挂在墙壁上的组织结构图就是这样的。

接下来组织结构设计就可以进入下一个环节——组织结构详细设计。设计完成的部门化方案就像是建好的毛坯房，如果要住进去还需要装修，组织结构的装修就是详细设计。

11.3.1　部门目标详细设计

部门详细设计的第一步是对部门目标进行详细设计。在高阶设计方案中，只能定性地设计部门目标，例如，确定某个部门是事业部制部门，要承担企业在某个区域市场的 A 产品销售责任，但是具体这个产品销售要做到什么程度，是卖 1000 万元还是 1 亿元，是要成为份额第一还是前十，是通过直销还是分销的方式完成，认定的是合同金额还是回款金额等，每一项差别对部门的影响都是巨大的，会导致完全不一样的组织安排。

部门目标详细设计过程是一项系统性工作，不能一个个部门独立开展，需要在整体任务的视角下，对各个部门的目标进行联动设计，否则就有可能出现目标设计不当或者冲突的问题。

最常见的系统性不足所产生的问题，就是所有部门的目标汇总起来，不能覆盖企业整体的战略目标。例如，某公司要求某个产品年度总任务达成 10 亿元，但是所有部门承担的销售目标汇总起来只有 9 亿元，最后各部门都完成任务了，公司却没完成任务。这是比较显性的目标系统性不足的情况，只要汇总各部门任务和总任务对比一下就能识别出来。还有比较隐蔽的情况，如新市场拓展、新业务布局、新技术尝试这些当期营业额不大，却具备较强战略属性的任务，很容易被忽视。有些企业在战略研判的时候会识别出新市场、新技术、新需求的产业趋势，但是最终却不对这种趋势做出反应，"起了个大早，赶了个晚集"，通常就是因为这项战略任务并没有进入到任何一个部门的目标中去。

部门目标设计过程中值得重视的另一个问题是重点任务不突出。例如，某个公司识别出新产品的拓展很重要，给它也专门安排了 100 万元的收入目标，但是承担这个目标的部门同时还担负了老产品销售 1 亿元的收入目标，这两个目标如果不能从属性上区别开来，混在一起共计 1.01 亿元总收入的话，新产品销售的战略任务就很容易被老产品替换掉，最终很可能 1.01 亿元的总任务达成了，新产品拓展的任务并没达成，但却被淹没在总数据中未能识别出来。

一方面要确保企业整体任务都被承载了，各部门的汇总任务能够稍稍超过企业的总任务，另一方面要尽可能令每一个部门的目标重点突出，促使每个部门专心致志地达成自己的核心目标。

11.3.2　部门权责详细设计

企业赋予各个部门详细目标之后，就要考虑它们能否达成目标；为了最终能达成目标，该部门需要担负起哪些责任。

例如，某个部门的目标是在 A 区域市场完成 1 亿元的 B 产品任务，公司就会要求该部门承担起市场开发、客户管理、合同签订、回款、投诉处理等相关责任，这些是达成目标必须承担的直接业务责任。在这个基础上，公司有可能进一步要求该部门承担销售体系建设、客户满意度体系建设等相关管理能力提升的职责。再进一步，公司还有可能要求该部门承担销售队伍建设、销售人才培养、销售干部输出等一系列能力提升责任。

从财务目标角度来看，不同部门的差异就是任务数字的不同，如果围绕着目标梳理出部门必须承担的相关责任，就能描述出更加鲜活、丰满的组织了。通过责任系统，部门能够表达出它如何为企业做出贡献，如何成就自己。

得出部门责任之后，组织设计者就需要进一步考虑承担这些责任需要的权力。例如，有些企业的产品部门要承担自己产品的利润责任，但是只有区域销售部门拥有客户开发和签订合同的权力，只有生产部门拥有原料采购和成本管控的权力，这种情况下产品部门既没有权力控制收入，也没有权力控制成本，事实上它就无法承担利润责任。

在部门目标的指引下，梳理出与之匹配的部门责任与权力之后，部门在组织内的身份才真正被确定下来，组织结构才有可能真正高质量地运转起来。

在部门责任和权力定义过程中，比较容易区分的是同级部门之间的权责边界，上下级部门之间更容易出现模糊不清的问题。上级部门一定要意识到，如果权力授予了下级部门，上级部门就不再拥有该权力了，也就不能为此做出跨层级的决策。例如，某个城市的业务部门承担了当地市场的利润责任，那么就需要赋予它相应的客户开发、合同签订等权力，常规情况下省级业务部门就不应该直接去干预城市业务部门的相关决策了，不要为城市业务部门制定合同条款，否则就会导致城市业务部门运转不良的问题，如果上级部门一定要拥有这些权力，那么也应该承担相应的责任，令权责保持一致。

当部门被赋予了清晰的目标和权责关系之后，部门就拥有了真正的组织身份，不再是一个抽象的概念了，开始成为"独特的组织单位"。可以说组织目标和权责关系赋予了部门组织生命。假如我们在组织中设立一个部门，给予它部门名称、办公场所、员工等，但它没有任何与组织相关的目标和权责，这实际上是一个假部门，只是一个头衔而已。这样的部门在企业中也是存在的，例如，一些企业的董事会、监事会就处于这种尴尬境地，甚至有些企业的战略部、营销部也是目标和权责缺失的部门。组织结构的详细设计能够很好地解决这个问题，赋予部门目标和责权。

11.3.3　部门运营规则详细设计

当各个部门的目标和权责关系都被设计出来之后，部门就已经形成了，但组织结构设计工作还没完成，接下来管理者还需要将它们整合到一起，形成整体的组织。这个整合过程就是梳理出部门之间的运营规则的过程。

例如，某区域业务部门担负了利润目标，有在本区域开发客户、获取订单的责任，也有权力在区域进行相应的营销活动，而对于如何开展营销活动、方案与预算如何审批、合同如何履约、相关供应商如何选择、风险如何管控等一系列具体的运营问题也都需要有恰当的安排。不同的企业，甚至是同一个企业的不同时期，哪怕部门都一样，但因为运营规则的差异也会导致组织的巨大差异。

设计出的部门运营规则不同，就会得到完全不同的组织，如果把结构与部门看成组织的硬件，这些运营规则就像是组织的软件。运营规则涉及的领域非常广阔，渗透到了组织的每一个角落当中，定义了要先做哪件事、做到什么程度，后做哪件事、做到什么程度等。当我们暂时放下组织结构的维度，就会发现这些运营规则实际上就是企业的流程。

组织结构一般是从上往下纵向表达出来的，而流程是从业务发起到业务结束横向表达的。组织结构要想运行好，必须有恰当的流程支撑；而流程要想产生成效，也必须要有组织支撑。组织与流程是相互交织、相互叠加、相互支持的两个系统。

华为公司提出的"企业管理的目标是流程化的组织建设"，就是强调基于流程来分配组织的责权、定义组织的运转规则，当然这不是所有企业都能借鉴的策略，它的前提是华为公司建设了相对比较完善的流程体系。无论流程体系是否建设得足够好，组织结构建设都是必须要做的，不可能在流程不够好的情况下就不建设组织结构。在流程还不够完整、不够系统、不够强大的情况下，借鉴流程的理念，从流程的视角来梳理部门间的运营规则就显得更加重要。

对企业来说，流程建设是一项长期工程，而组织结构设计是任何时候都会面临的当下任务。因此，企业要根据自身当下的流程建设水平来考虑组织结构中的部门运营规则的设计，不管在何种情况下，都要尽可能设计出令组织结构高质量运行的运营规则来。

11.3.4　部门内的结构与岗位设计

组织结构设计从部门化策略开始，先设计整体的组织结构框架，得出组织结构的高阶方案，然后进行组织结构的详细设计，考虑部门的目标、权责以及运营规则。至此我们都是将部门视为一个基本组织单元，一个封闭的框框，再往下就需要进一步打开部门的边界，开展部门的内部设计。

在组织结构设计中，部门有可能存在非常大的规模和特性上的差异，例如，华为公司的消费者业务部门，高达几千亿元的规模，而华为公司科摩罗岛的业务部门只有一个人，从性质上讲都是部门，就像大象和蚂蚁都是动物一样，但它们之间却存在着巨大的差异，从组织结构建设的角度来看当然要区别对待。

在部门的模式、目标、权责关系、运营规则等基本内容确定之后，我们就要依据部门规模进行其内部结构设计。如果是一个大规模的部门，要考虑在这个部门内部开发下一级的部门化方案，就好像在一个企业中设计部门化方案那样，形成部门下一级的组织结构。这种结构化设计可以层层开展，直至最基层的部门——也就是部门内部不再有部门，只有岗位。

无论多么高大的大象，都依赖与地面接触的脚掌来支撑自己。无论多大规模的部门，终究都依靠各个岗位来支撑业绩达成。无论有多少个组织层级，组织结构详细设计终究都要落实到岗位设计上。

岗位设计的核心是岗位目标、责任、权力及工作关系的设计，从逻辑上来讲，这和部门设计高度一致。特别是各个部门负责人的岗位设计，几乎就是在部门设计的基础上进行一些裁剪修订。

岗位设计和部门设计也不完全一样，很多企业的岗位设计还要考虑到岗位任职资格的要求，这是岗位与任职者能够良好结合的重要支撑系统。

至此，组织结构设计就可以输出相对清晰的部门说明书和岗位说明书了，从设计角度而言，组织结构设计的初稿就完成了。

11.4　组织结构的进化和完善

基于结构这个词语的本意，谈论组织结构就很容易联想到建筑结构，二者之间确实有内涵上相通的意义，都是对主体的支撑。作为两种结构，它们之间存在着巨大的差异。大多数情况下，建筑结构的设计、搭建是一个从无到有的建设过程，一旦建成则轻易不变，而组织结构则不同，在企业界我们很少看见从无到有地设计、搭建一个大规模组织，更多的大规模组织都是逐渐发展形成的，更像是生物的进化过程。也就是说，组织结构不是刚性的，不是一次建设完成之后就固化下来的，而是有机的，伴随组织一起持续成长和完善。

生物的进化是一个缓慢、持续且坚定的过程，我们应该努力令组织结构的进化也具备这些特点。因为激烈的组织结构变革，容易带来组织结构的动荡，冲击组织内形成的协作关系，严重破坏组织的清晰性；而长期不变的组织结构容易变得僵化，在外部环境持续变化的情况下会导致企业的竞争力越来越弱。

　　企业必须周期性地评估自己的组织结构，看它在功能和效率上能否满足绩效的要求。这个评估过程可以利用苹果树组织结构评价模型来开展，对组织结构的三个层面九个维度进行专项分析，形成系统全面的评估诊断意见，为组织结构进化和改善提供高质量的决策基础。

　　组织结构的完善是一个持续的过程，由于它的调整牵扯到人事任命、组织授权、绩效考核、薪酬激励等诸多管理维度，所以很多企业都把年度作为组织结构调整的基本节奏，每年在确定年度目标和计划的时候进行例行组织审视，调整组织结构与任命。这不是企业必须遵从的组织结构调整节奏，甚至都不能说是最正确的，在年中的其他时候，如果管理者认为有必要进行组织调整，并不需要等到年底来执行。企业要做的，就是时刻对自身的组织结构负责，确保它能够支撑公司达成经营目标。

参考文献

[1] 德鲁克. 管理：使命、责任、实务（责任篇）[M]. 北京：机械工业出版社，2009.

[2] 德鲁克. 公司的概念 [M]. 北京：机械工业出版社，2009.

[3] 达夫特. 组织理论与设计 [M]. 北京：清华大学出版社，2017.

[4] 古尔德，坎贝尔. 集团层面的组织设计 [M]. 北京：机械工业出版社，2022.

[5] 纳德尔，塔什曼. 赢在组织设计 [M]. 北京：机械工业出版社，2022.

[6] 刘宝红. 采购与供应链管理：一个实践者的角度 [M]. 3 版. 北京：机械工业出版社，2019.

[7] 黄卫伟. 以奋斗者为本 [M]. 北京：中信出版社，2014.

[8] 黄卫伟，吴春波. 走出混沌 [M]. 北京：人民邮电出版社，2002.

尽善尽美　弗求弗迪